中国创业孵化发展报告
2020

科学技术部火炬高技术产业开发中心　编

科学技术文献出版社
SCIENTIFIC AND TECHNICAL DOCUMENTATION PRESS
·北京·

图书在版编目（CIP）数据

中国创业孵化发展报告.2020 / 科学技术部火炬高技术产业开发中心编. —北京：科学技术文献出版社，2020. 10

ISBN 978-7-5189-6920-3

Ⅰ. ①中… Ⅱ. ①科… Ⅲ. ①创业—研究报告—中国—2020 Ⅳ. ① F249.214

中国版本图书馆 CIP 数据核字（2020）第 128685 号

中国创业孵化发展报告2020

策划编辑：丁芳宇　　责任编辑：李　晴　　责任校对：张永霞　　责任出版：张志平

出 版 者　科学技术文献出版社
地　　址　北京市复兴路15号　邮编 100038
编 务 部　(010) 58882938，58882087 (传真)
发 行 部　(010) 58882868，58882870 (传真)
邮 购 部　(010) 58882873
官方网址　www.stdp.com.cn
发 行 者　科学技术文献出版社发行　全国各地新华书店经销
印 刷 者　北京时尚印佳彩色印刷有限公司
版　　次　2020 年 10 月第 1 版　2020 年 10 月第 1 次印刷
开　　本　889 × 1194　1/16
字　　数　355千
印　　张　16.25
审 图 号　GS（2020）5858号
书　　号　ISBN 978-7-5189-6920-3
定　　价　136.00元

前言

进入 2020 年，大众创业、万众创新作为中国抢占新一轮国际竞争制高点和推动大国崛起的重要战略，被摆在了更加显著的位置。2020 年 5 月，国务院政府工作报告中明确提出："深入推进大众创业、万众创新。发展创业投资，增加创业担保贷款。深化新一轮全面创新改革试验，新建一批双创示范基地，坚持包容审慎监管，发展平台经济、共享经济，更大激发社会创造力。"在新时代背景下，科技企业孵化器、众创空间等各类创业孵化载体作为"双创"发展战略的有力抓手，承担了更大的历史责任，对于推动新旧动能转换和产业结构转型升级，以及中国经济高质量发展都起到了不可替代的作用。

为展现中国创业孵化发展全貌，科学技术部火炬高技术产业开发中心自 2017 年开始出版《中国创业孵化发展报告》。报告旨在提供全国（不含台湾地区）和各地区科技企业孵化器和众创空间客观、翔实的数据及简洁的分析解读，全方位地揭示全国及各地区创业孵化发展状况，便于相关决策部门、创业孵化从业者、投资人、大企业和行业研究人员较为全面地掌握孵化器及众创空间的发展格局，了解我国创业孵化载体建设各方面的情况。本报告的编制得到了首都科技发展战略研究院的大力支持。

《中国创业孵化发展报告 2020》将沿袭往年报告的主体内容，以全国科技企业孵化器和众创空间的统计调查数据为基础进行分析，准确地呈现中国创业孵化载体发展的整体现状。同时，新增专题篇共两个章节的内容，包括中国专业孵化器发展情况分析和中国在孵企业空间特征分析。前者重点分析专业孵化器的发展概况和典型案例，后者运用地理信息系统 GIS 研究方法，对近年全国创孵机构（孵化器和众创空间）及其在孵企业在空间集聚的变迁进行定量、可视化的描述和分析。

本报告分为四大部分。

第一部分为概况篇。概述 2019 年全国创业孵化发展总体状况，并分别对科技企业孵化器和众创空间的整体发展特点进行总结。

第二部分为监测篇，分为科技企业孵化器发展情况、众创空间发展情况和各地区创业孵化发展情况 3 章内容，数据来源为科学技术部火炬高技术产业开发中心对全国孵化器和众创空间的统计数据，截止日期是 2019 年年底。

科技企业孵化器的发展情况章节主要从总体情况、孵化绩效情况、孵化器运营情况三大板块，详细介绍中国 2019 年科技企业孵化器的发展状况。其中，总体情况细分为孵化器数量、孵化面积、在孵企业情况、毕业企业情况和计划单列市孵化器整体情况 5 个部分；孵化绩效情况细分为在孵企业经营情况、技术创新情况、创造的就业机会、获得投融资情况 4 个部分；孵化器运营情况细分为孵化器性质、获得的投资情况、孵化基金情况、财税支持情况、收支情况、管理人员情况、开展孵化服务情况 7 个部分。

众创空间的发展情况章节主要从总体情况、孵化绩效情况、众创空间运营情况三大板块，详细介绍中国 2019 年众创空间的发展状况。其中，总体情况细分为众创空间数量、场地、服务团队和企业数量、计划单列市众创空间总体情况 4 个部分；孵化绩效情况细分为新注册企业情况、创业团队和企业类型、获得投融资情况、财政支持情况、创造的就业机会、技术创新情况 6 个部分；众创空间运营情况细分为设立情况、众创空间性质、专注孵化领域情况、经营收入和成本情况、服务人员情况、提供服务情况、融资和上市（挂牌）情况 7 个部分。

各地区创业孵化发展情况章节对北京、天津、河北等 31 个省（区、市）和新疆生产建设兵团的创业孵化发展现状进行单独分析，展示各地区科技企业孵化器和众创空间 2019 年的发展情况。

第三部分为专题篇，分为中国专业孵化器发展情况分析和中国在孵企业空间特征分析两章内容。

中国专业孵化器发展情况分析章节分总体情况、孵化绩效情况、孵化器运营情况和全国新材料产业孵化共同体四大板块，详细介绍了 2019 年中国专业孵化器的发展情况。其中，总体情况细分为专业孵化器数量、孵化面积、在孵企业情况、毕业企业情况和计划单列市专业孵化器整体情况 5 个部分；孵化器绩效情况细分为在孵企业经营情况、技术创新情况、创造的就业机会、获得投融资情况 4 个部分；孵化器运营情况细分为孵化器孵化基金情况、获得财税支持情况、收支情况、管理人员情况和开展孵化服务情况 5 个部分；本章最后一个板块主要介绍全国首个“新材料产业孵化共同体”的基本情况。

中国在孵企业空间特征分析章节运用地理信息系统 GIS 研究方法，对近 4 年全国在孵企业在空间集聚的变迁情况进行定量、可视化的描述和分析。一方面对 2019 年全国在孵企业整体数量分布情况、总收入的集聚情况、技术创新情况、从业人员的分布情况进行了空间特征分析；另一方面分别选取计算机、通信和其他电子设备制造业与医药制造业两个行业，对其在孵企业数量、经营状况、技术创新情况、就业情况、分行业情况的空间特征进行了分析。

第四部分为附录，包括港澳地区部分创业孵化机构发展情况和 2019 年创业孵化大事记。

目录 Contents

概况篇

监测篇

专 题 篇

附 录

中国创业孵化发展报告2020

概况篇

第一章　总论

一、中国创业孵化发展总体概况

截至2019年年底，全国创业孵化机构总数达到13 206家，其中，科技企业孵化器（简称孵化器）为5206家，同比增长7.4%，国家级孵化器为1155家[①]；众创空间为8000家，同比增长15.0%，其中国家备案众创空间为1819家[②]。全国在孵企业和团队共有65.8万家，其中，孵化器在孵科技型创业企业共有21.7万家，同比增长5.3%；众创空间当年孵化的创业团队和初创企业数量为44.1万个，同比增长7.9%。创业孵化机构总运营收入为653.6亿元，与上年基本持平，其中，孵化器总收入为449.9亿元，众创空间总收入为203.7亿元；创业孵化机构总运营成本为586.1亿元，同比增长13.7%，其中，孵化器运营成本为370.8亿元，众创空间运营成本为215.3亿元。

2019年，中国创业孵化事业带动就业效果明显，全国创业孵化机构从业人员达到16.8万人，包括孵化器从业人员7.3万人，众创空间从业人员9.5万人；在孵企业和创业团队共吸纳就业450.3万人，同比增长22.8%，其中，孵化器在孵企业吸纳就业294.9万人，包括应届毕业大学生26.5万人；众创空间在孵企业和团队吸纳就业155.0万人，包括应届毕业大学生19.9万人。在孵企业和团队科技成果产出明显，拥有的有效知识产权数共计90.6万件，同比增长38.1%，发明专利共计16.0万件，其中，孵化器拥有的有效知识产权数为56.3万件，同比增长27.7%，包括发明专利9.8万件；众创空间常驻企业和团队拥有有效知识产权34.3万个，同比增长60.2%，包括发明专利6.2万件。

二、孵化器稳步发展，成为经济高质量发展的重要支撑

当前，科技企业孵化器已成为我国实施创新驱动发展战略的重要“基础设施”，为推动实体经济转型升级和经济高质量发展提供了重要支撑。

---

① 截至2019年年底，国家级孵化器数量为1177家，实际参加统计年报的是1155家。

② 截至2019年年底，国家备案众创空间数量为1888家，实际参加统计年报的是1819家。

（一）创业带动就业能力持续增强

孵化器为稳就业促就业提供了新动能。创业企业是我国经济创新发展的重要“火种”，是促进就业的主要“吸纳器”。2019 年，全国孵化器自身吸纳就业 7.3 万人，在孵企业从业人员近 294.9 万人。广东省创业孵化载体内创业团队和企业带动就业总人数超过 56 万人，其中吸纳应届大学生就业人数达 6.6 万人，大学生创业率达 3%。湖北省孵化器内在孵企业从业人员 13 万余人，其中吸纳应届大学毕业生 2 万余人，比 2018 年增加 17%。

孵化器的人才聚集能力进一步提升。2019 年，孵化器内吸引留学人员创业就业近 2.8 万人，聚集国家级人才计划入选人员超过 4300 人，为促进经济发展培育新动能提供了强有力的人才支撑。江苏深入实施“创业江苏”行动，累计引进国家级创业类人才 275 人，占全国近 1/3。浙江通过孵化器内在孵企业集聚国家级高端人才 865 人，大专以上人员 24.62 万人，留学人员 5718 人。河北廊坊孵化器汇聚各类双创人才 3.5 万人，占全市高层次人才的 90% 以上。吉林依托吉林大学、长春理工大学等高校创建“双创”平台，吸引高校毕业生在省内就业创业，成为留住人才、用好人才的重要平台。

（二）大中小企业融通发展生态圈初步形成

大企业以孵化器为抓手聚集中小企业。大中小企业融通发展是推动大众创业、万众创新步入新水平的重要举措，是深入实施“中国制造 2025”的重要抓手。2019 年，越来越多的大企业、行业龙头企业投身孵化器建设，以此为突破口，推动自身转型升级、跨越发展。吉林修正药业整合集团优势资源打造大健康双创平台，聚集产业链上下游 600 多家企业，在细分领域对其形成有力延伸和补充，促进中小企业与大企业融通发展。上海宝武钢铁集团专门成立吴淞口创业园，依托宝武集团构建“平台层—孵化层—应用层”三位一体的孵化体系，累计孵化企业 83 家，助力宝武高质量钢铁生态圈建设。此外，2019 年中国创新创业大赛共举办 7 场大中小融通赛事，包括华为、百度、华润、京东等大企业搭建平台，参赛中小企业达到 3000 家。

中小企业通过孵化器深度链接大企业资源。资源聚集、链接和整合能力是孵化器差异化、特色化发展的重要竞争力，也是孵化器提供优质服务的“硬实力”。2019 年全国孵化器内创业导师对接企业数量为 17.6 万个，占在孵企业的 81.1%。陕西杨凌示范区创业服务中心根据在孵企业所在领域分专题组织大企业专项对接，帮助中草药种植创业企业对接陕西步长制药、东科麦迪森等大型制药企业，帮扶智能制造企业对接陕西法士特、陕汽等，解决其市场开拓和应用问题。2019 年北京 Plug&Play 孵化器累计帮助 149 家初创企业与默克、联合利华、中化资本等企业达成合作意向或合作协议，助推小企业实现“借力”发展。厦门创新创业园打造“领军企业 +”协同创新模式，帮助在孵企业鑫联信电子公司借助大企业弘信电子的技术和资金快速成长，年营业收入达 3700 万元。

（三）产学研融合发展助力科技成果转化

高校院所通过体制机制创新推动成果转化孵化。高校更加重视大学科技园、孵化器建设，进一步为科研人员松绑；科研院所的体制机制则更加灵活，或逐步形成独具特色的孵化模式，或向新型研发机构转型发展。北京出台《支持建设世界一流新型研发机构实施办法（试行）》，按照新内涵、新体制、新政策、新机制原则，首批遴选和推动 5 家研究机构向世界一流新型研发机构升级发展。兰州交通大学以科技园为依托，搭建师生项目创新创业实践基地，形成“创意→创新→创造→创业”的完善创业服务体系。武汉生物技术研究院探索持股孵化模式，建立持股孵化项目库，与部分入驻企业建立起牢固的股权关系纽带，实现“同发展、共进退”。

孵化器专业化发展为产学研融合提供支撑。专业孵化器长期深耕于某一专业领域，具备概念验证的专业化能力和丰富经验，能有效推动从基础研究成果向市场化成果转化，是促进科技成果转化的专业化路径。2019 年，全国专业孵化器数量达到 1477 家，占比为 28.4%；孵化器总收入为 449.9 亿元，其中综合服务收入为 127.8 亿元，投资收入 23.2 亿元，孵化器对公共技术服务平台的投资额达到 77.6 亿元，为其提供专业化服务提供了有力支撑。河南洛阳中科科技园以“人才 + 项目”的灵活孵化机制，发挥其在动物医学领域的资源优势，孵化中科院苏州纳米所、厦门大学、中山大学等多项生物医学项目，年产值达 3.2 亿元。浙江杭州天和高科孵化器孵化的美国斯坦福大学“端粒酶逆转录酶亚基 mRNA 检测试剂盒”，已获 CFDA 医疗器械注册证，是国际上首个高特异高灵敏的肺癌无创诊断产品。山东潍坊高新区生物医药科技产业园建设了一个研发平台和四个中试平台，转化生物医药类科技成果 135 项，2019 年实现产值 1.42 亿元。

三、众创空间发展“数稳质升”，不断生成发展新动能

2019 年，全国众创空间呈现出“数量稳步攀升、质量稳步提升”的态势，在培育科技型企业、促进社会创业就业、促进经济转型升级等方面发挥作用。

（一）众创空间数量稳步增长成为双创“新基础设施”

众创空间整体继续保持稳健增长，成为各地区促发展、稳就业的“新基础设施”。2019 年，全国众创空间共有 8000 家，同比增长 15%。提供创业工位 148.65 万个，同比增长 14.8%。从运营主体性质来看，民营性质的众创空间 5679 家，占比为 71.0%；国有性质的众创空间为 2321 家，占比为 29.0%，民营社会资本正成为众创空间投入主体。由高校科研院所成立的众创空间为 967 家，由投资机构直接建立的众创空间 580 家，“成果 + 孵化”“投资 + 孵化”正在成为众创空间发展的新模式。从全国省市绝对数量来看，广东省众创空间总数位列全国第一，共有 952 家，占全国总数的 11.9%。从增长速度来看，黑龙江省增长最快，新增众创空间 26 家，增幅为 92.9%。从区域分布

来看，京津冀、粤港澳、长三角占全国众创空间总数的 48.6%，这些区域创新创业资源仍然是最丰富的，黑龙江、河北、山西、等地区积极出台鼓励创新创业的政策，众创空间呈现较快的增长。

（二）众创空间享受财税金融政策不断加大

各地方加大对众创空间的财税金融等政策支持力度。通过支持众创空间平台化发展，为社会提供稳就业、促发展的公共政策和服务。2019 年，全国众创空间共获得各级政府财政后补助 29.93 亿元。按照出台的《关于科技企业孵化器 大学科技园和众创空间税收政策的通知》（财税〔2018〕120 号），符合条件的国家备案众创空间可以享受免征房产税、城镇土地使用税、增值税的优惠，2019 年众创空间税收优惠政策实施成效明显，全年享受税收优惠政策免税金额总计 2.23 亿元，众创空间享受普惠性政策逐步加大。

（三）众创空间成为促创业、稳就业的重要平台

众创空间吸纳创业就业人数继续保持稳健增长。2019 年全国众创空间服务的创业团队和企业 44.1 万个；吸纳就业人员 155.4 万人，同比上升 47.6%；平均每个众创空间常驻团队和企业 55.1 个。

特别是高层次创业群体呈现增长趋势，2019 年众创空间内大学生创业、留学归国人员创业、科技人员创业、大企业高管离职创业、外籍人士创业等团队和企业数量共计 24 万个，同比增长 21.5%，其中大学生创业团队和企业的数量 12.7 万个，同比增长 20%，创新创业呈现高质量发展态势。

（四）众创空间在孵企业和团队高度重视技术创新

在孵企业和团队知识产权数量增加较快，创新能力不断提升。2019 年，全国众创空间常驻企业和团队拥有有效知识产权数量达到 34.3 万件，同比增长 50.4%；拥有发明专利数量 6.2 万件，同比增长 48.5%。反映出在孵企业高度重视技术创新，科技型创业企业逐步成为众创空间入驻企业的重要组成。全国众创空间初创团队和企业拥有留学人员 3.05 万人，为企业技术创新提供强大动力。

（五）创业服务活动水平进一步提升

全国众创空间服务活动总量继续保持增长，2019 年，全国众创空间举办创新创业活动累计达到 14.9 万次，同比增长 15.2%；开展创业教育培训 11 万场，较去年略有上升。但服务质量不断提高，更加精准。2019 年，全国众创空间共有 16 万名创业导师，同比增长 8.7%；开展的国际交流活动 9921 场，同比增长 1.6%，众创空间逐步重视国际化的创新创业活动。

（六）支撑发展新动能成效明显

广东省积极支持“众创空间—孵化器—加速器”科技企业孵化育成链条，进一步支撑当地产业

和实体经济发展。河北省坚持把众创空间作为推动县域创新发展工作的聚焦点，围绕优势产业做强做大众创空间。当前，全国众创空间产生一批优秀创业项目，获得金融资本青睐。2019 年，1.87 万个服务团队和企业获得投资总额 873.1 亿元，其中，获得社会资本投资 779.7 亿元，占投资总额的 89.3%，获得众创空间自身投资约 70.4 亿元，占投资总额的 8.1%，全国的众创空间孵化的上市（挂牌）企业达 663 家，这些企业涉及人工智能、生物医药、集成电路、新材料等新兴产业领域，成为发展新动能的活力源头。

监测篇

第二章　科技企业孵化器发展情况

本章从总体情况、孵化绩效情况、孵化器运营情况三大板块详细分析中国2019年科技企业孵化器发展的情况。其中，总体情况包括孵化器数量、孵化面积、在孵企业情况、毕业企业情况和计划单列市孵化器整体情况5个部分；孵化绩效情况包括在孵企业经营情况、技术创新情况、创造的就业机会和获得投融资情况4个部分；孵化器运营情况包括孵化器性质、获得的投资情况、孵化基金情况、获得的财税支持情况、收支情况、管理人员情况和开展孵化服务情况7个部分。

一、总体情况

（一）孵化器数量

2019年，上报有效年报数据的孵化器为5206家，相比2018年增加357家，同比增幅达7.4%。国家级孵化器1177家①，占比为22.6%，2019年新认定国家级科技企业孵化器197家。2016—2019年，孵化器数量从3255家增加到5206家，呈现迅速增长的态势，年均增长率达17.2%。国家级孵化器数量也从863家增长到1177家，年均增长率达11.4%（图2－1、表2－1、图2－2）。

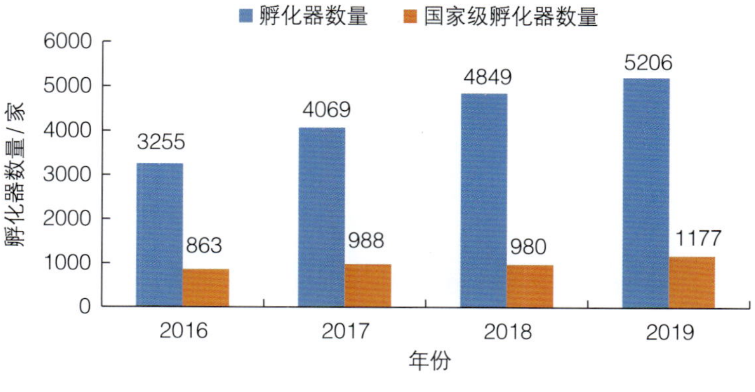

图2－1　2016—2019年孵化器数量情况

① 截至2019年年底，国家级孵化器数量为1177家，实际上报统计年报的国家级孵化器为1155家，故本报告以1155家国家级孵化器进行分析。

表 2－1　全国及各地区孵化器数量情况

单位：家

地区	2018 年			2019 年		
	孵化器数量	国家级孵化器数量	非国家级孵化器数量	孵化器数量	国家级孵化器数量	非国家级孵化器数量
合计	4849	967	3882	5206	1155	4051
北京	152	55	97	130	61	69
天津	72	33	39	81	33	48
河北	228	23	205	251	33	218
山西	59	13	46	62	14	48
内蒙古	51	10	41	50	12	38
辽宁	68	27	41	67	30	37
吉林	112	21	91	93	22	71
黑龙江	178	16	162	182	19	163
上海	180	47	133	175	55	120
江苏	695	175	520	832	201	631
浙江	321	68	253	363	82	281
安徽	157	25	132	170	32	138
福建	144	11	133	135	15	120
江西	53	18	35	62	21	41
山东	378	83	295	358	96	262
河南	169	36	133	167	44	123
湖北	192	45	147	216	53	163
湖南	85	19	66	89	24	65
广东	962	108	854	1013	150	863
广西	89	10	79	106	15	91
海南	6	1	5	8	2	6
重庆	65	16	49	77	19	58
四川	147	28	119	168	34	134
贵州	31	6	25	42	8	34
云南	33	11	22	40	13	27
西藏	1	1	0	1	1	0
陕西	69	30	39	122	33	89
甘肃	86	8	78	79	10	69
青海	14	5	9	14	6	8
宁夏	18	4	14	15	4	11
新疆	24	9	15	29	9	20
新疆生产建设兵团	10	5	5	9	4	5

注：表中国家级孵化器数量为实际参加统计的数量。

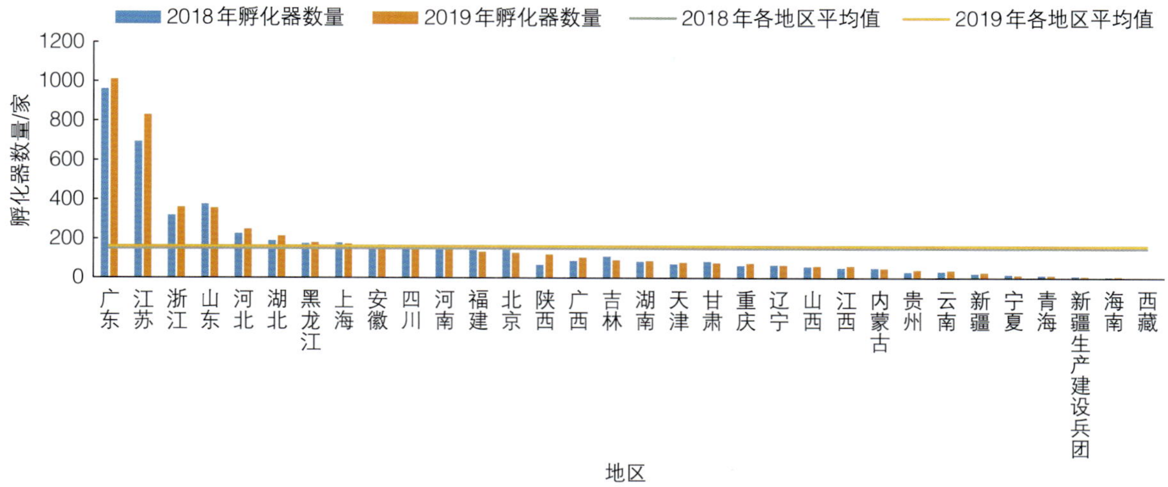

图 2－2　各地区孵化器数量情况

2019 年，孵化器数量最多的前 5 个地区分别为广东、江苏、浙江、山东和河北。较 2018 年，江苏的孵化器数量有了较大增长。广东及江苏的孵化器数量 2019 年较 2018 年分别增长了 5.3% 和 19.7%。2019 年，前 5 个地区孵化器总数量的占比为 54.2%（图 2－3）。

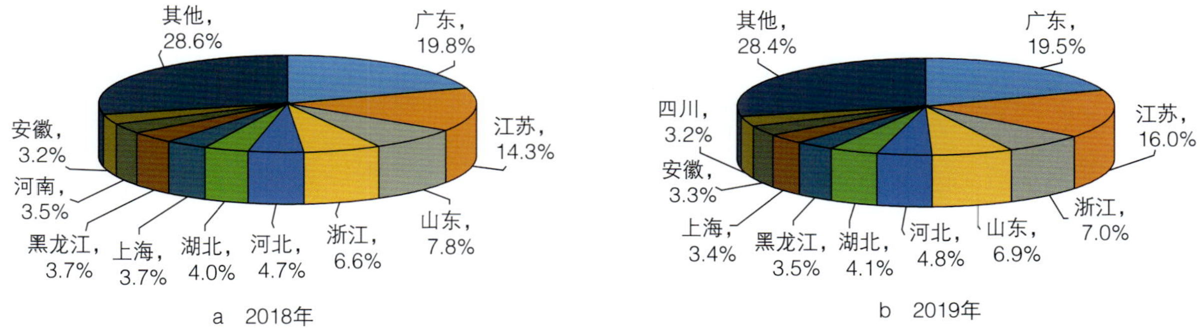

图 2－3　各地区孵化器数量占比情况

2018—2019 年，东部地区、中部地区、西部地区和东北地区的孵化器数量依旧保持稳定增长的趋势。2019 年，东部地区共有孵化器 3346 家，占比为 64.3%，同比增长 6.6%；中部地区共有孵化器 766 家，占比为 14.7%，同比增长 7.1%；西部地区共有孵化器 752 家，占比为 14.4%，同比增长 17.9%；东北地区共有孵化器 342 家，占比为 6.6%，同比下降 4.5%（图 2－4）。

（二）孵化面积

2019 年，全国孵化器使用总面积为 12 927.9 万平方米，和 2018 年相比下降了 2.0%。其中，68.6% 的面积为在孵企业用房，占比较 2018 年增加了 1.3 个百分点；12.5% 的面积为公共服务用房，与 2018 年相比略有下降；6.5% 的面积为办公用房，较 2018 年减少了 0.5 个百分点（表 2－2、图 2－5、图 2－6）。

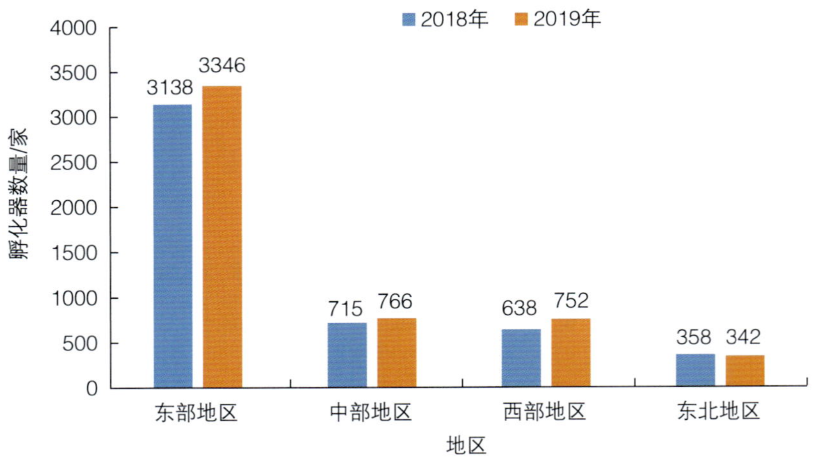

图 2－4　各地区孵化器数量

表 2－2　全国各地区孵化器孵化面积情况

单位：万平方米

地区	2018 年				2019 年			
	孵化器使用总面积	其中：办公用房	在孵企业用房	公共服务用房	孵化器使用总面积	其中：办公用房	在孵企业用房	公共服务用房
北京	312.9	18.3	225.6	40.7	329.2	17.7	231.8	48.9
天津	136.5	7.2	102.7	18.0	132.2	5.3	100.6	16.1
河北	530.0	44.5	354.5	56.9	499.9	39.5	348.2	54.7
山西	123.2	4.9	86.5	16.8	124.3	4.5	87.1	17.9
内蒙古	159.4	12.2	81.7	17.4	161.0	12.5	78.9	15.9
辽宁	178.4	5.5	119.5	26.0	173.2	5.4	129.6	25.3
吉林	288.1	35.5	187.3	35.0	250.5	17.8	168.6	33.0
黑龙江	258.4	14.3	148.9	27.2	271.3	19.0	156.0	27.0
上海	238.3	15.1	177.7	26.9	233.7	13.9	173.5	26.4
江苏	2487.3	181.4	1740.7	276.5	2508.8	191.9	1791.0	285.1
浙江	941.7	52.0	691.9	110.9	900.0	42.4	667.3	103.5
安徽	384.5	22.6	286.4	42.1	395.7	25.3	272.9	45.9
福建	342.6	23.9	199.4	43.6	338.6	19.7	199.6	42.2
江西	162.1	10.6	114.1	17.9	202.1	11.3	137.0	23.1
山东	1461.9	95.0	931.9	193.4	1335.1	73.4	864.5	168.9
河南	504.3	18.5	386.3	59.4	396.9	16.9	290.7	52.2
湖北	462.9	32.6	280.1	58.4	460.5	30.7	316.7	58.6
湖南	321.6	18.4	226.2	44.7	308.8	17.5	218.2	40.9
广东	1949.2	174.8	1181.8	300.7	1868.6	129.8	1205.7	278.3

续表

地区	2018 年				2019 年			
	孵化器使用总面积	其中：办公用房	在孵企业用房	公共服务用房	孵化器使用总面积	其中：办公用房	在孵企业用房	公共服务用房
广西	205. 1	8. 7	143. 9	30. 4	200. 2	9. 8	144. 4	22. 8
海南	10. 3	0. 5	7. 4	1. 7	15. 9	2. 5	9. 8	2. 4
重庆	90. 9	4. 9	63. 8	13. 2	123. 4	7. 7	90. 3	14. 1
四川	343. 6	18. 8	248. 9	42. 1	336. 3	15. 8	243. 1	44. 5
贵州	371. 6	18. 7	287. 2	34. 7	345. 3	24. 0	267. 1	32. 5
云南	67. 2	3. 2	51. 9	7. 8	81. 6	3. 1	63. 5	9. 8
西藏	0. 2	0. 0	0. 2	0. 1	0. 2	0. 0	0. 2	0. 1
陕西	248. 9	12. 8	187. 0	29. 0	332. 1	17. 6	246. 1	42. 1
甘肃	307. 0	45. 3	174. 7	41. 4	299. 5	44. 6	170. 4	41. 2
青海	118. 6	3. 7	92. 7	13. 3	118. 9	3. 2	93. 1	13. 7
宁夏	50. 5	5. 8	34. 0	6. 6	41. 3	2. 6	32. 3	4. 1
新疆	80. 9	6. 7	44. 9	26. 1	89. 2	6. 1	47. 9	28. 6
新疆生产建设兵团	54. 9	2. 5	23. 8	2. 4	53. 6	2. 4	22. 9	2. 4
合计	13 192. 9	919. 1	8883. 2	1661. 1	12 927. 9	834. 0	8869. 1	1622. 0

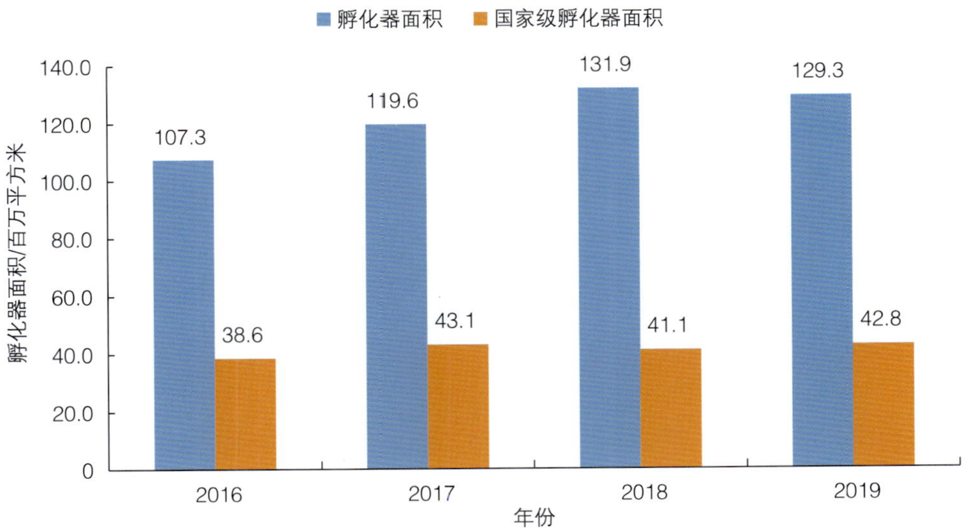

图 2－5　2016—2019 年孵化器面积情况

2018—2019 年，全国孵化器使用总面积从 13 192. 9 万平方米减少到 12 927. 9 万平方米，呈现略微下降趋势。

2019 年，国家级孵化器面积从 4112. 8 万平方米增加到 4280. 1 万平方米，较 2018 年增长了

4.1%，占全国孵化器总面积的31.1%（表2-3）。

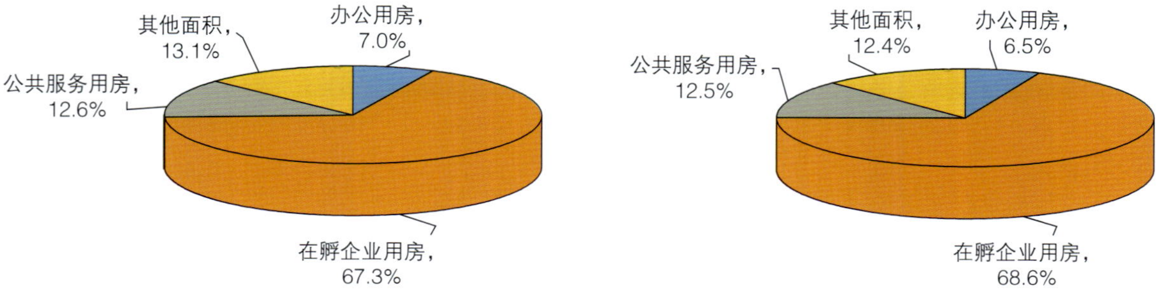

a 2018年　　b 2019年

图2-6 孵化器不同用途面积占比情况

表2-3 全国孵化器孵化面积情况　　单位：万平方米

年份	孵化器使用总面积	其中				国家级孵化器总面积	非国家级孵化器总面积
		办公用房	在孵企业用房	公共服务用房	其他		
2018	13 192.9	919.1	8883.2	1661.1	1729.5	4112.8	9080.1
2019	12 927.9	834.0	8869.1	1622.0	1602.8	4280.1	8647.8

2019年，孵化器孵化面积较大的前5个地区分别为江苏、广东、山东、浙江和河北。同2018年相比，排名前5位的地区没有发生变化。前5个地区的孵化器总面积占全国孵化器总面积比例达55.1%（图2-7、图2-8）。

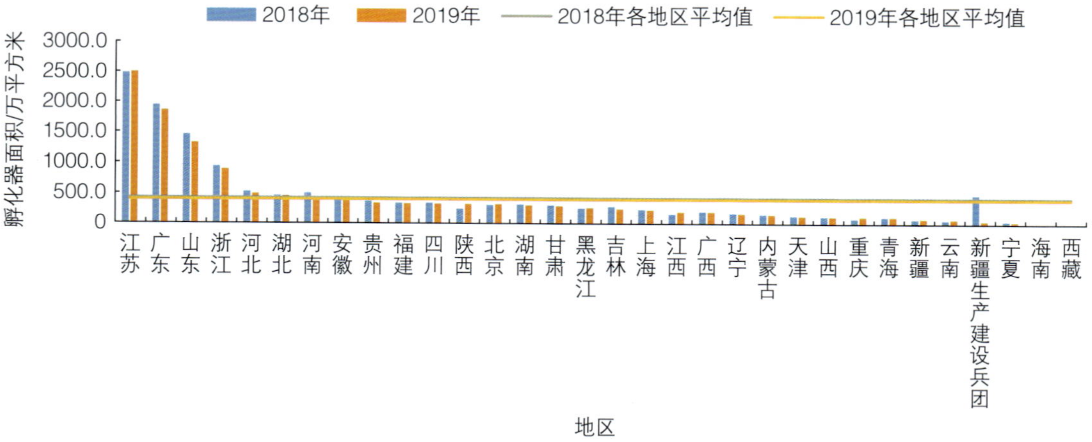

图2-7 各地区孵化器面积情况

（三）在孵企业情况

2019年，全国孵化器内共有在孵企业216 828家，较2018年增长了5.3%。其中，当年新增在孵企业数为58 830家，占比为27.1%，较2018年下降2.2个百分点。

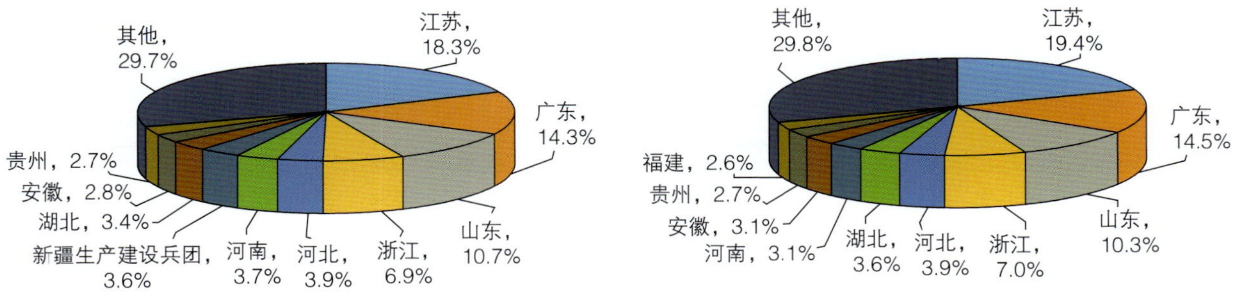

a 2018年　　b 2019年

图 2－8 各地区孵化器面积占比情况

2019 年，全国国家级孵化器中的在孵企业数为 95 559 家，增长率为 10. 3%，占比为 44. 1%；非国家级孵化器中的在孵企业数为 121 269 家，增长率达到 1. 6%，占比为 55. 9%（表 2－4）。

表 2－4 全国和各地区孵化器在孵企业数量情况　　单位：家

地区	2018 年				2019 年			
	在孵企业总数	国家级孵化器内	非国家级孵化器内	当年新增在孵企业数	在孵企业总数	国家级孵化器内	非国家级孵化器内	当年新增在孵企业数
北京	9629	5211	4418	3139	9444	5477	3967	2626
天津	4263	2571	1692	1201	4309	2531	1778	1183
河北	6788	2164	4624	2089	7725	2772	4953	2108
山西	2435	894	1541	565	2543	887	1656	601
内蒙古	1926	824	1102	525	1842	1003	839	399
辽宁	3940	2614	1326	990	3947	2632	1315	1010
吉林	3616	1589	2027	1122	3230	1571	1659	942
黑龙江	5405	1411	3994	1736	6314	1873	4441	2367
上海	8730	3446	5284	2131	8384	3939	4445	1916
江苏	31 382	15 916	15 466	7857	34 800	17 002	17 798	8748
浙江	15 709	6271	9438	5076	16 690	6970	9720	4894
安徽	5896	2406	3490	1571	6220	2526	3694	1923
福建	3380	1123	2257	1018	3493	1194	2299	989
江西	2987	1739	1248	650	3507	1858	1649	867
山东	16 840	7696	9144	4687	16 315	7803	8512	4066
河南	9096	4178	4918	2499	8987	4454	4533	2360
湖北	10 344	3961	6383	3196	11 285	4525	6760	3148
湖南	5527	2177	3350	1498	5672	2563	3109	1206
广东	30 928	8539	22 389	10 803	32 918	10 775	22 143	9501
广西	2842	1144	1698	1125	3417	1481	1936	1229

续表

地区	2018 年				2019 年			
	在孵企业总数	国家级孵化器内	非国家级孵化器内	当年新增在孵企业数	在孵企业总数	国家级孵化器内	非国家级孵化器内	当年新增在孵企业数
海南	1335	228	1107	338	754	478	276	145
重庆	2585	1091	1494	740	2733	1170	1563	767
四川	7590	2954	4636	2403	8190	3089	5101	2246
贵州	1047	566	481	257	1251	668	583	350
云南	2073	1056	1017	418	2280	1283	997	520
西藏	13	13	0	4	17	17	0	6
陕西	3644	2363	1281	973	4730	2502	2228	1316
甘肃	2820	732	2088	707	2570	829	1741	539
青海	457	244	213	148	471	306	165	125
宁夏	629	214	415	193	558	233	325	108
新疆	1640	931	709	491	1690	770	920	512
新疆生产建设兵团	528	359	169	143	542	378	164	113
合计	206 024	86 625	119 399	60 293	216 828	95 559	121 269	58 830

2019 年，56.8% 的孵化器内在孵企业数量在 10 ~ 50 家；26.9% 的孵化器内在孵企业数量在 50 ~ 100 家；在孵企业数量不足 10 家的孵化器占比为 11.0%；在孵企业数量超过 100 家的孵化器仅占 5.3%。孵化器内在孵企业的数量在 10 ~ 100 家的仍然占大多数（图 2 – 9）。

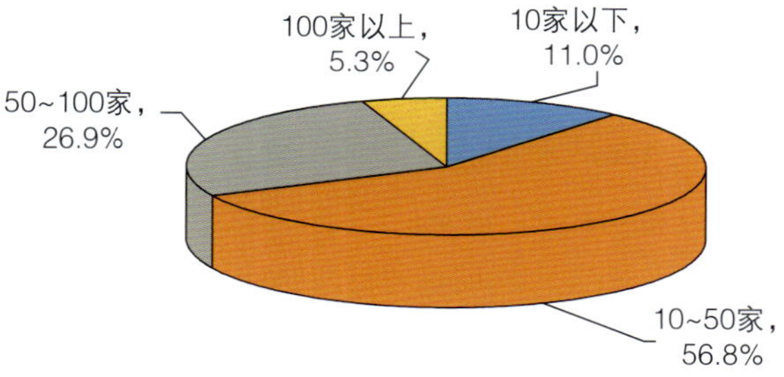

图 2 – 9　不同在孵企业数量的孵化器占比情况

2019 年，孵化器内在孵企业数量较多的前 5 个地区分别为江苏、广东、浙江、山东和湖北，与 2018 年排名相比，浙江超越山东，排名居第 3 位。其中，江苏在孵企业数量为 34 800 家，与 2018 年相比，增长了 11.1%；广东在孵企业数量为 32 918 家，与 2018 年相比，增长了 6.4%。前 5 个地区的孵化器总孵化面积占到全国总孵化面积的 54.7%（图 2 – 10、图 2 – 11）。

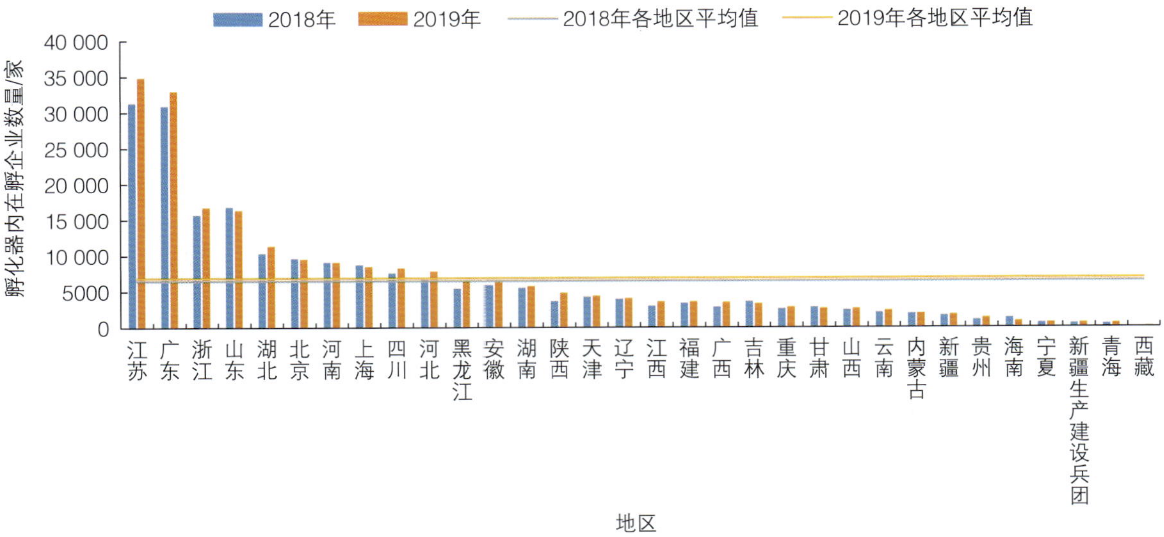

图 2－10　各地区孵化器内在孵企业数量情况

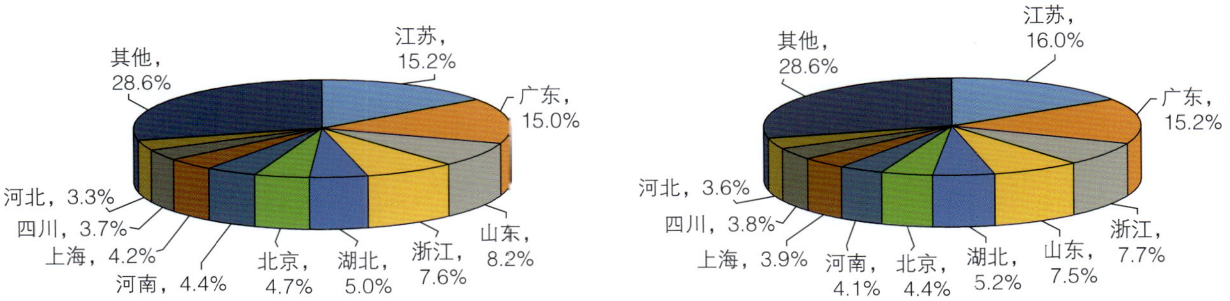

a　2018年　　b　2019年

图 2－11　各地区孵化器内在孵企业数量占比情况

（四）毕业企业情况

2019 年，全国上报有效数据的孵化器内累计毕业企业有 160 850 家，较 2018 年增长了 15.4%。其中，当年毕业企业 26 152 家，较 2018 年增加 2718 家；当年上市（挂牌）企业 827 家；当年被兼并和收购企业 743 家，较 2018 年增加 20 家；当年营业收入超过 5000 万元企业 3729 家，较 2018 年增加 457 家（表 2－5、表 2－6）。

表 2－5　全国毕业企业概况　　单位：家

指标	2018 年	2019 年
累计毕业企业	139 396	160 850
其中：毕业企业累计上市（挂牌）企业数量	3874	4675
当年毕业企业	23 457	26 152

续表

指标	2018 年	2019 年
当年上市（挂牌）企业数量	848	827
当年被兼并和收购企业	723	743
当年营业收入超过 5000 万元企业	3272	3729

表 2-6　全国及各地区毕业企业概况　　单位：家

地区	2018 年						2019 年					
	累计毕业企业	其中：毕业企业累计上市（挂牌）企业数量	当年毕业企业	当年上市（挂牌）企业数量（附清单）	当年被兼并和收购企业	当年营业收入超过 5000 万元企业	累计毕业企业	其中：毕业企业累计上市（挂牌）企业数量	当年毕业企业	当年上市（挂牌）企业数量（附清单）	当年被兼并和收购企业	当年营业收入超过 5000 万元企业
北京	14 986	398	1654	60	55	114	15 091	412	1321	109	56	122
天津	2220	58	362	27	22	58	2479	80	328	15	14	65
河北	3535	82	753	12	26	83	4401	88	942	7	26	75
山西	1797	50	349	9	24	17	2025	58	410	20	31	26
内蒙古	1621	17	259	15	0	9	1890	18	264	3	1	11
辽宁	3912	44	410	2	4	26	4114	59	412	21	8	37
吉林	1932	10	401	2	10	37	2114	12	371	1	5	40
黑龙江	2883	45	362	8	4	17	3345	56	482	4	5	11
上海	3399	200	426	16	14	133	3837	218	462	20	24	144
江苏	21 460	451	3485	63	85	738	26 197	592	4524	110	122	894
浙江	11 335	228	1969	82	39	219	13 893	272	2416	61	53	251
安徽	3290	88	509	28	21	97	3720	145	544	79	16	90
福建	3276	94	485	10	25	114	3772	111	606	14	30	123
江西	1930	34	437	3	18	66	2647	41	592	6	25	90
山东	11 333	335	2177	58	55	264	12 529	382	2152	45	50	261
河南	6811	251	1155	168	31	193	6698	354	1005	107	38	207
湖北	7287	306	1193	101	58	104	8409	405	1214	76	35	111
湖南	3543	132	621	14	27	153	4189	130	690	9	18	189
广东	16 175	580	3425	124	138	490	18 858	668	3766	126	101	579
广西	1431	38	231	19	12	26	1952	52	435	10	28	43
海南	84	5	26	5	0	2	171	0	66	0	0	0
重庆	2340	36	443	11	0	14	2756	45	498	13	2	21
四川	4659	220	799	94	39	136	5464	276	883	77	33	152

续表

地区	2018 年						2019 年					
	累计毕业企业	其中：毕业企业累计上市（挂牌）企业数量	当年毕业企业	当年上市（挂牌）企业数量（附清单）	当年被兼并和收购企业	当年营业收入超过 5000 万元企业	累计毕业企业	其中：毕业企业累计上市（挂牌）企业数量	当年毕业企业	当年上市（挂牌）企业数量（附清单）	当年被兼并和收购企业	当年营业收入超过 5000 万元企业
贵州	673	17	134	0	2	18	789	15	150	0	4	17
云南	1127	12	156	1	0	12	1416	14	169	0	1	11
西藏	60	2	9	0	0	6	60	2	0	0	0	4
陕西	3255	108	465	6	7	91	4728	132	766	24	8	110
甘肃	1394	20	434	0	5	7	1358	21	299	0	7	10
青海	440	3	59	0	0	2	502	3	65	0	0	2
宁夏	277	1	77	10	0	4	387	3	57	10	0	3
新疆	675	9	119	4	2	16	811	11	162	4	2	24
新疆生产建设兵团	256	0	73	0	0	6	248	0	101	0	0	6
合计	139 396	3874	23 457	952	723	3272	160 850	4675	26 152	971	743	3729

2019 年，孵化器内累计毕业企业数量排名靠前的 5 个地区为江苏、广东、北京、浙江和山东。相较于 2018 年，浙江增长幅度最大，增长 22.6%；其次，江苏增幅为 22.1%，广东增幅为 16.6%。累计毕业企业数量最多的前 5 个地区总占比达 53.8%（图 2－12、图 2－13）。

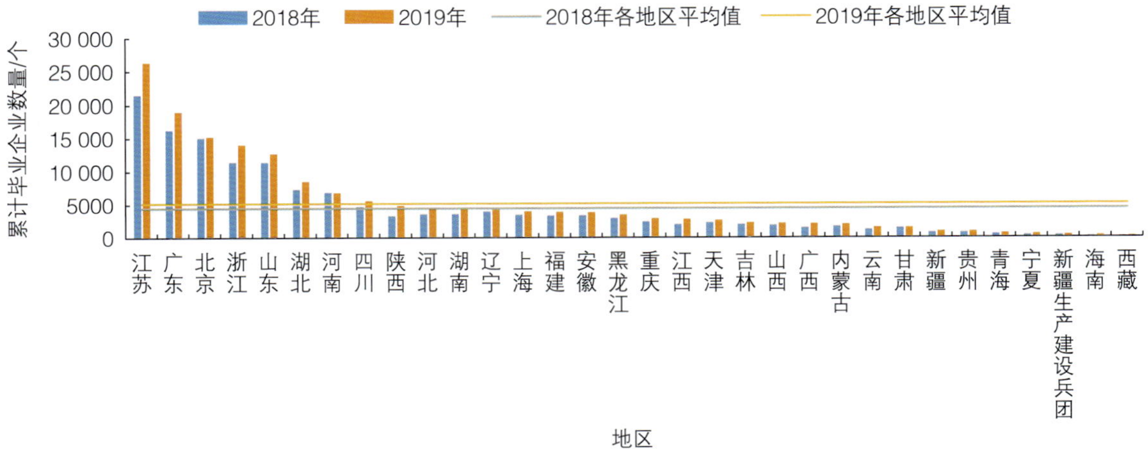

图 2－12　各地区孵化器内累计毕业企业数量情况

（五）计划单列市孵化器整体情况

我国有 5 个计划单列市，分别是大连、青岛、宁波、厦门、深圳。

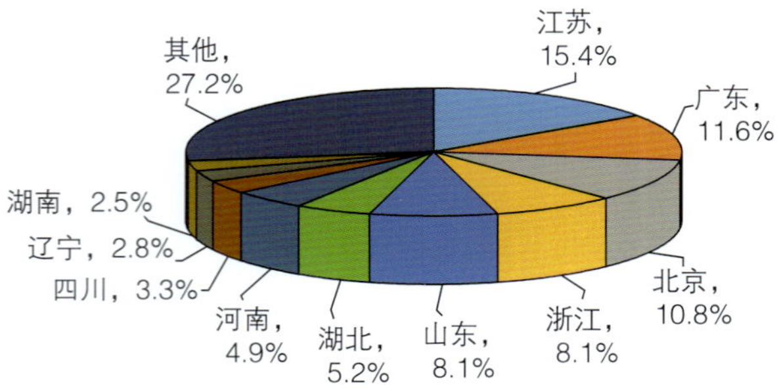

a　2018年

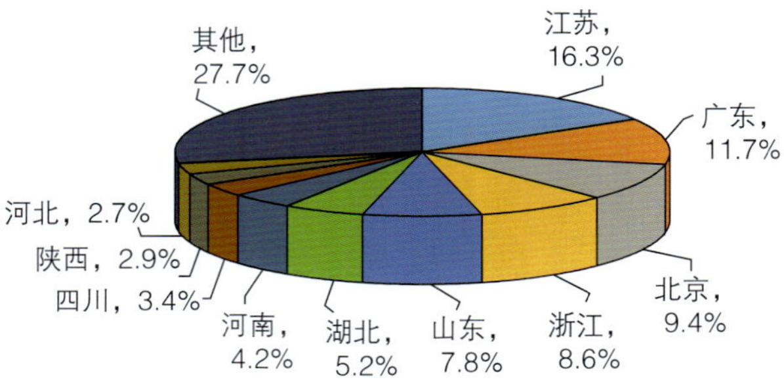

b　2019年

图 2－13　孵化器累计毕业企业数量占比情况

从主要指标数量变化上看，2019 年，5 个计划单列市的主要指标有增有减，且不同城市变化差异较大。其中，增长指标较多的城市主要是青岛和厦门，青岛的主要指标较 2018 年均有所增长，与之形成鲜明对比的是深圳，深圳的各个指标较 2018 年均有所减少。从各个单列市之间的体量上看，2019 年，深圳市在多个指标上都占据显著优势地位，规模和数量上都远超其他几个单列市（表 2－7）。

表 2－7　计划单列市孵化器整体情况

指标	大连		宁波		厦门		青岛		深圳	
	2018 年	2019 年	2018 年	2019 年	2018 年	2019 年	2018 年	2019 年	2018 年	2019 年
孵化器总数量/家	38	35	22	22	28	36	32	51	193	187
孵化器使用总面积/万平方米	86.3	81.0	79.0	72.0	82.4	98.0	90.4	99.0	484.0	395.0
孵化器内企业总数/家	1987	1909	2256	2229	1669	1938	2746	3174	9158	8321
在孵企业数/家	1738	1666	1790	1721	1407	1455	2226	2353	6526	6235
当年新增在孵企业/家	483	424	493	515	472	447	381	537	2622	2018
当年毕业企业/家	184	180	174	404	188	238	282	297	1125	1064

二、孵化绩效情况

（一）在孵企业经营情况

2019 年，全国孵化器内在孵企业总量为 216 828 家，较 2018 年增长 5.3%。其中，留学人员企业数为 10 006 家，与 2018 年相比，下降了 3.7%，占比为 4.6%；大学生科技企业数为 33 721 家，下降了 2.4%，占比为 15.6%；高新技术企业数 15 369 家，增长了 12.4%，占比为 7.1%（图 2－14）。

2019 年，全国在孵企业总收入 8218.9 亿元，较 2018 年下降了 1.5 个百分点。其中，国家级孵

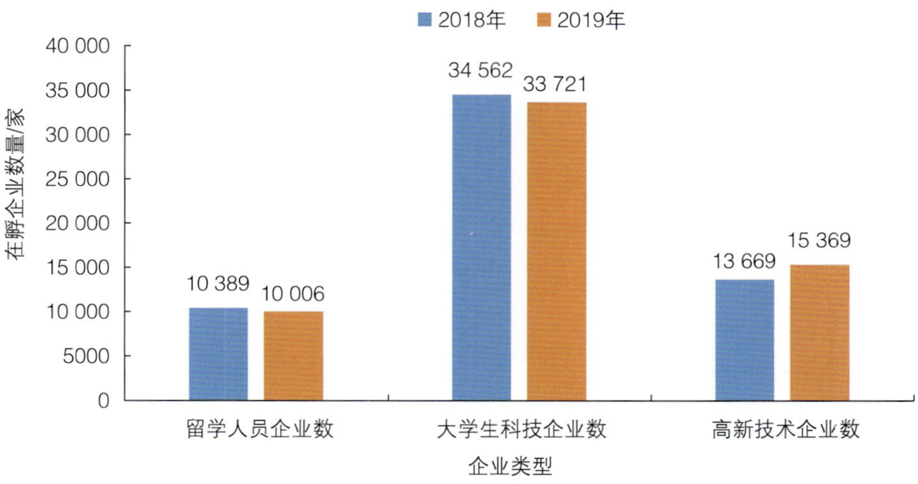

图 2－14　孵化器内不同类型的在孵企业数量情况

化器在孵企业总收入 3976. 3 亿元，占比为 48. 4%；非国家级孵化器在孵企业总收入 4243. 6 亿元，占比为 51. 6%（表 2－8）。

表 2－8　孵化器在孵企业总收入情况　　单位：亿元

年份	在孵企业总收入	国家级孵化器在孵企业总收入	非国家级孵化器在孵企业总收入
2018	8343. 0	3629. 3	4713. 7
2019	8218. 9	3976. 3	4243. 6

2019 年，在孵企业总收入排名前 5 位的地区为江苏、广东、北京、山东和上海。2019 年，各地区在孵企业总收入平均值为 256. 84 亿元，较 2018 年提高 8. 8%。江苏、广东、北京、山东、上海、浙江和四川等地区超过各地区均值（图 2－15）。

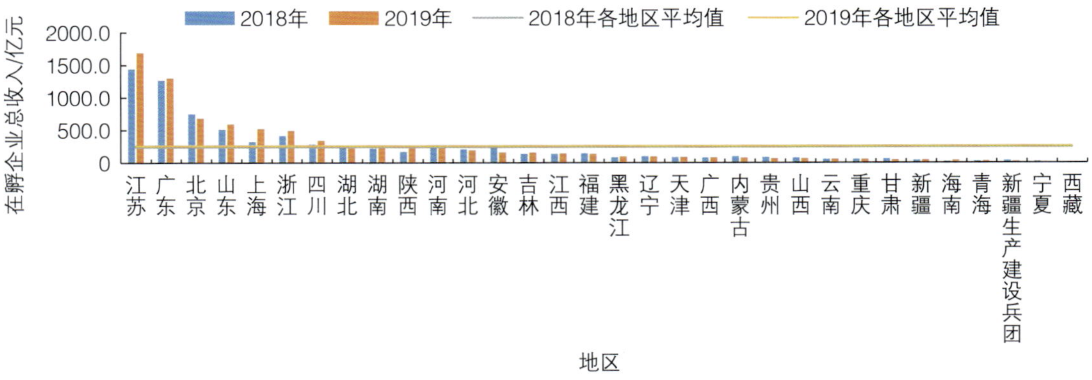

图 2－15　各地区在孵企业总收入情况

（二）在孵企业技术创新情况

2019 年，全国在孵企业的研发投入总支出为 705. 0 亿元，较 2018 年下降 3. 0%，全国在孵企业研发投入强度均值为 8.6%。在孵企业研发投入支出排名前 5 位的地区分别为江苏、广东、北京、浙江和陕西。江苏的在孵企业研发投入支出超过广东，达 156.19 亿元，占全国在孵企业研发投入支出的 22.2%。排名前 5 位的地区在孵企业的研发投入总支出超过全国的一半，占比为 65.2%（图 2－16、图 2－17）。

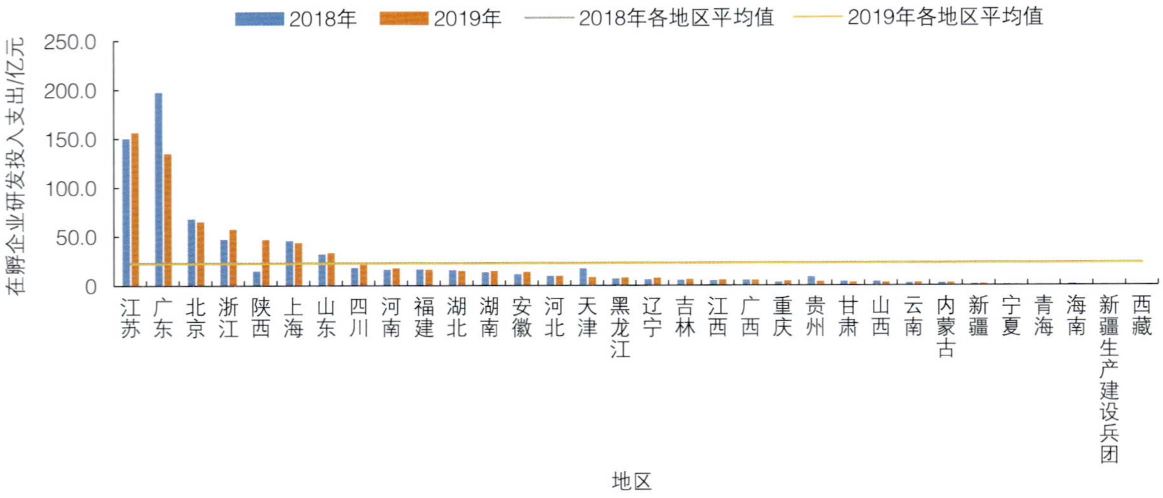

图 2－16　各地区在孵企业研发投入支出情况

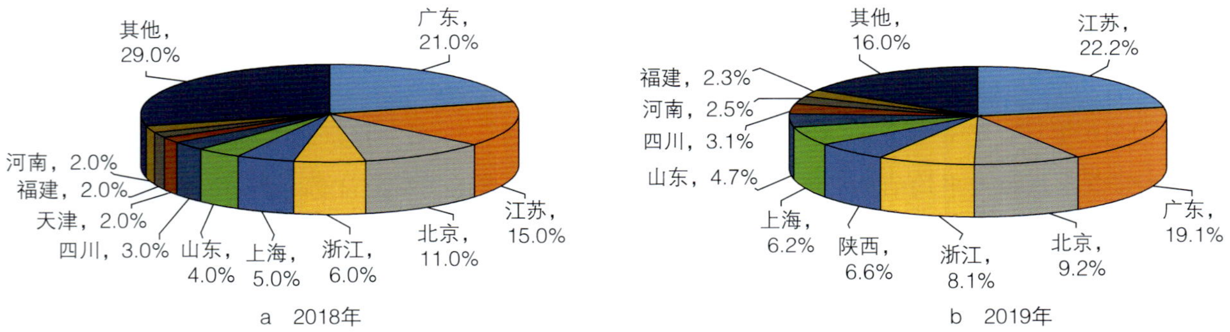

图 2－17　各地区在孵企业研发投入支出占比情况

2019 年，各地区在孵企业研发投入强度均值为 6.9%，较 2018 年下降 0.7 个百分点。研发投入强度排名前 5 位的地区分别为陕西、福建、浙江、广东和天津。其中，陕西研发投入强度达到 19.2%，福建、浙江和广东三地研发投入强度也均在 10.0% 以上，分别为 11.9%、11.7% 和 10.4%（图 2－18）。

2019 年，全国知识产权申请数为 270 390 件，较 2018 年增长了 0.8%。拥有有效知识产权数为 563 016 件，其中发明专利 98 182 件、软件著作权 219 903 件、集成电路布图 3259 件、植物新品种 772 件（表 2－9）。

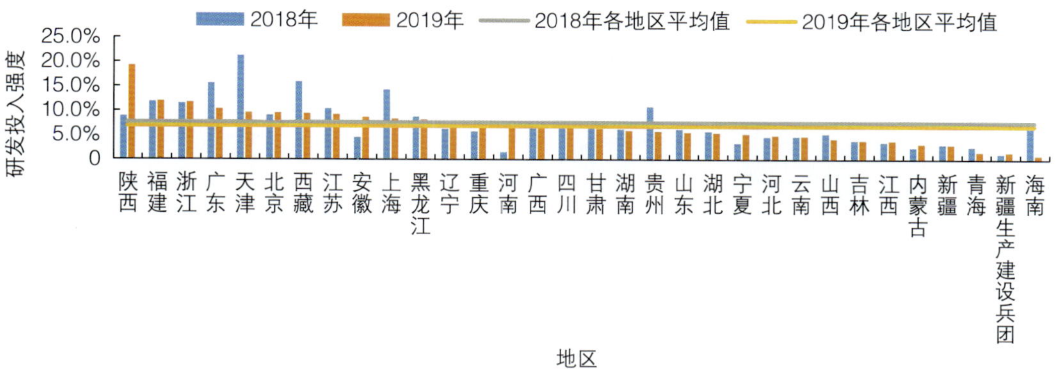

图 2－18　各地区在孵企业研发投入强度情况

表 2－9　在孵企业获得知识产权情况

单位：件

年份	当年知识产权申请数	拥有有效知识产权数				
		总数	发明专利	软件著作权	集成电路布图	植物新品种
2018	268 242	440 881	85 180	157 657	2737	894
2019	270 390	563 016	98 182	219 903	3259	772

2019 年，知识产权申请数量较多的地区为江苏、广东、浙江、山东和河南。其中，江苏和广东分别以 6. 1 万件和 4. 7 万件知识产权申请量占据排名前 2 位，但较 2018 年均有一定幅度下降。知识产权申请数量排名前 5 位的地区总占比达 58. 0%（图 2－19、图 2－20）。

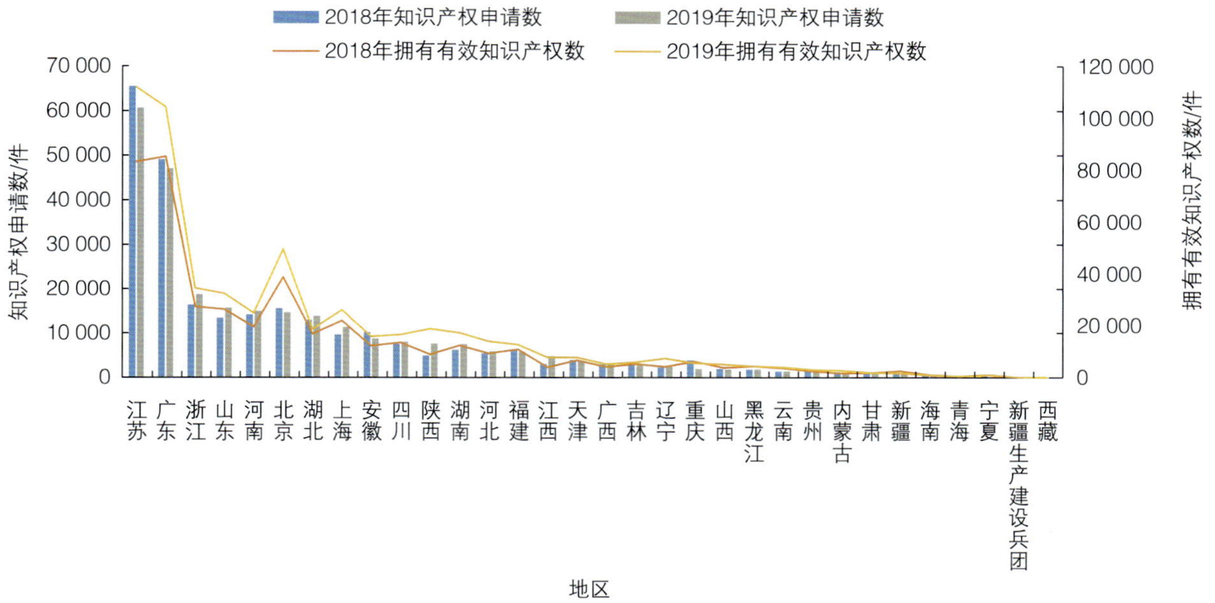

图 2－19　各地区知识产权申请数和拥有有效知识产权数情况

2019 年，拥有有效知识产权较多的地区分别为江苏、广东、北京、浙江和山东。其中，江苏和广东分别以 11. 2 万件和 10. 4 万件的有效知识产权申请数位列前二。数量排名前 5 位的地区总占比为 59.1%（图 2-21）。

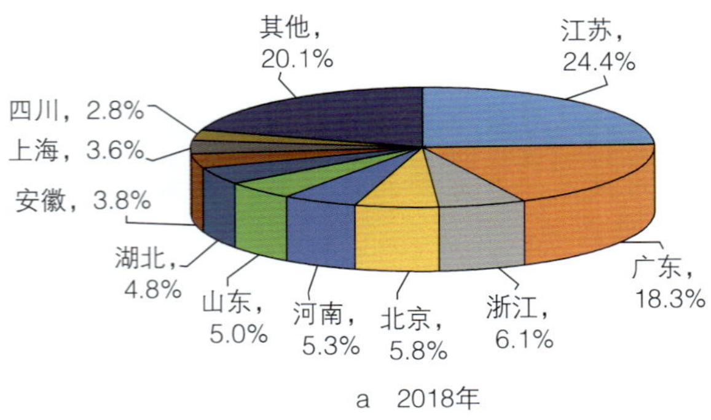

图 2-20 各地区知识产权申请数占比情况

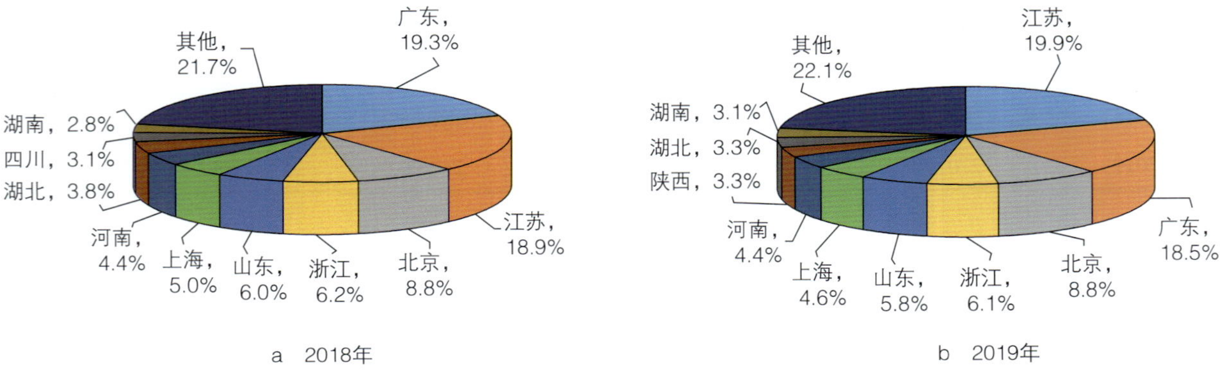

图 2-21 各地区拥有有效知识产权数占比情况

（三）在孵企业创造的就业机会

2019 年，全国孵化器内在孵企业从业人员近 295 万人，相较 2018 年增加了 1.6%。其中，国家级孵化器内在孵企业从业人员数量为 145 万余人，占比为 49.2%；非国家级孵化器内在孵企业的从业人员近 150 万人，占比为 50.8%（表 2-10）。

表 2-10 全国在孵企业从业人员情况

单位：人

年份	在孵企业从业人员	国家级孵化器内在孵企业从业人员	非国家级孵化器内在孵企业从业人员
2018	2 901 597	1 346 893	1 554 704
2019	2 948 824	1 451 592	1 497 232

2019 年，全国在孵企业从业人员中，大专以上人员约为 231.4 万人，较 2018 年增长 2.7%；在孵企业从业人员中留学人员近 2.8 万余人，较 2018 年下降 0.6%；在孵企业从业人员中应届大学毕业生近 26.5 万人，较 2018 年下降 5.5%（表 2-11）。

表 2－11 在孵企业从业人员情况

单位：人

年份	大专以上人员	留学人员	应届大学毕业生
2018	2 253 381	27 724	280 012
2019	2 313 669	27 564	264 610

2019 年，孵化器内在孵企业从业人员数量较多的地区为江苏、广东、山东、浙江和北京。其中，排名第 1 位的江苏为 51 万余人，较 2018 年增长 9.1%。排名前 5 位的地区之和占比为 51.6%（图 2－22、图 2－23）。

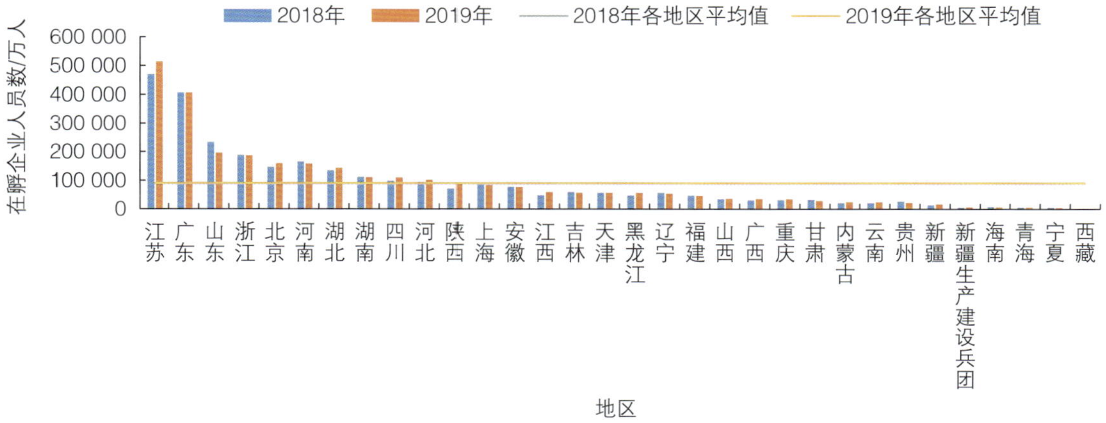

图 2－22 各地区孵化器内在孵企业人员情况

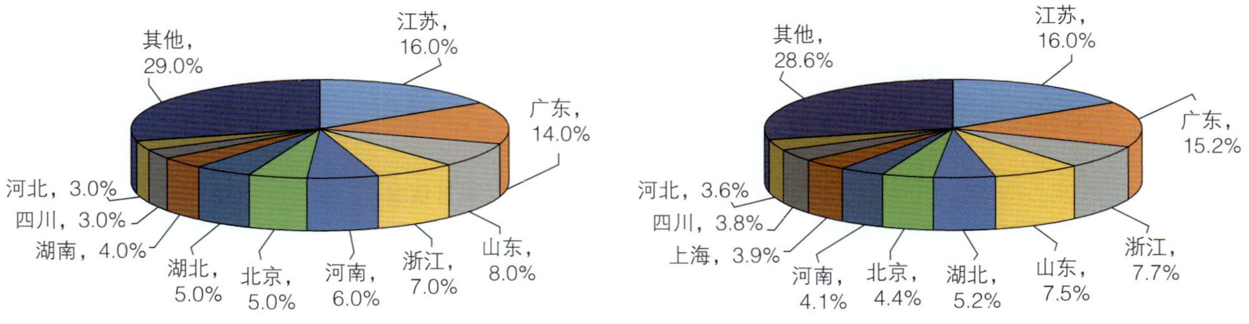

a 2018年　　b 2019年

图 2－23 各地区孵化器内在孵企业从业人员占比情况

2019 年，全国各地区孵化器内在孵企业从业人员中大专以上人员占比平均值为 76.3%。在孵企业从业人员中大专以上人员占比排名前 5 位的地区为北京、天津、上海、福建和浙江，其中北京依然位列第一，占比达 92.3%（图 2－24）。

（四）在孵企业获得投融资情况

2019 年，获得孵化基金投资的在孵企业数量为 10 117 家，较 2018 年下降 11.6%。其中，国家级孵化器内当年获得孵化基金投资的在孵企业数量为 5627 家，占比为 55.6%；较 2018 年增加了 79

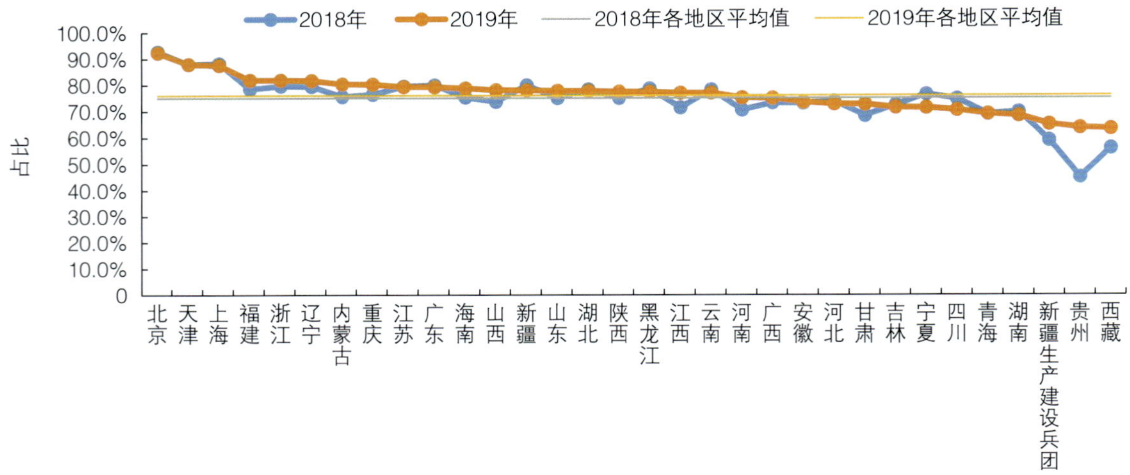

图 2－24　各地区孵化器内在孵企业从业人员中大专以上人员占比情况

家，增幅为 1.4%。

2019 年，在孵企业累计获得风险投资额为 2606.0 亿元，较 2018 年下降 5.4%。其中，国家级孵化器内在孵企业累计获得的风险投资额为 1958.7 亿元，占比为 75.2%。其中，当年获得风险投资额为 545.5 亿元，国家级孵化器当年获得的风险投资额为 344.4 亿元，占比为 63.1%。国家级孵化器内在孵企业获得的风险投资额依旧高于非国家级孵化器内的在孵企业。

2019 年，累计获得投融资的企业数量为 53 369 家，较 2018 年增加 11.0%。其中国家级孵化器内累计获得投融资的企业家数量为 38 732 家，占比为 72.6%。其中，当年获得投融资的企业数量为 10 771 家，国家级孵化器当年获得投融资的企业数量为 6738 家，占比为 62.6%。获得投融资的在孵企业大多都在国家级孵化器内（表 2－12）。

表 2－12　全国在孵企业投融资情况

指标	2018 年	2019 年
当年获得孵化基金投资的在孵企业数量/家	11 442	10 117
国家级孵化器内当年获得孵化基金投资的在孵企业数量/家	5548	5627
在孵企业累计获得风险投资额/亿元	2755.9	2606.0
国家级孵化器内在孵企业累计获得的风险投资额/亿元	1663.7	1958.7
其中：当年获得风险投资额/亿元	629.8	545.5
国家级孵化器当年获得的风险投资额/亿元	345.1	344.4
累计获得投融资的企业数量/家	48 060	53 369
国家级孵化器内累计获得投融资的企业家数量/家	32 430	38 732
其中：当年获得投融资的企业数量/家	11 195	10 771
国家级孵化器当年获得投融资的企业数量/家	6395	6738

2019 年，在孵企业累计获得风险投资额排名靠前的地区分别是北京、广东、上海、江苏、浙

江，相较于2018年，浙江超越湖北跻身前5位。北京、上海两地的在孵企业累计获得的风险投资额占比较2018年略有缩减，广东、江苏两地的在孵企业累计获得的风险投资额占比较2018年略有增加。排名前5位的地区在孵企业累计获得的风险投资额占比之和为72.7%（图2－25）。

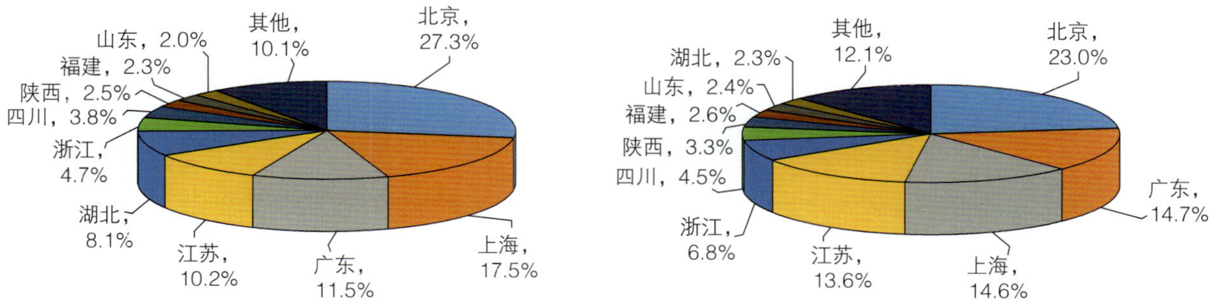

a　2018年　　　　b　2019年

图2－25　各地区在孵企业累计获得的风险投资额占比情况

2019年，孵化器内累计获得投融资的企业数量排名前5位的地区分别为江苏、广东、北京、浙江和上海。其中，江苏累计获得投融资的企业数量达8378家，占比为15.7%，较2018年增加了1.4个百分点，位居第一（图2－26）。

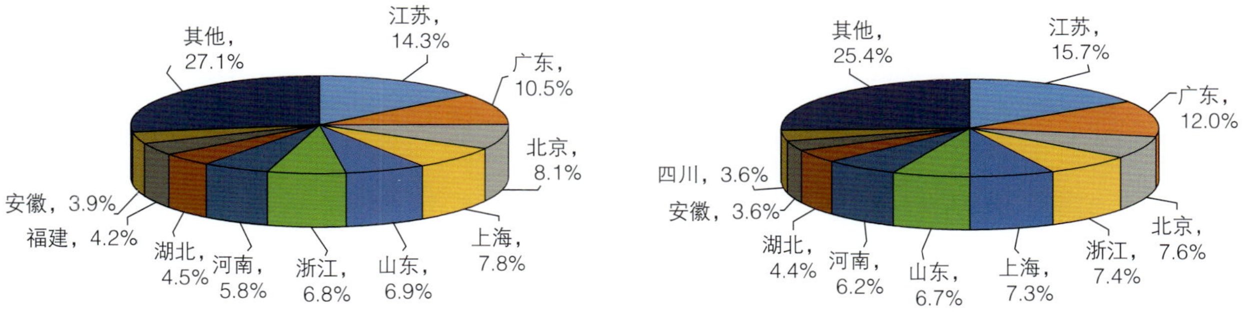

a　2018年　　　　b　2019年

图2－26　各地区在孵企业累计获得投融资的企业数量占比情况

三、孵化器运营情况

（一）孵化器性质

2019年，全国共有孵化器5206家，较2018年增加7.4%。其中1476家孵化器位于国家高新区内，占比为28.4%；国家级孵化器共有1155家，占比为22.2%；非国家级孵化器共有4051家，占比为77.8%；有3730家孵化器不在国家高新区内，占比为71.6%（图2－27）。

2019年，国家高新区内的国家级孵化器为539家，较2018年增加20.5%，占比为36.5%；国

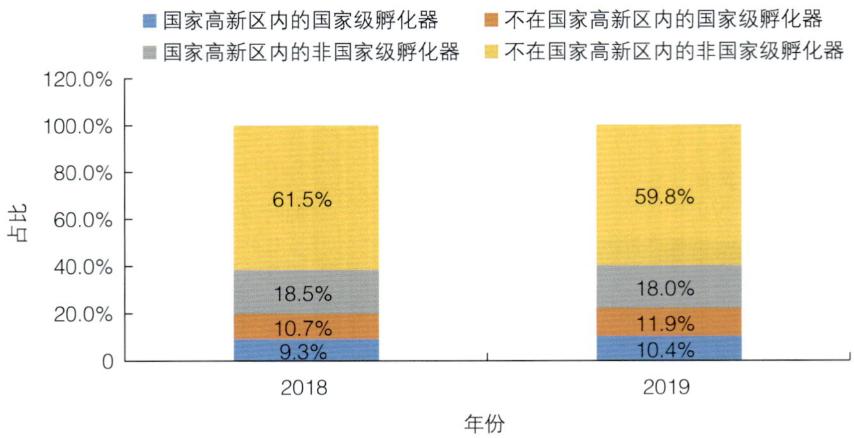

图 2－27　不同性质的孵化器数量占比

家高新区内的非国家级孵化器为 937 家，较 2018 年增加 4.7%，占比为 63.5%。国家高新区内的国家级孵化器占比增加（图 2－28）。

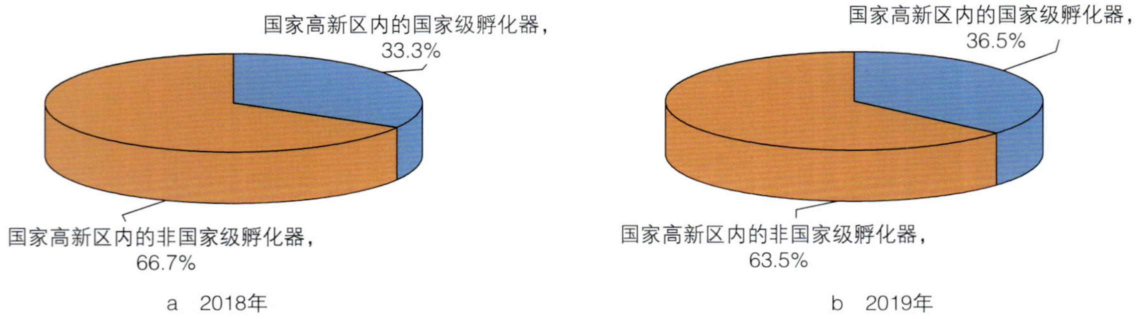

图 2－28　国家高新区内不同性质的孵化器数量占比情况

2019 年，有 142 家孵化器建立海外孵化器基地，占比约为 2.7%；5064 家孵化器未建立海外孵化器基地，占比约为 97.3%。与 2018 年占比情况相比建立海外孵化器基地的孵化器比例略微有所提升（图 2－29）。

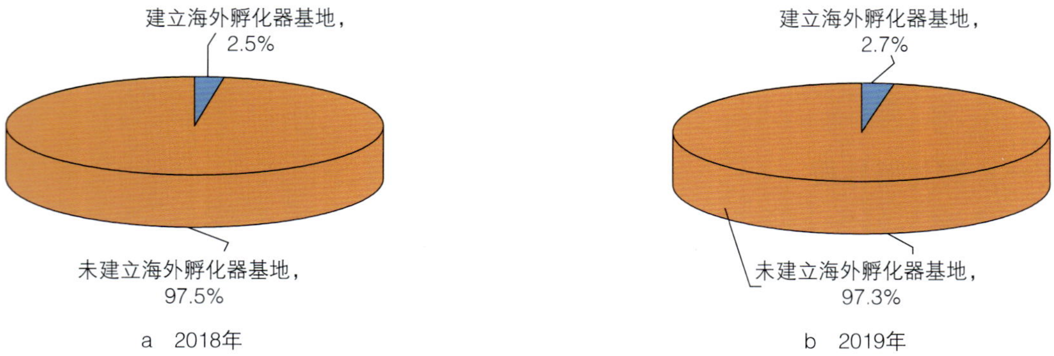

图 2－29　全国孵化器按建立海外孵化器基地占比情况

2019 年，企业法人性质的孵化器依然占据主体地位，占比为 84.1%，较 2018 年提升 4.6 个百分点；事业法人性质的孵化器占比为 12.5%，较 2018 年下降 1.6 个百分点；社会法人性质的孵化器占比为 0.6%，较 2018 年下降 1.5 个百分点；民办非企业法人性质的孵化器占比为 2.0%，较 2018 年下降 1.3 个百分点；其他法人性质的孵化器占比为 0.9%，较 2018 年下降 0.2 个百分点（图 2－30）。

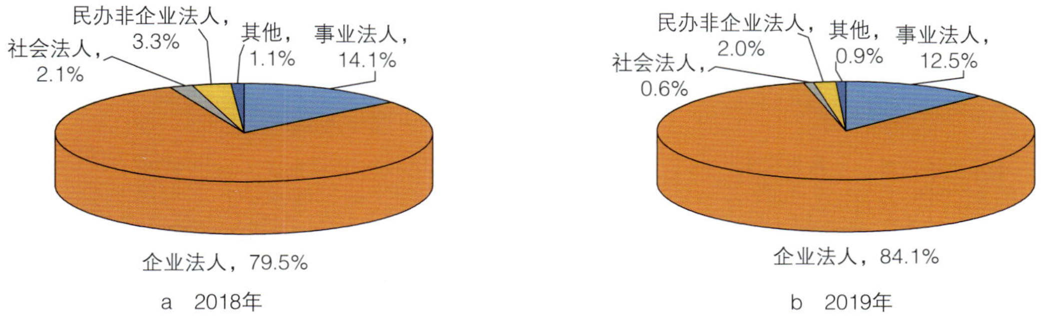

图 2－30　全国孵化器按法人性质占比情况

2019 年，企业法人性质中的孵化器，国有企业占比为 25.5%，较 2018 年提高 0.4 个百分点，民营企业占比为 74.5%，较 2018 年下降 0.4 个百分点（图 2－31）。

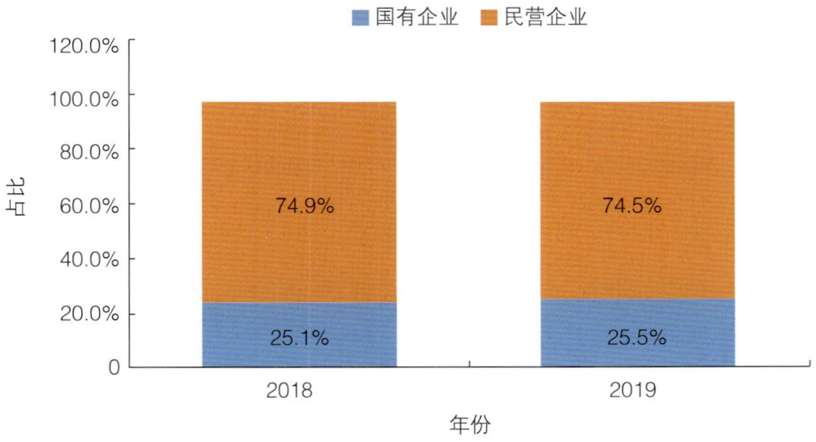

图 2－31　全国孵化器内企业按国有/民营占比情况

（二）孵化器获得的投资情况

2019 年，全国孵化器获得投资总额为 2473.1 亿元，较 2018 年下降 2.1%。其中，财政投入为 875.6 亿元，占比为 35.4%，较 2018 年提升 1.4 个百分点；企业投资为 1495.1 亿元，占比为 60.5%，较 2018 年下降 1.9 个百分点；社会组织投资为 34.6 亿元，占比为 1.5%，较 2018 年下降 0.1 个百分点；其他投资为 65.8 亿元，占比为 2.7%，较 2018 年提高 0.5 个百分点。

2019 年，国家级孵化器投资总额为 1154.9 亿元，占比为 46.7%，较 2018 年提高 5.8 个百分点；

非国家级孵化器投资总额为 1318. 2 亿元，占比为 53. 3%，较 2018 年下降 5. 8 个百分点（表 2 - 13、图 2 - 32）。

表 2 - 13　全国孵化器获得投资构成

单位：亿元

年份	投资总额	其中				国家级孵化器投资总额	非国家级孵化器投资总额
		财政投入	企业投资	社会组织投资	其他投资		
2018	2525. 6	859. 4	1576. 9	34. 6	54. 6	1032. 6	1493. 0
2019	2473. 1	875. 6	1495. 1	36. 6	65. 8	1154. 9	1318. 2

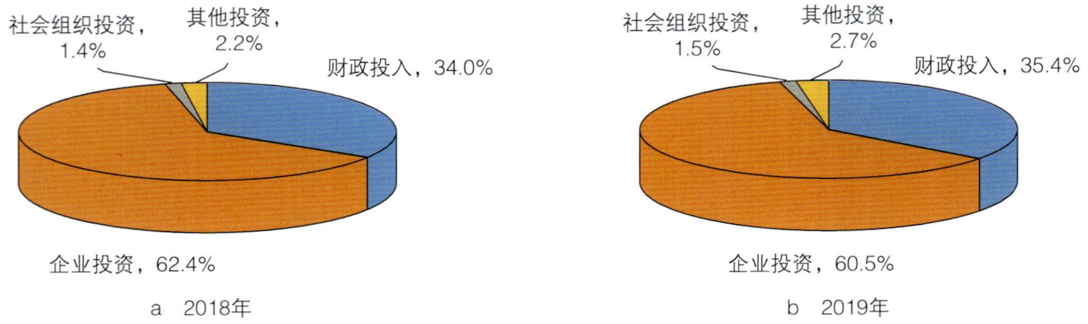

图 2 - 32　全国孵化器不同来源投资额占比情况

2019 年，孵化器获得投资总额较高的前 5 个地区分别是江苏、广东、山东、浙江和河南，与 2018 年保持一致，这 5 个地区的投资总额占比达 58. 3%（图 2 - 33、图 2 - 34）。

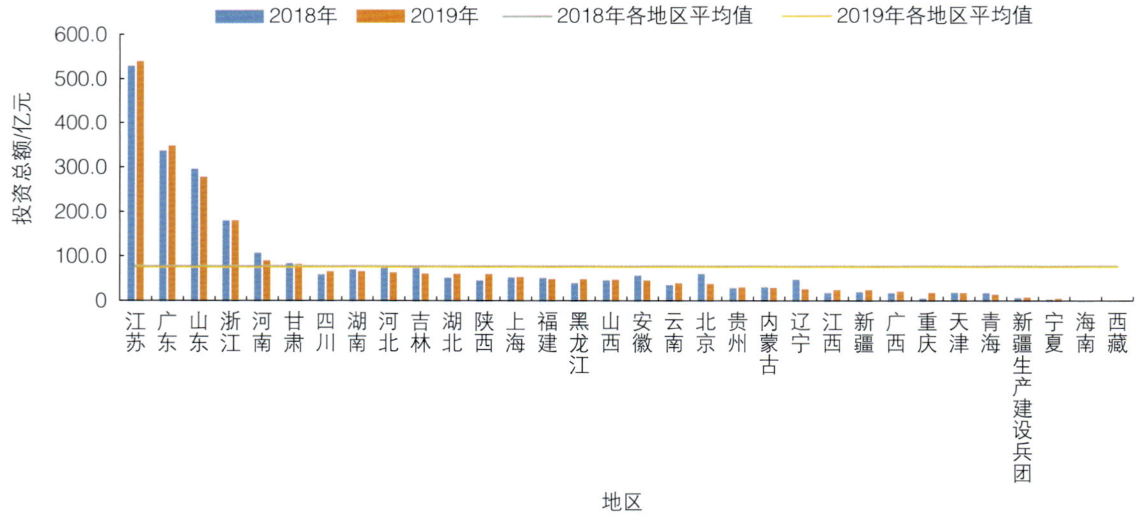

图 2 - 33　各地区孵化器获得的投资总额情况

（三）孵化器的孵化基金情况

2019 年，全国孵化器孵化基金总额为 1264. 3 亿元，较 2018 年增长了 18%。其中，国家级孵化

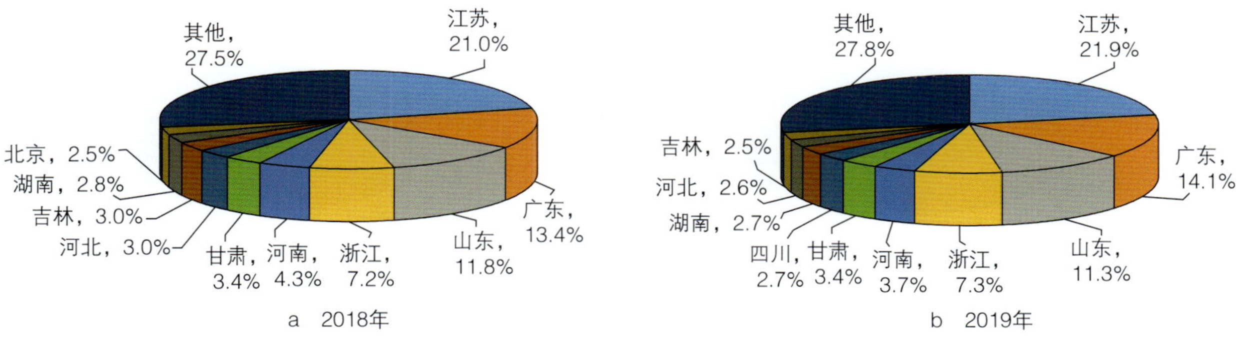

图2－34　各地区孵化器投资额占比情况

器孵化基金总额为668.1亿元，较2018年增长了33.7%；非国家级孵化器孵化基金总额为596.2亿元，较2018年增长了4.3%（表2－14）。

表2－14　全国孵化器孵化基金总额情况　　单位：亿元

年份	孵化器孵化基金总额	国家级孵化器孵化基金总额	非国家级孵化器孵化基金总额
2018	1071.2	499.6	571.6
2019	1264.3	668.1	596.2

2019年，孵化器孵化基金总额较多的5个地区分别为北京、江苏、浙江、广东和陕西，总占比为66.7%。其中，增长幅度最大的两个地区为浙江和江苏，浙江增幅达65.6%，江苏增幅达46.7%（图2－35、图2－36）。

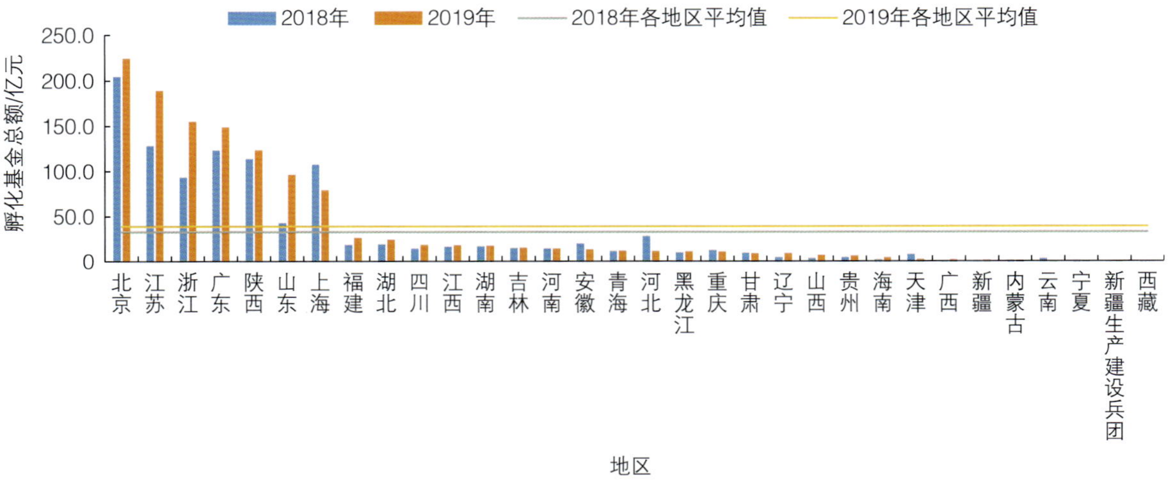

图2－35　各地区孵化器孵化基金总额情况

（四）孵化器获得的财税支持情况

2019年，全国孵化器获得各级财政资助额72.1亿元，较2018年增加了0.7个百分点。其中，获得各级财政资助额较多的地区分别为广东、江苏、四川、浙江和山东（图2－37）。

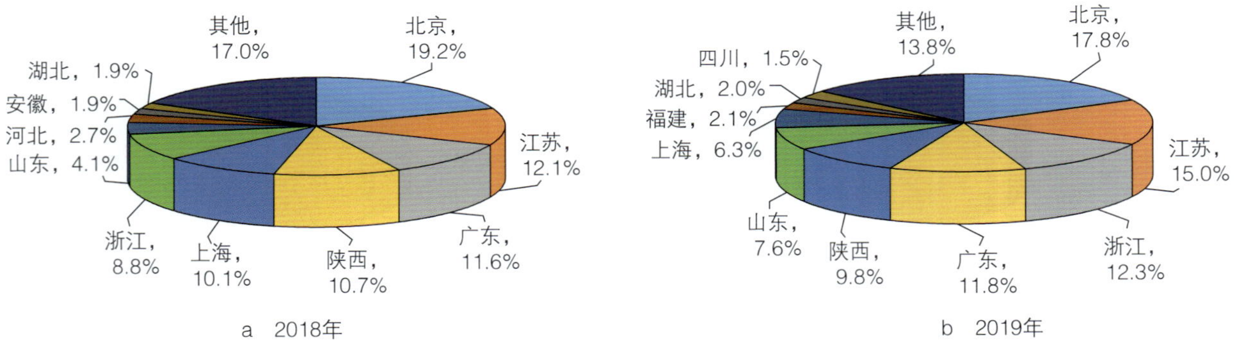

图 2－36 各地区孵化器孵化基金总额占比情况

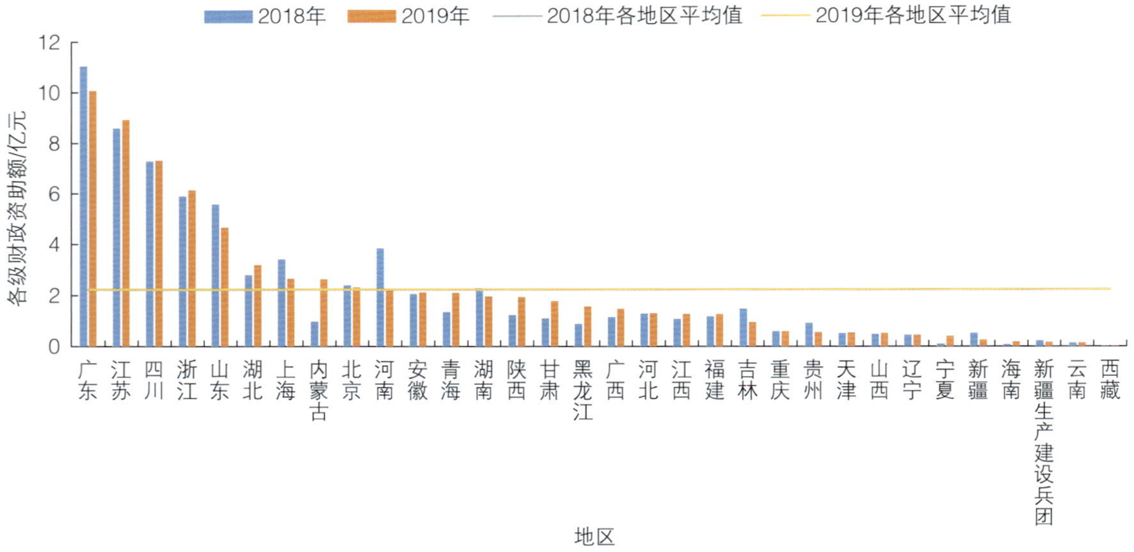

图 2－37 各地区孵化器获得各级财政资助情况

（五）孵化器收支情况

2019 年，全国孵化器总收入为 449.9 亿元，较 2018 年降低了 0.2%。其中，综合服务收入为 127.8 亿元，较 2018 年降低了 2.1%；物业收入为 223.6 亿元，较 2018 年增加了 18.2%；投资收入为 23.2 亿元，较 2018 年降低了 12.5%；其他收入为 75.2 亿元，较 2018 年降低了 28.0%。国家级孵化器总收入为 189.1 亿元，占比为 42.0%；非国家级孵化器总收入为 260.8 亿元，占比为 58.0%（表 2－15）。

表 2－15 全国孵化器收入情况

单位：亿元

年份	孵化器总收入	其中				国家级孵化器总收入	非国家级孵化器总收入
		综合服务收入	物业收入	投资收入	其他收入		
2018	450.7	130.6	189.2	26.5	104.4	170.5	280.2
2019	449.9	127.8	223.6	23.2	75.2	189.1	260.8

2019 年，从孵化器不同收入来源在总收入中的占比情况来看，物业收入占比最大，占总收入的 49.7%，较 2018 年增加了 7.7 个百分点；综合服务收入占比为 28.4%，较 2018 年减少了 0.6 个百分点；投资收入占比为 5.2%，较 2018 年减少了 0.7 个百分点；其他收入占比为 16.7%，较 2018 年减少了 6.5 个百分点（图 2－38）。

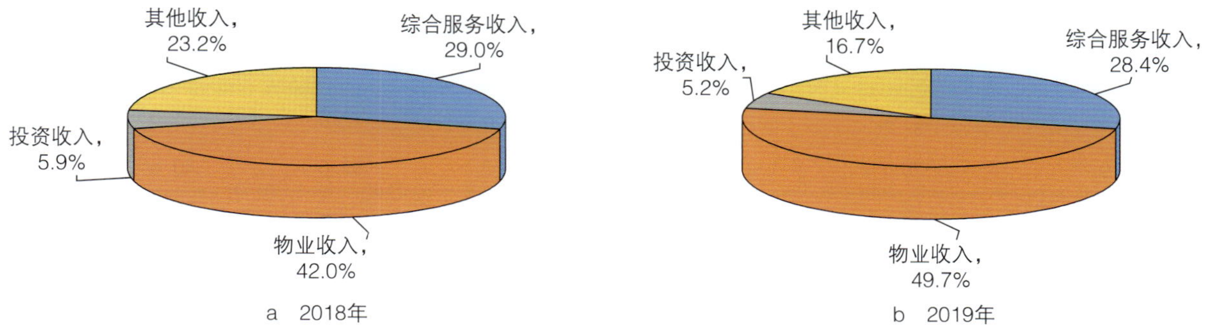

图 2－38　孵化器收入来源占比情况

2019 年，孵化器总收入排名前 5 位的地区分别为广东、江苏、北京、浙江和上海。5 个地区收入之和占比达 62.3%。其中，广东占比达 23.9%，是唯一一个孵化器总收入超百亿元的地区（图 2－39、图 2－40）。

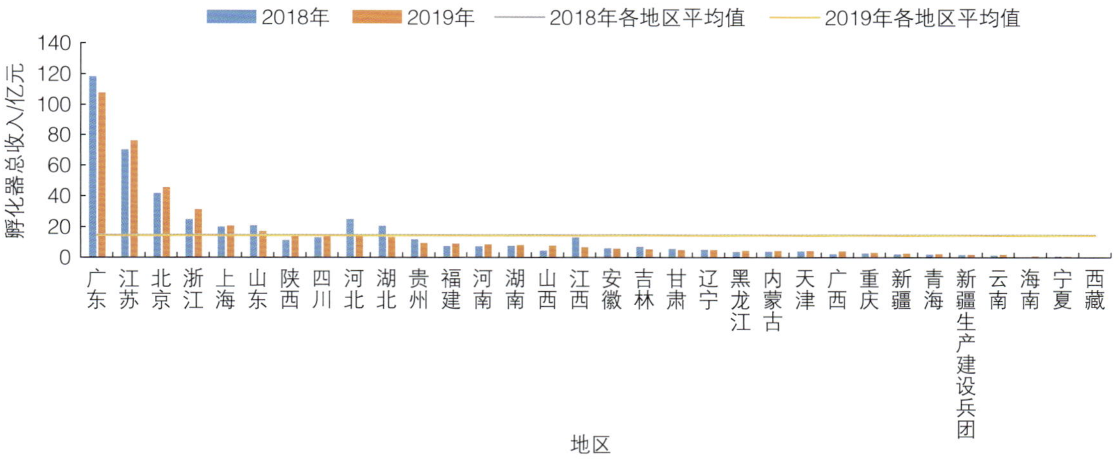

图 2－39　各地区孵化器总收入情况

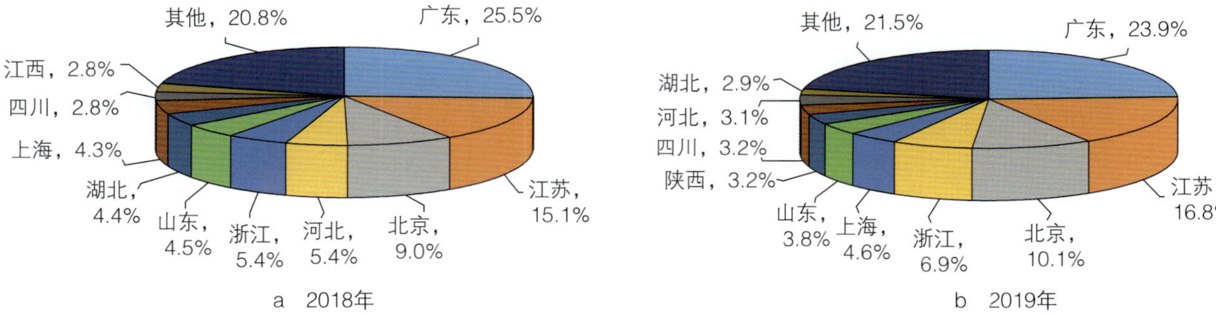

图 2－40　各地区孵化器收入占比情况

2019 年，全国孵化器的运营成本为 370.8 亿元，较 2018 年增长 8.5%。其中人员费用为 68.1 亿元，占比为 18.4%；场地费用为 101.2 亿元，占比为 27.3%；管理费用为 81.6 亿元，占比为 22.0%；其他费用为 80.8 亿元，占比为 21.8%；纳税额为 39.1 亿元，占比为 10.5%（表 2－16）。

表 2－16　孵化器运营成本情况　　单位：亿元

年份	孵化器的运营成本	其中				
		人员费用	场地费用	管理费用	其他费用	纳税额
2018	341.6	61.1	95.7	72.6	75.0	37.2
2019	370.8	68.1	101.2	81.6	80.8	39.1

相较于 2018 年，场地费用仍然是运营成本中占比最高的一项，但占比略有下降。人员费用、纳税额和其他费用占比基本保持不变（图 2－41）。

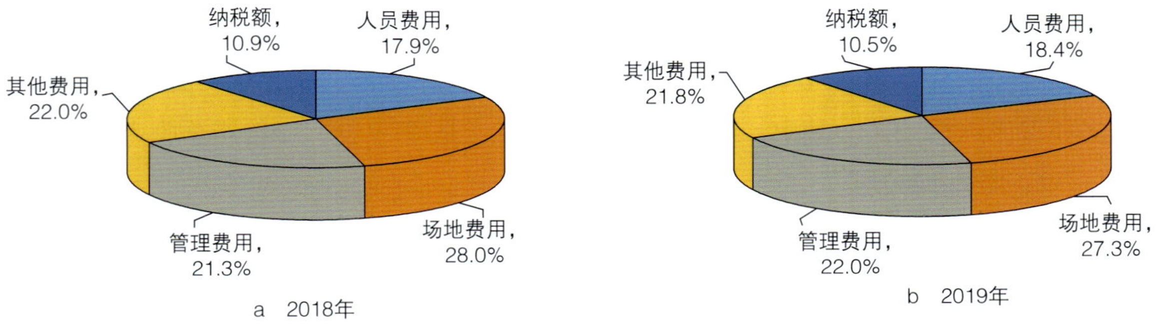

图 2－41　全国孵化器运营成本分类情况

2019 年，孵化器运营成本较高的地区分别为广东、江苏、北京、浙江和上海，5 个地区总运营成本之和超 237 亿元，其中广东和江苏两地的运用成本均超 60 亿元（图 2－42）。

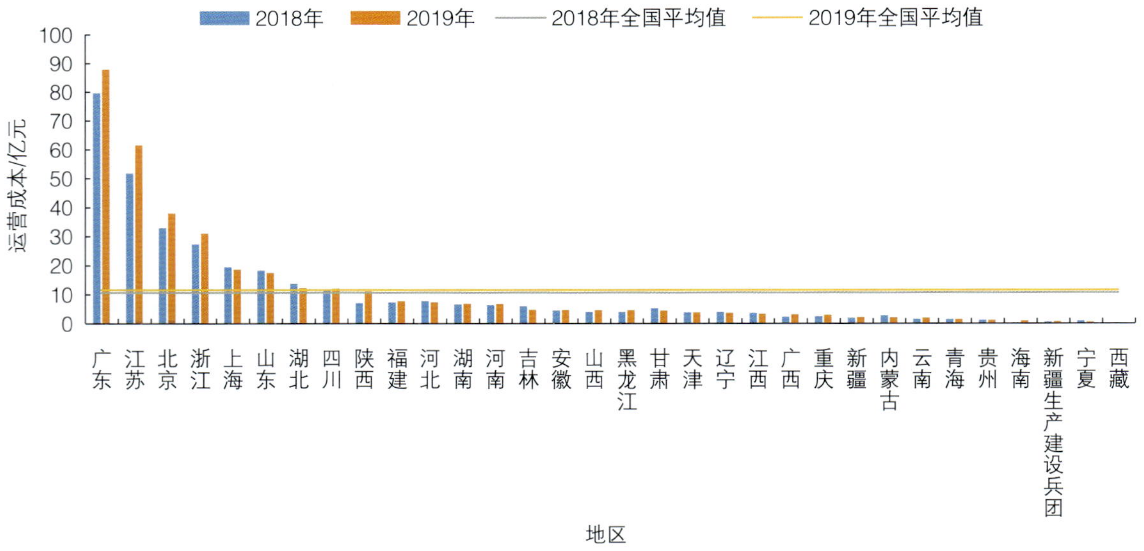

图 2－42　各地区孵化器运营成本情况

（六）孵化器管理人员情况

2019 年，全国孵化器管理机构从业人员共计 73 432 人，较 2018 年增长了 0.7%。其中，大专以上人员 66 922 人，占比为 91.1%，较 2018 年增长了 1.8%；接受专业培训人数 36 673 人，占比为 49.9%，较 2018 年增长了 5.4%；国家级孵化器管理机构从业人员数为 22 956 人，较 2018 年增加了 9.6%，占比为 31.3%；非国家级孵化器管理机构从业人员为 50 476 人，较 2018 年下降了 3%，占比为 68.7%（图 2－43）。

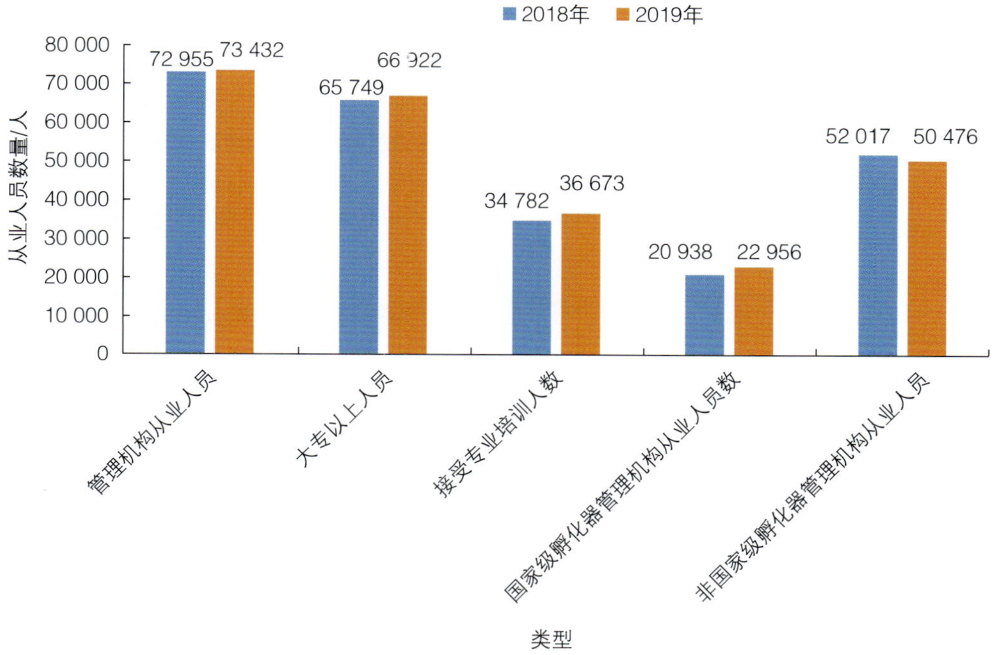

图 2－43　孵化器管理机构从业人员数量情况

2019 年，全国各地区孵化器管理机构从业人员平均值为 2295 人。孵化器管理机构从业人员较多的 5 个地区分别是广东、江苏、山东、浙江和河北，排名较 2018 年基本保持一致。其中，广东和江苏两个地区的孵化器管理机构从业人员数量均突破万人（图 2－44）。

2019 年，各地区孵化器管理机构从业人员中，大专以上人员占比平均值为 90.1%，和 2018 年持平。2019 年，共有 17 个地区孵化器超过各地区均值（图 2－45）。

2019 年，各地区孵化器管理机构从业人员中，受过专业培训的人员占比平均值为 49.8%（图 2－46）。

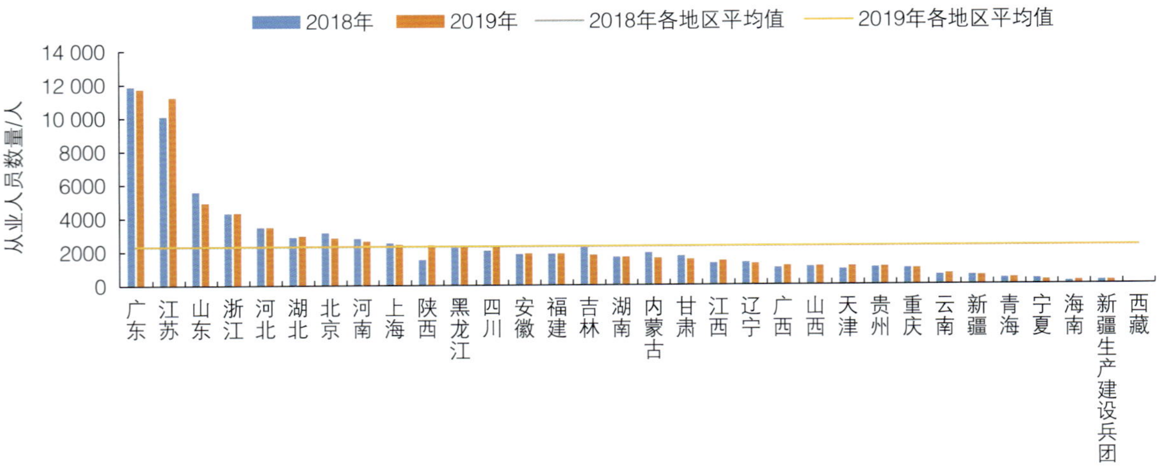

图 2－44　各地区孵化器管理机构从业人员情况

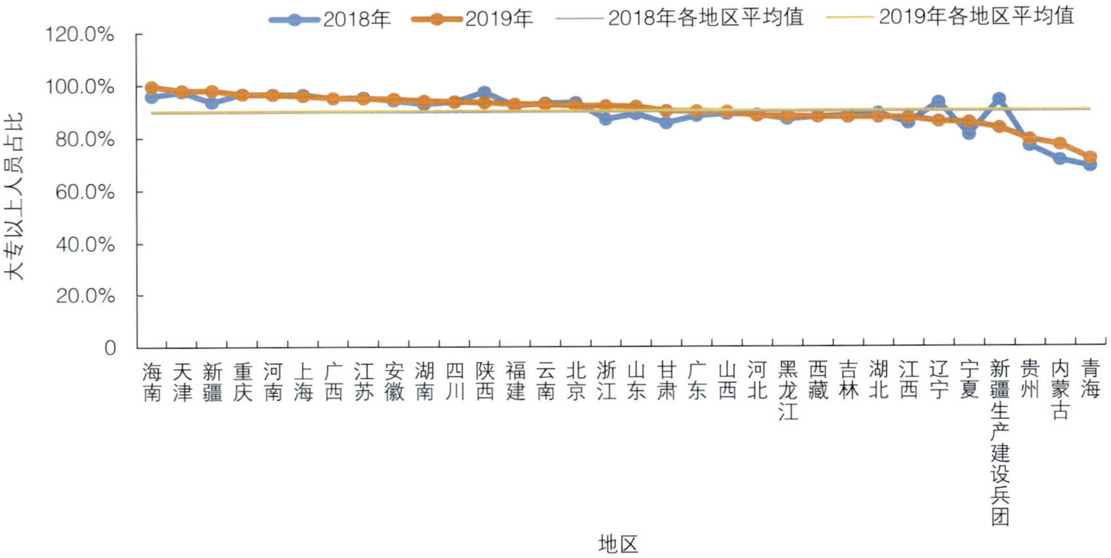

图 2－45　各地区孵化器管理机构从业人员中大专以上人员占比情况

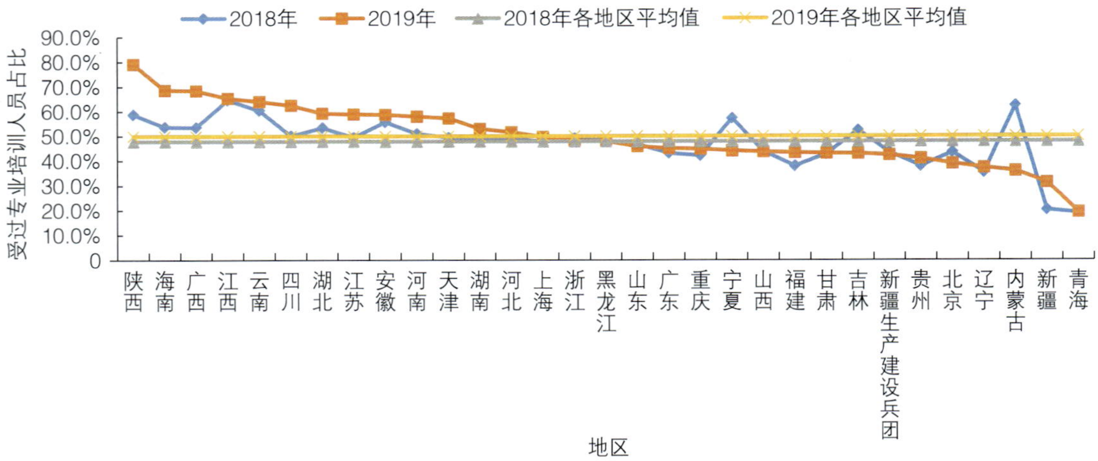

图 2－46　各地区孵化器管理机构从业人员中受过专业培训的人员占比情况

（七）孵化器开展孵化服务情况

2019 年，孵化器对在孵企业共培训 440.4 万人次，较 2018 年增长了 6.5%；孵化器开展创新创业活动 10.5 万场次，较 2018 年增长了 19.3%（表 2－17）。

表 2－17　全国孵化器开展创业辅导情况

年份	对在孵企业培训人次/万人	开展创新创业活动场次/万次
2018	413.1	8.8
2019	440.4	10.5

2019 年，对在孵企业培训较多的 5 个地区分别为广东、江苏、山东、湖北和浙江。其中，广东孵化器对在孵企业培训近 75 万人次，占全国的 17%，位列第一。开展创新创业活动较多的 5 个地区分别为广东、江苏、山东、上海和浙江，开展创新创业活动均超过 6000 场次，远高于其他地区（图 2－47）。

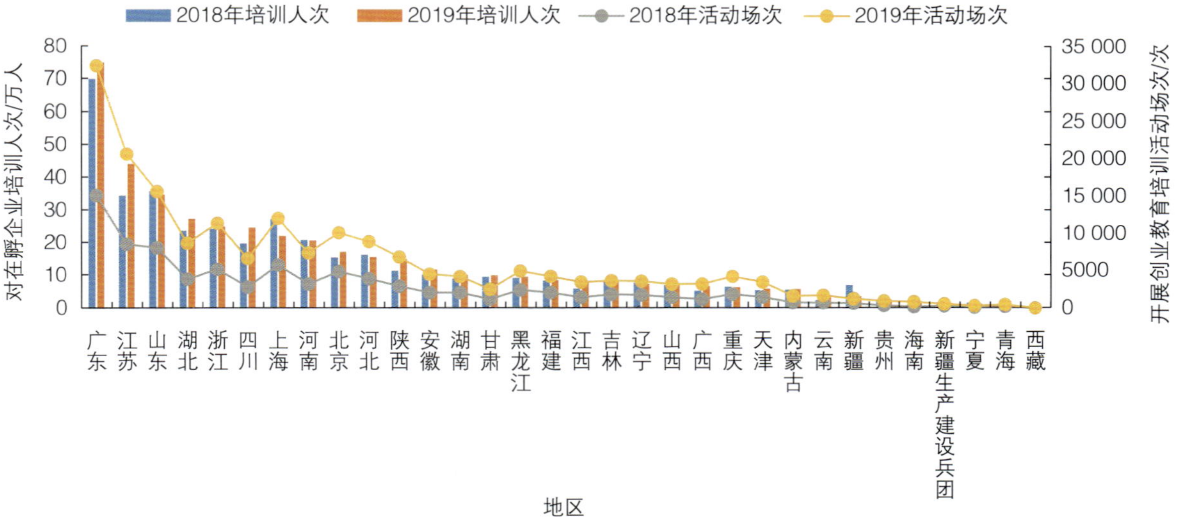

图 2－47　对在孵企业培训人次及开展创业教育培训活动场次情况

2019 年，孵化器签约中介机构数量为 49 368 个，较 2018 年增长 16.3%。其中，孵化器对公共技术服务平台投资额为 77.6 亿元，较 2018 年增长 5.4%。公共技术服务平台总收入为 40.7 亿元，较 2018 年增长 18%（表 2－18）。

表 2－18　孵化器运行管理情况

年份	孵化器签约中介机构数量/个	孵化器对公共技术服务平台投资额/亿元	公共技术服务平台总收入/亿元
2018	42 435	73.6	34.5
2019	49 368	77.6	40.7

第三章　众创空间发展情况

本章从总体情况、孵化绩效情况、众创空间运营情况三大板块详细分析了中国 2019 年众创空间的发展情况。其中，总体情况包括众创空间数量、场地、服务团队和企业数量、计划单列市众创空间总体情况 4 个部分；孵化绩效情况包括新注册企业情况、创业团队和企业类型、创业团队和企业获得投融资情况、创业团队和企业财政支持情况、创业团队和企业创造的就业机会、创业团队和企业技术创新情况 6 个部分；众创空间运营情况包括设立情况、众创空间性质、专注孵化领域情况、运营收入和成本情况、服务人员情况、提供服务情况、融资和上市（挂牌）情况 7 个部分。

一、总体情况

（一）众创空间数量

众创空间数量自 2016 年开始持续增加，截至 2019 年年底，全国共有 8000 家众创空间，较 2016 年增长了 86.1%，增幅明显；2019 年较 2018 年同比增长了 15%。这与国家打造"双创"升级版、健全创新创业服务体系等政策和措施是分不开的。截至 2019 年年底，国家备案众创空间为 1888 家[①]，较上年有所减少，这是由于 2019 年对已经备案的众创空间进行复核，对停止运营和连续两次不报统计数据的众创空间取消了其国家备案资格（图 3－1、表 3－1）。

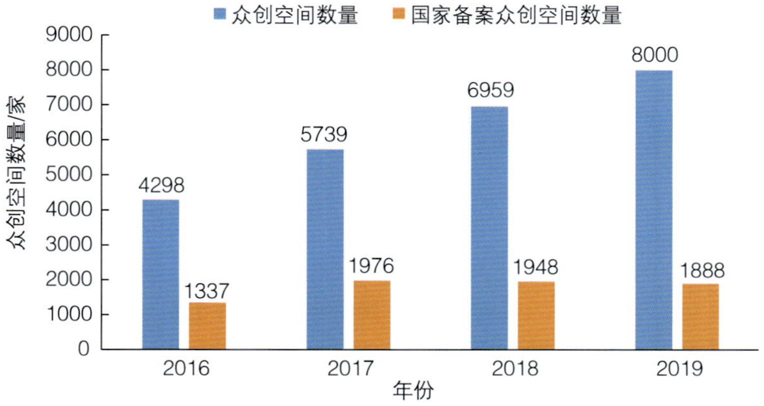

图 3－1　2016—2019 年全国众创空间数量情况

① 截至 2019 年年底，国家备案众创空间数量为 1888 家，实际参与统计的是 1819 家。

表 3－1　各地区众创空间数量情况　　单位：家

地区	2018 年			2019 年		
	众创空间数量	国家备案	非国家备案	众创空间数量	国家备案	非国家备案
合计	6959	1889	5070	8000	1819	6181
北京	147	143	4	245	139	106
天津	151	76	75	191	73	118
河北	493	80	413	513	77	436
山西	217	34	183	314	32	282
内蒙古	182	43	139	148	39	109
辽宁	180	66	114	194	60	134
吉林	124	18	106	110	18	92
黑龙江	28	28	0	54	25	29
上海	152	69	83	164	60	104
江苏	699	168	531	836	166	670
浙江	622	119	503	709	113	596
安徽	265	41	224	272	40	232
福建	281	52	229	352	50	302
江西	112	42	70	174	42	132
山东	580	191	389	626	182	444
河南	203	38	165	229	38	191
湖北	275	61	214	337	59	278
湖南	177	46	131	186	45	141
广东	716	228	488	952	222	730
广西	121	20	101	136	20	116
海南	26	6	20	24	5	19
重庆	215	42	173	214	42	172
四川	156	63	93	175	62	113
贵州	78	25	53	82	23	59
云南	132	35	97	122	33	89
西藏	20	2	18	2	2	0
陕西	224	71	153	284	71	213
甘肃	215	29	186	207	29	178
青海	36	11	25	46	11	35
宁夏	32	7	25	6	6	0
新疆	49	23	26	63	23	40
新疆生产建设兵团	51	12	39	33	12	21

注：表中国家备案众创空间数量为实际参与统计数量。

从各地区情况看，2019 年多数地区众创空间数量较上年实现增长。广东排名第一，广东已连续 3 年位居全国之首，共计 952 家众创空间，占全国总数的 11.9%。排名前 10 位地区与上年一致，依次是广东、江苏、浙江、山东、河北、福建、湖北、山西、陕西、安徽，共同占据全国众创空间数量的 64.9%，比重较上年有所增长。青海、黑龙江、海南、宁夏、西藏 5 个地区众创空间数量较少，合计占全国总数的 1.7%，比重较去年有所下降（图 3－2、图 3－3）。

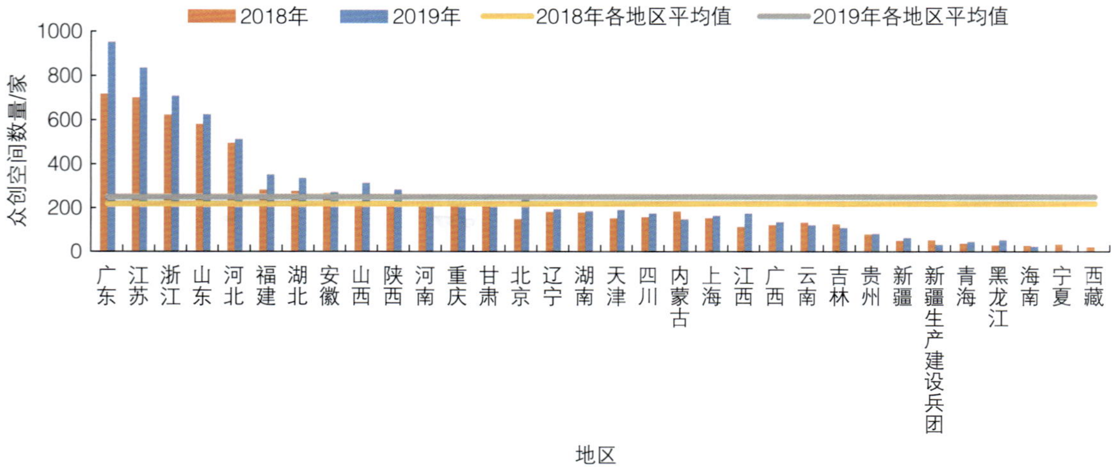

图 3－2　各地区众创空间数量情况

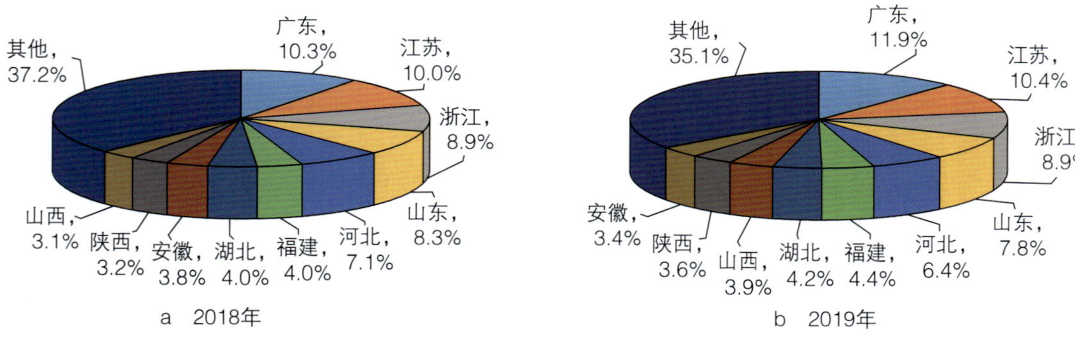

图 3－3　各地区众创空间数量占比情况

从区域分布看，2019 年东、中、西、东北地区的众创空间数量均有不同幅度增长。其中，东部地区增加数量最多，增加了 745 家；中部地区增长速度最快，较上年增长 21.1%。东部地区凭借天然的发展优势，仍然是孕育众创空间最为肥沃的土地，在众创空间数量最多的前 10 个地区中，有 6 个就位于东部地区（图 3－4）。

（二）场地

按照场地使用功能划分，2019 年众创空间 4 类功能用地的面积比例顺序没有发生改变。其中，用于供常驻团队和企业使用的面积达到 2217.8 万平方米，占比为 62.1%，较上年有所提高；公共服务使用面积和管理办公使用面积总计达到 1017.5 万平方米，总体比重与 2018 年基本持平。（图 3－5、表 3－2）。

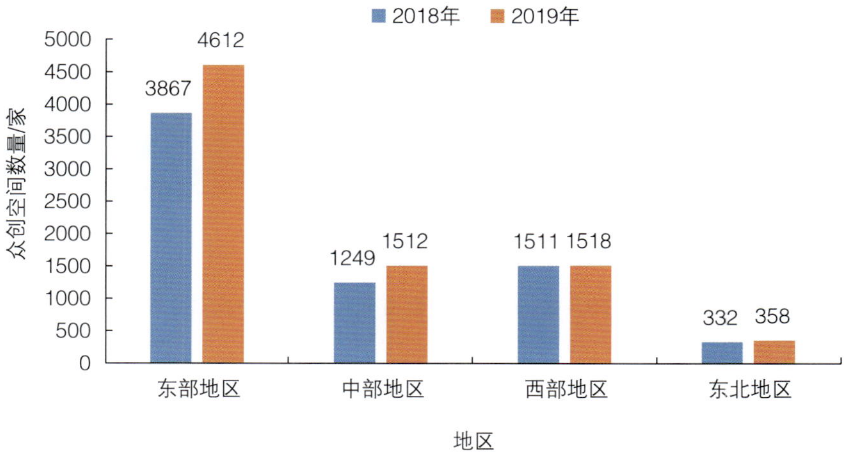

图 3－4　各地区众创空间数量分布情况

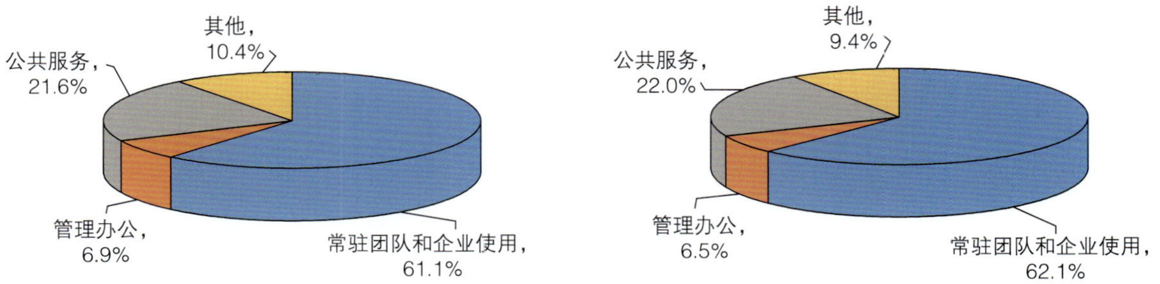

a　2018年　　　　b　2019年

图 3－5　众创空间不同使用功能的场地空间面积占比情况

表 3－2　各地区众创空间提供场地情况　　单位：万平方米

年份	众创空间使用总面积	其中				自有面积	租赁面积	提供工位数/万个
		管理办公	常驻团队和企业使用	公共服务	其他			
2018	3383.7	233.2	2068.6	731.8	350.1	1465.5	1918.2	129.5
2019	3570.9	230.1	2217.8	787.3	335.7	1406.6	2163.7	148.6

从众创空间所有权来看，2019 年众创空间的自有面积与租赁面积继续保持上年的格局，自有面积与租赁面积分别达到 1406.6 万平方米和 2163.7 万平方米。其中，租赁面积较上年有所增加，占比也进一步提高到 60.6%，而自有面积较上年有所下降，占比不足四成（图 3－6、表 3－2）。

在工位数量方面，2016—2019 年众创空间提供工位数量持续增加。2019 年，众创空间提供了 148.6 万个工位，比 2016 年增长了 91.7%，较 2018 年同比增加了 14.7%。北京、广东、浙江、江苏、山东、江西、陕西、河北、湖北、上海合计提供全国 65.0% 的工位，较 2018 年有所增加（图 3－7、图 3－8、表 3－2）。

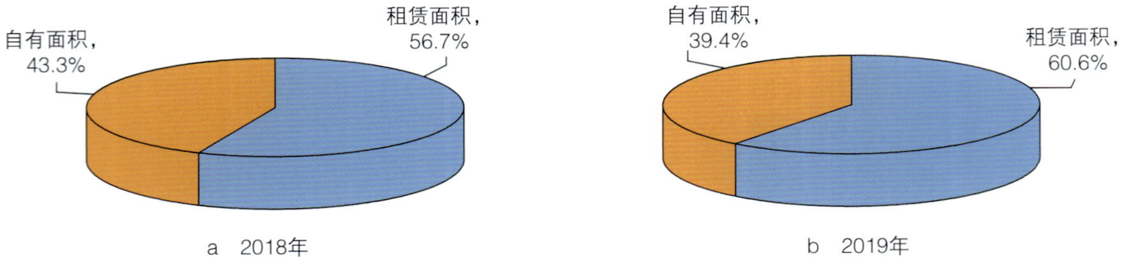

图 3－6 众创空间自有面积与租赁面积占比情况

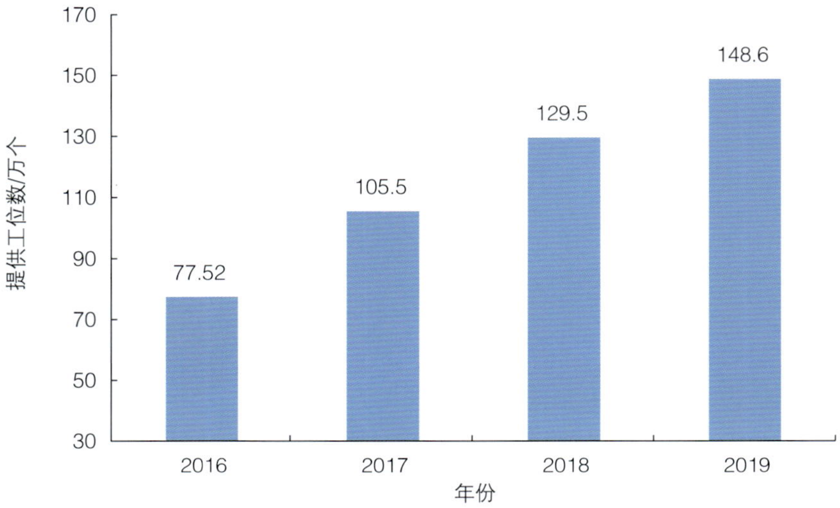

图 3－7 2016—2019 年众创空间提供工位数情况

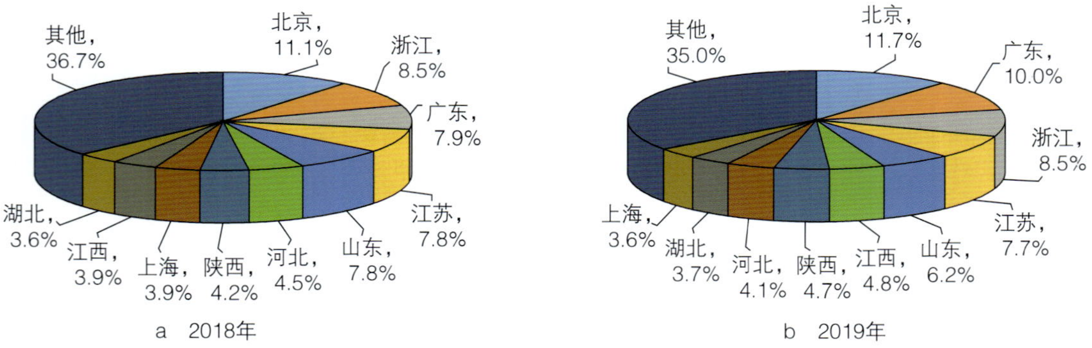

图 3－8 各地区众创空间提供工位数占比情况

（三）服务团队和企业数量

2019 年，全国众创空间共计服务创业团队 23.4 万个，较 2018 年的 23.9 万个略有减少。2019 年各地区平均服务创业团队 7305 个，比 2018 年有所减少。广东成为 2019 年服务创业团队数量最多的地区，与北京、江苏合计服务创业团队 56 609 个，数量接近全国总数的 1/4（图 3－9、表 3－3）。

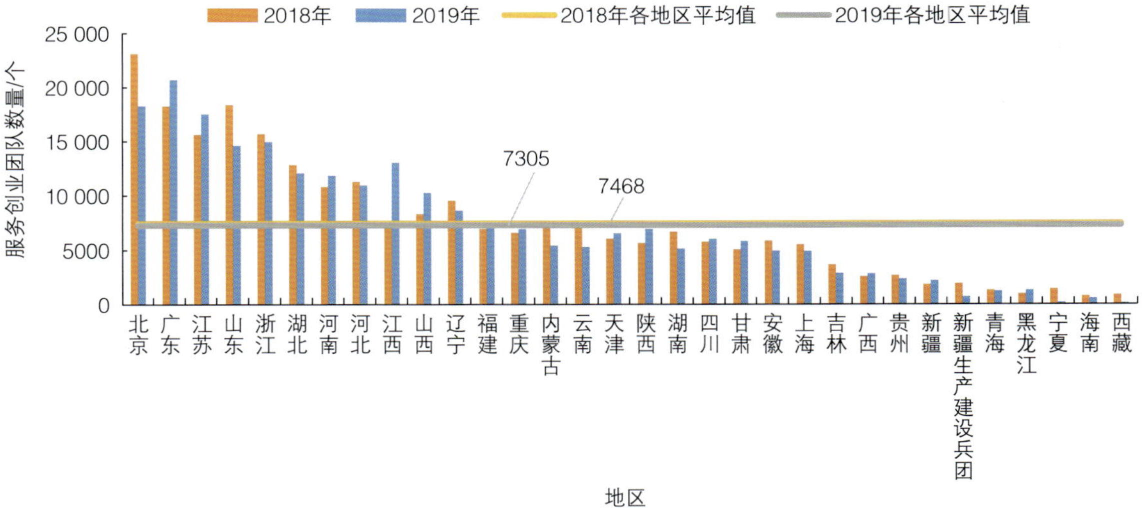

图3－9　众创空间服务创业团队数量情况

表3－3　各地区众创空间服务团队和企业情况

年份	当年服务的创业团队数量/万个	其中		当年服务的初创企业数量/万家	其中	
		常驻创业团队数量/万个	非常驻创业团队数量/万个		常驻初创企业数量/万家	非常驻初创企业数量/万家
2018	23.9	12.6	11.3	17.0	10.1	6.9
2019	23.4	13.2	10.2	20.7	13.2	7.5

2019年，在全国众创空间所服务的创业团队中，常驻创业团队有13.2万个，非常驻创业团队有10.2万个。两类创业团队比例格局变化不大，而且常驻创业团队所占比例较2018年有所增加，2019年达到56.5%（表3－3、图3－10）。

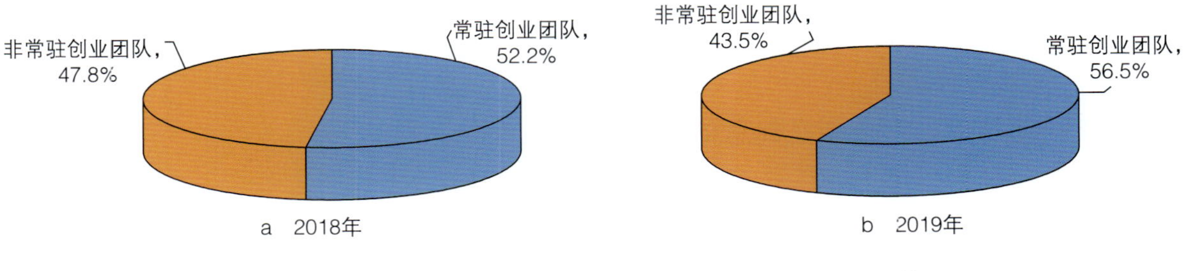

图3－10　受到服务的创业团队中常驻和非常驻创业团队占比情况

2019年，全国众创空间服务初创企业20.7万家，较2018年的17.0万家增加了21.8%。2019年各地区平均服务初创企业6471家，较2018年的5298家增加了22.1%。北京服务初创企业的数量依然领先于其他地区。北京、广东、江苏共计服务初创企业62 017家，占全国服务总数的1/3（表3－3、图3－11）。

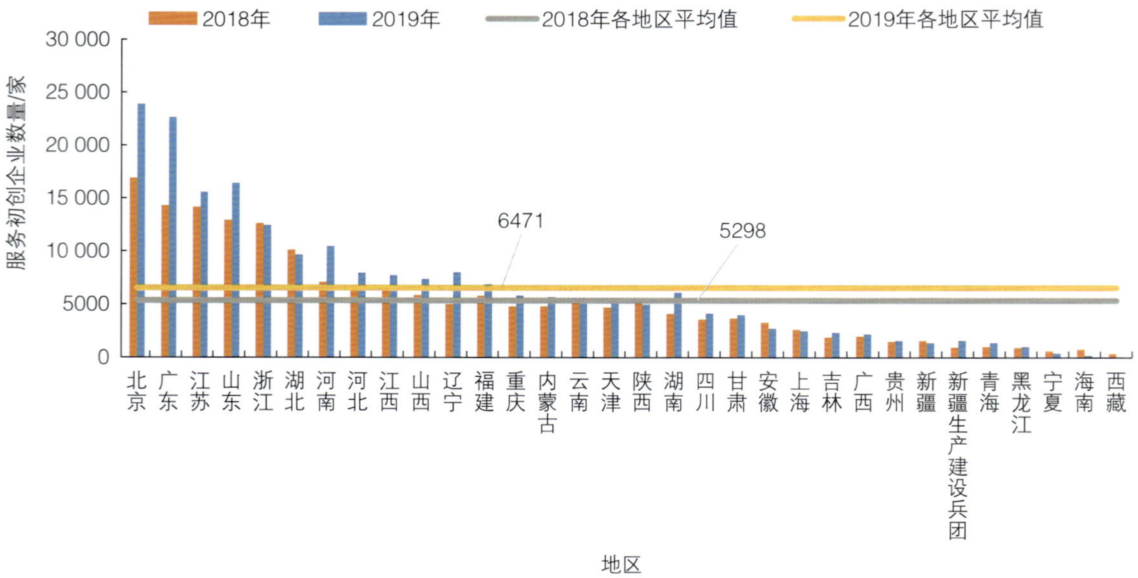

图 3－11　各地区众创空间服务初创企业数量情况

2019 年，在全国众创空间所服务的初创企业中，常驻初创企业有 13.2 万家，非常驻初创企业有 7.5 万家。比例格局与上年保持一致，而且常驻初创企业比重较 2018 年有所增加，2019 年达到 63.5%（表 3－3、图 3－12）。

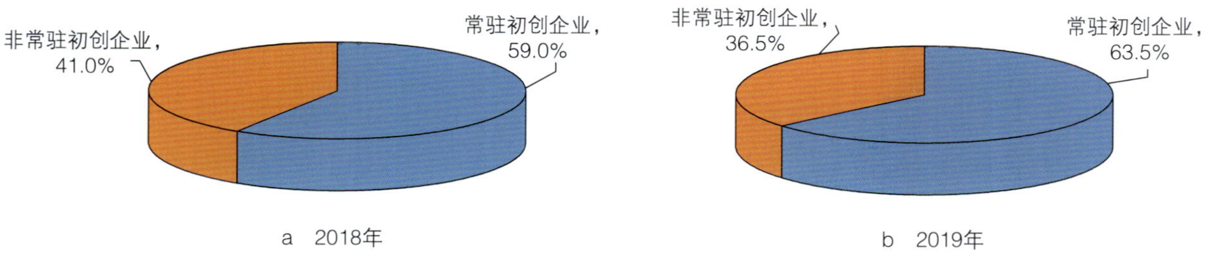

图 3－12　受到服务的初创企业中常驻和非常驻初创企业占比情况

（四）计划单列市众创空间总体情况

我国有 5 个计划单列市，分别是大连、青岛、宁波、厦门、深圳。整体来看，计划单列市 2019 年众创空间相关指标较 2018 年出现不同程度增长。其中，当年享受众创空间税收优惠政策免税金额增长幅度最大，2019 年金额是 2018 年金额的 1.3 倍，达到 1515.8 万元。唯一出现负增长的指标是众创空间服务人员数量，2019 年服务人员人数为 7123 人，较 2018 年下降 60.4%。此外，2019 年计划单列市有效知识产权数量也呈现增长态势。

分城市看，2019 年大连、青岛、厦门、深圳 4 个城市众创空间指标增幅较大，宁波众创空间相关指标则出现大部分下降，如众创空间数量、总收入、运营成本、服务人员的数量等。2019 年宁波市众创空间服务效率较 2018 年有所增长（表 3－4）。

表3－4　计划单列市众创空间总体情况

众创空间指标	大连		青岛		宁波		厦门		深圳	
	2018年	2019年	2018年	2019年	2018年	2019年	2018年	2019年	2018年	2019年
数量/家	49	71	114	137	74	67	147	150	147	325
总收入/亿元	0.6	0.8	1.4	1.7	4.9	3.1	3.6	3.8	7.6	14.4
运营成本/亿元	0.7	1.1	1.6	2.1	3.0	2.7	4.0	4.1	8.1	17.4
当年享受众创空间税收优惠政策免税金额总计/万元	1.9	26.3	0.7	4.6	681.1	106.6	155.3	31.9	361.3	1346.4
使用总面积/万平方米	19.0	30.2	20.6	26.9	98.4	89.4	38.1	46.6	56.6	112
提供工位数/万个	0.6	0.9	1.9	1.9	2.2	2.2	2.9	3.2	3.2	7.3
服务人员数量/人	387	563	884	1025	2943	1054	2611	1453	11 145	3028
创业导师队伍/人	944	1543	1705	1866	1761	1825	2828	2735	3691	4722
当年上市（挂牌）企业/家	11	11	7	4	19	14	1	41	7	5
当年新注册企业数量/家	1954	2213	944	1022	1555	1182	1495	1240	1504	2303
当年服务的创业团队数量/个	3114	3461	3082	2966	4823	4177	3829	3695	5274	5865
常驻创业团队拥有有效知识产权数量/项	141	294	958	1977	1464	1617	1921	1751	3025	3111
当年服务的初创企业数量/家	2243	2793	2339	2154	3634	3674	2769	2812	2750	7618
常驻初创企业拥有有效知识产权数量/项	483	1096	955	1697	1645	2012	2551	4343	3782	14 277

二、孵化绩效情况

（一）新注册企业情况

在众创空间服务环境不断向好的情况下，越来越多的企业在众创空间中诞生。2019年，全国共有9.1万家新注册企业在众创空间的孵化下成立，比2016年的7.2万家增长了26.4%，比2018年同比增长3.4%。2019年，各地区平均帮助新注册企业2828家，相比于2018年的2747家增长了2.9%。北京、广东、浙江、江苏4个地区帮助新注册企业均超过7000家，4个地区合计帮助新注册企业数量占全国总数的36.4%（图3－13、图3－14）。

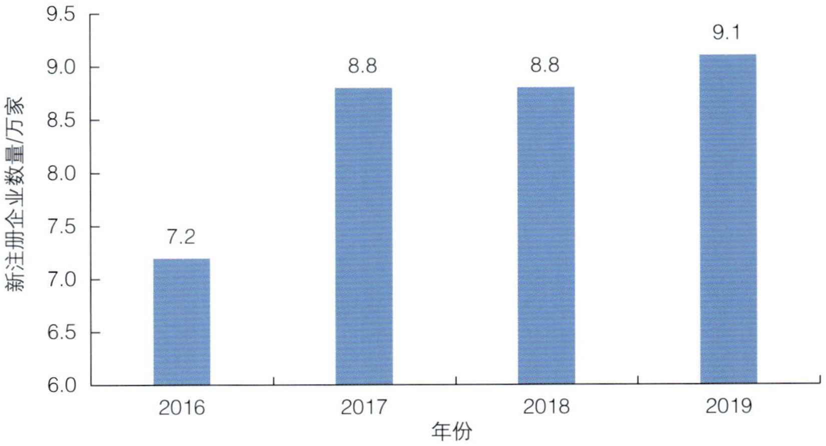

图 3－13　2016—2019 年众创空间新注册企业数量情况

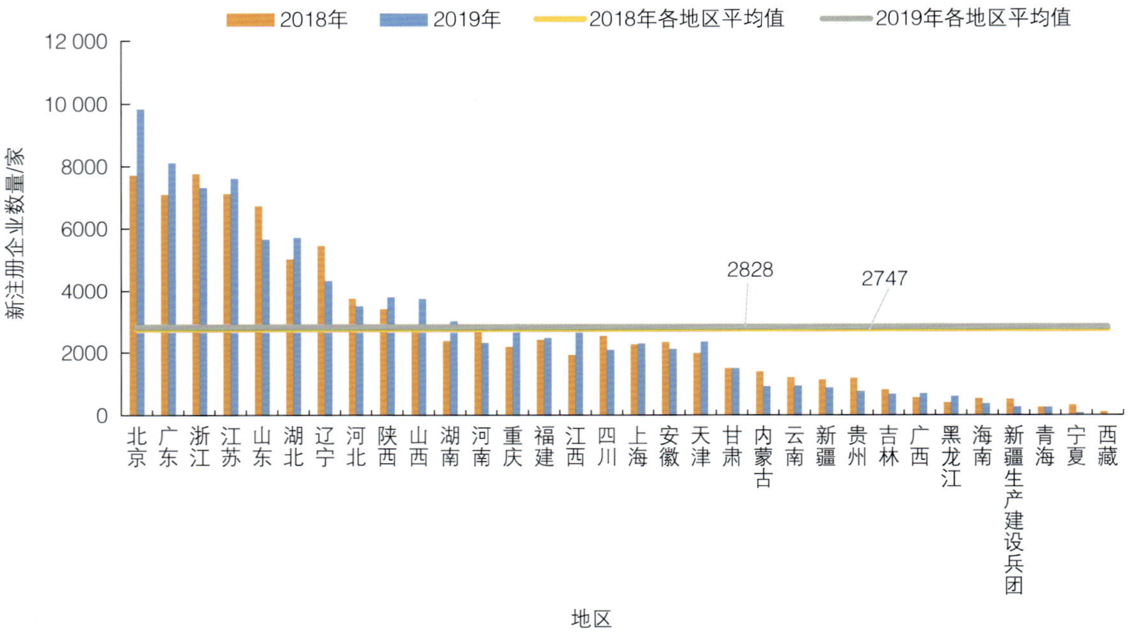

图 3－14　2018—2019 年各地区众创空间新注册企业数量情况

（二）创业团队和企业类型

从创业团队和企业的主创人员类型看，在国家大力推进“双创”工作的有力政策和措施下，各类人员参与创业活动的数量都呈现增长态势。其中，大学生依然是最活跃、最主要的创新创业主体。2019 年，全国众创空间中大学生创业团队和企业数量达到 126 750 个，较 2018 年增长了 19.6%（图 3－15）。

（三）创业团队和企业获得投融资情况

2019 年，全国众创空间帮助 9360 个创业团队获得投融资，相比 2018 年该数据有小幅下降。

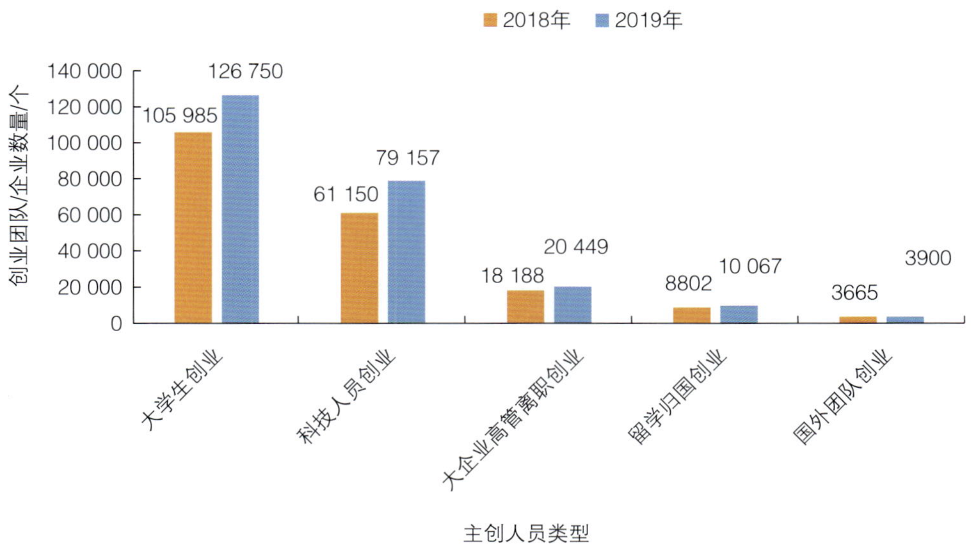

图 3－15　不同主创人员类型的创业团队和企业数量情况

2019 年，各地区平均帮助 293 个创业团队，为创业团队提供了及时且重要的资金支持。广东、浙江、江苏、河南、山东 5 个地区分别帮助超过 500 个创业团队获得投融资，合计帮助数量占比达到 41.6%（图 3－16）。

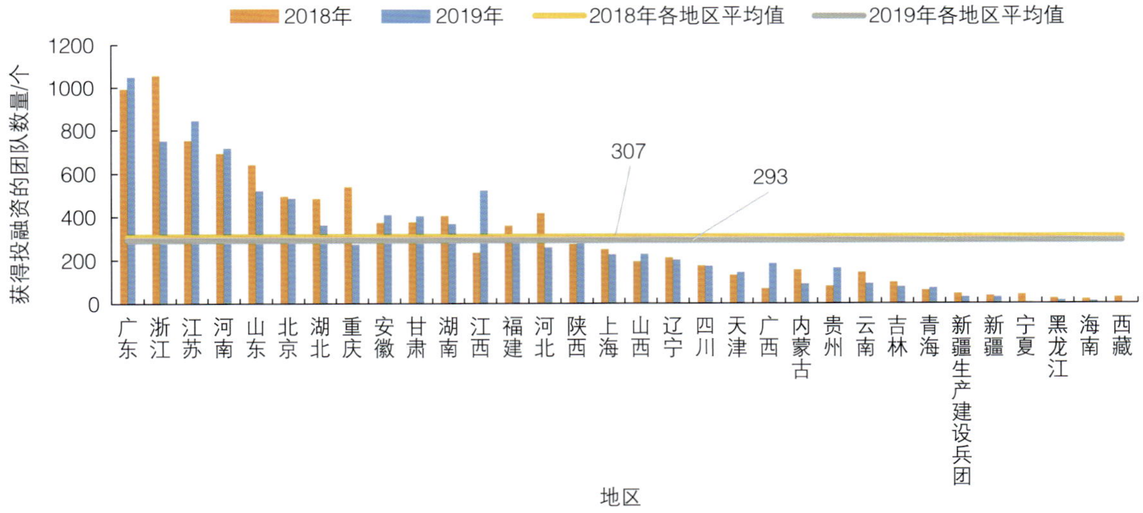

图 3－16　各地区众创空间获得投融资的团队数量情况

截至 2019 年，全国众创空间累计帮助 3.2 万个创业团队获得投融资，较 2018 年增长了 14.8%。2019 年，广东、北京、江苏、浙江、河南、甘肃 6 个地区均帮助创业团队 2000 个以上，累计数量超过全国总数的一半，达到 51.3%（图 3－17）。

2019 年，全国众创空间帮助创业团队获得投资共计 209.7 亿元，相比于 2018 年，该指标也出现小幅下降。2019 年，北京、上海帮助创业团队获得投资总额较高，分别达到 120.2 亿元和 25.8 亿元，合计占全国投资总额的 69.6%（图 3－18）。

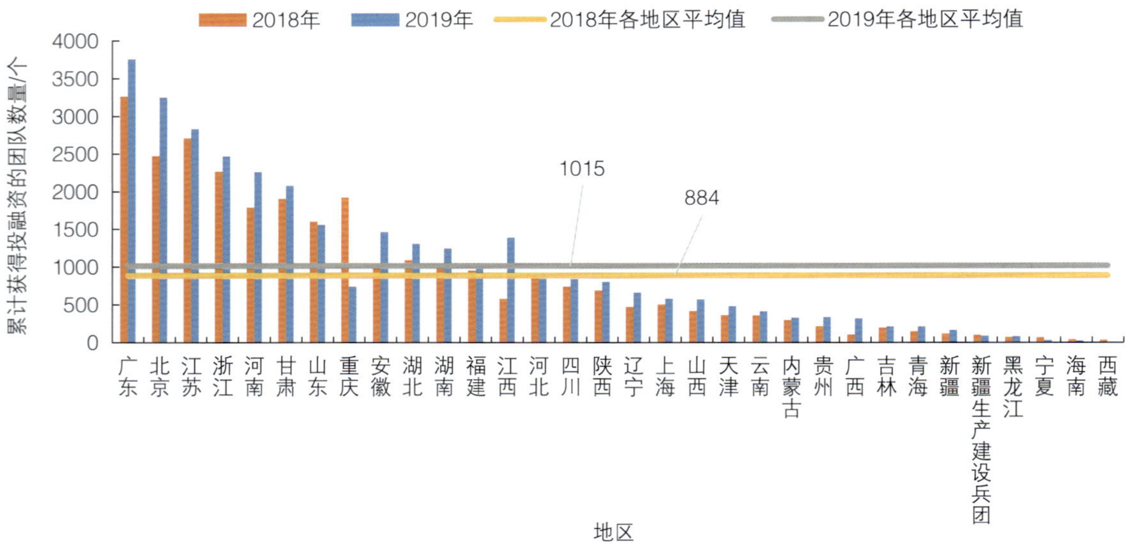

图 3－17　各地区众创空间累计获得投融资的团队数量情况

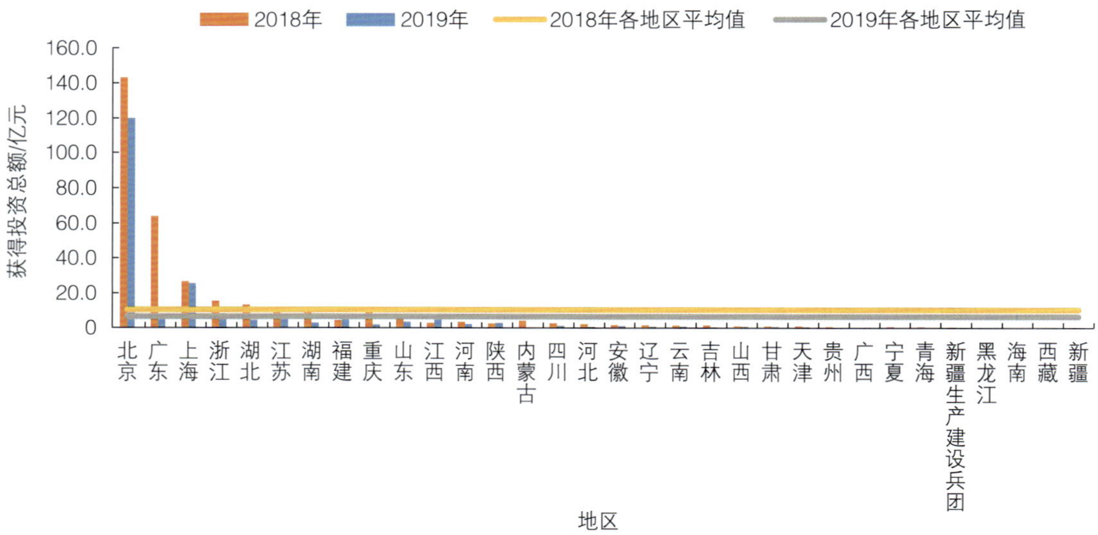

图 3－18　各地区众创空间帮助创业团队获得投资总额情况

截至 2019 年，全国众创空间累计帮助创业团队获得投融资 941.6 亿元，比 2018 年的 952.8 亿元减少了 1.2%。2019 年，各地区众创空间累计帮助创业团队获得投融资平均值为 29.4 亿元。其中，北京帮助创业团队和企业累计获得 446.7 亿元的投融资，位居全国各地区首位（图 3－19）。

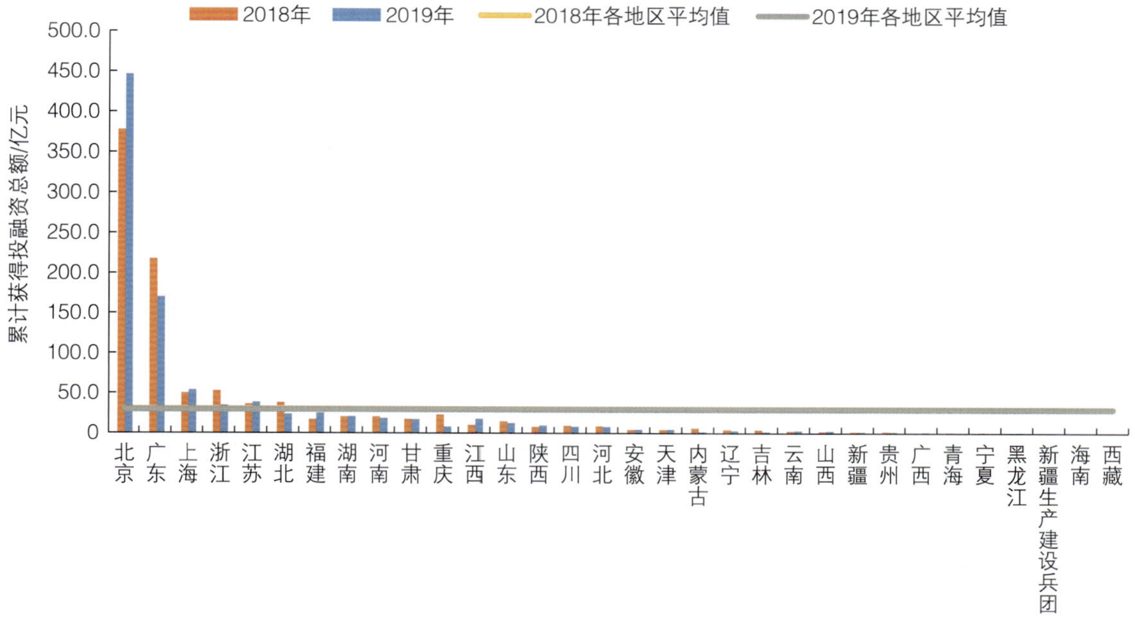

图 3－19　各地区众创空间累计帮助创业团队获得投融资总额情况

（四）创业团队和企业财政支持情况

2019 年，全国众创空间帮助服务对象享受财政资金支持金额为 35. 3 亿元，较 2018 年的 33. 6 亿元增长了 5. 1%，创业团队和企业享受到更多国家政策的支持。江苏、浙江、上海、广东、北京、山东、湖北 7 个地区在财政资金支持额度方面居全国前列，合计占全国总量的 62. 6%（图 3－20）。

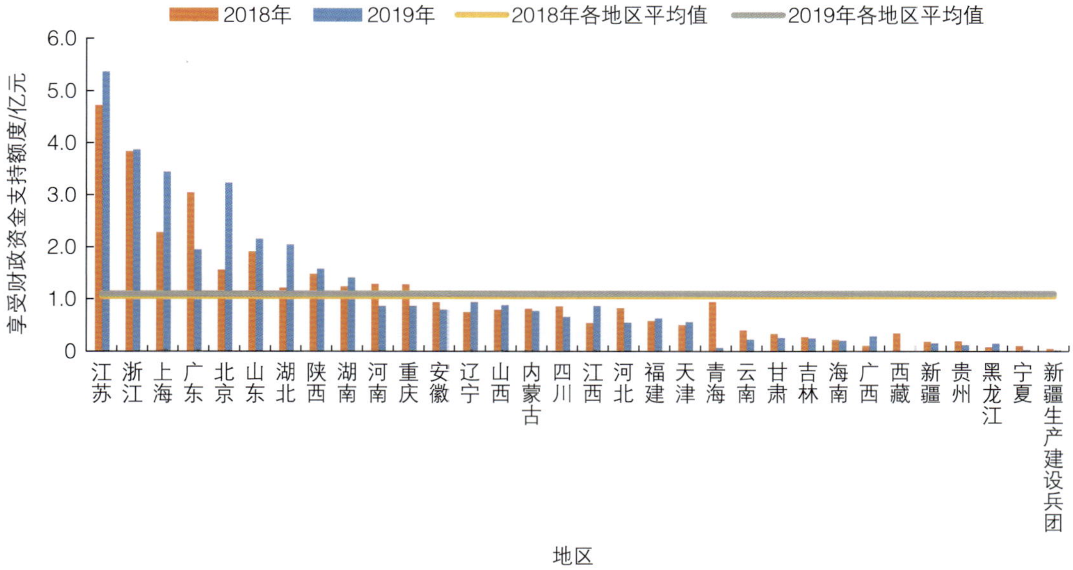

图 3－20　各地区众创空间帮助服务对象享受财政资金支持额度情况

（五）创业团队和企业创造的就业机会

众创空间服务的创业团队和企业数量增加的同时，也为当地创造了更多就业机会。2019 年，全国众创空间服务的创业团队和企业共计吸纳就业人员 155 万人，为缓解就业压力做出突出贡献。

应届大学生是创业团队和企业就业人员队伍中的重要组成部分，2019 年众创空间累计吸纳应届大学生 26 万人。从全国范围看，2019 年应届大学生在众创空间就业总人数中占比为 12.8%，江西、贵州应届大学生就业人员比重较高，均在 25% 以上（图 3－21）。

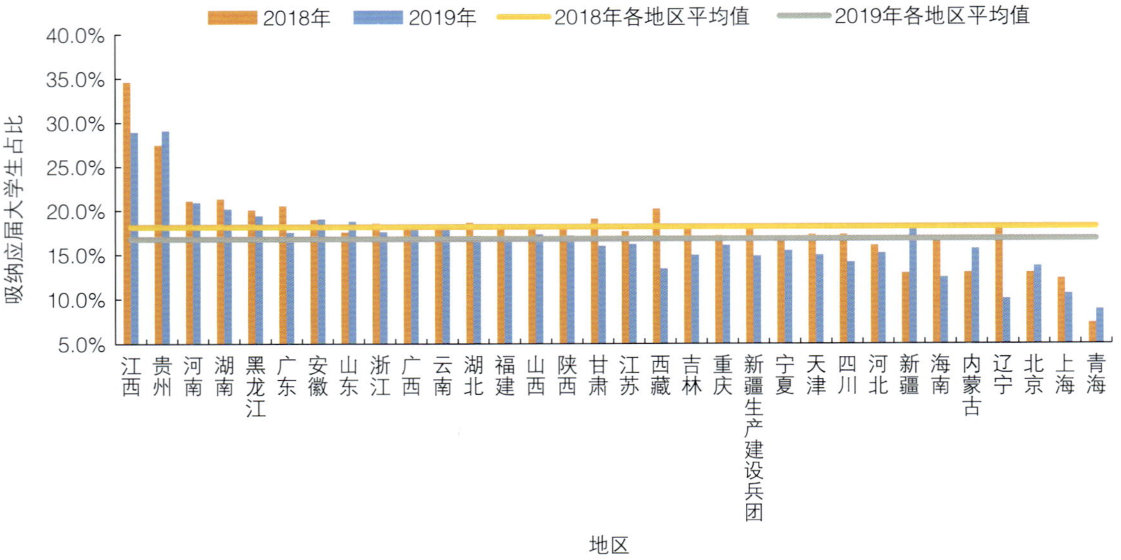

图 3－21　各地区创业团队和企业应届大学生占就业总人数的比例情况

（六）创业团队和企业技术创新情况

2019 年，全国众创空间常驻企业和团队拥有有效知识产权数量达到 34.3 万项，比 2018 年增长了 50.4%。北京依然是常驻企业和团队拥有有效知识产权数量最多的地区，与广东、江苏、浙江、湖北、上海、山东、陕西、河南、福建 10 个地区均属于万级水平，合计占到全国总数的 75.4%（图 3－22）。

发明专利是常驻企业和团队拥有有效知识产权的重要组成部分，2019 年常驻企业和团队拥有发明专利 6.2 万项。从全国范围看，发明专利平均占比为 19.6%，较 2018 年的 20% 出现小幅下降（图 3－23）。

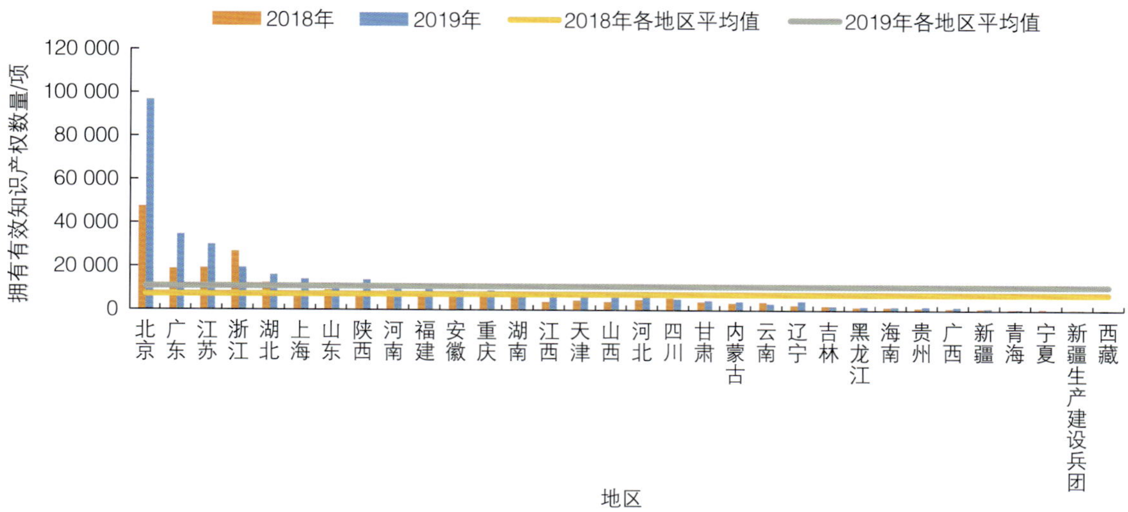

图 3－22　各地区众创空间常驻企业和团队拥有有效知识产权数量情况

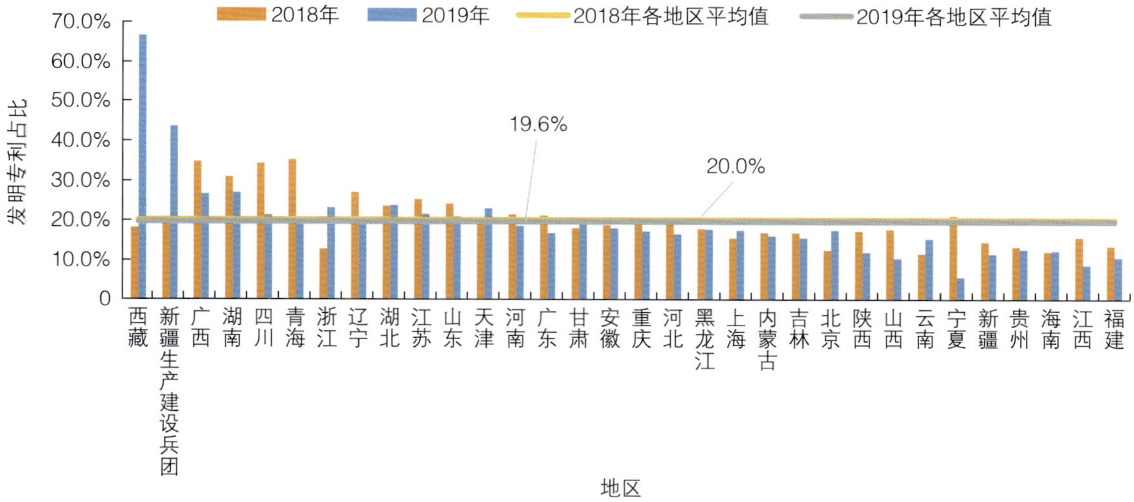

图 3－23　各地区众创空间常驻企业和团队拥有发明专利占有效知识产权的比例情况

三、众创空间运营情况

（一）设立情况

孵化器和高校科研院所在众创空间设立过程中扮演着重要角色，从全国范围看，2019 年两种类型众创空间比重较 2018 年出现小幅下降。在 2019 年的众创空间中，有 2285 家众创空间由孵化器建立，占比约为 28.6%，此外，有 967 家众创空间由高校科研院所建立，占比约为 12.1%（图 3－24）。

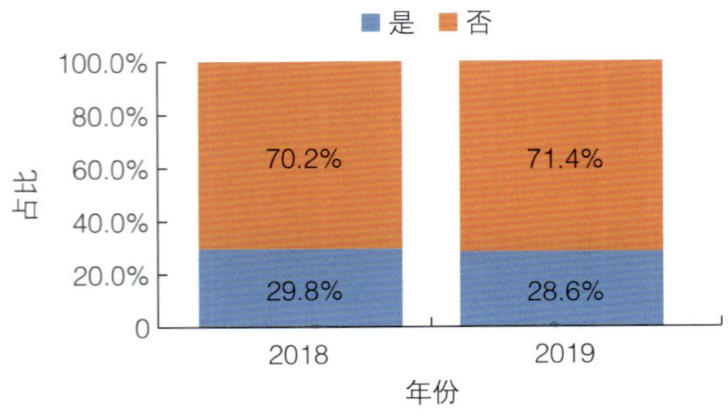

a 是否由孵化器建立

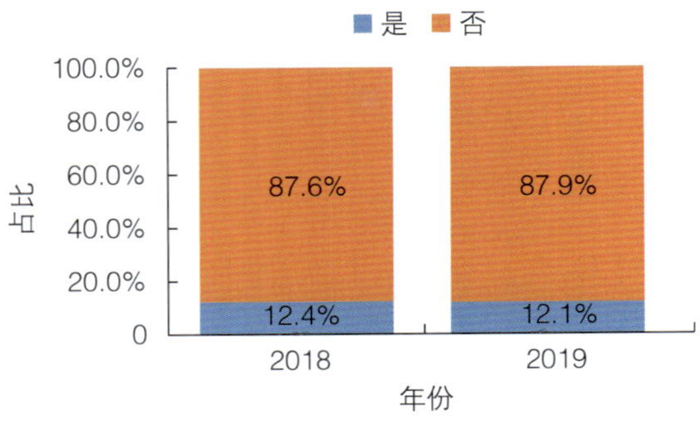

b 是否由高校科研院所建立

图 3－24 众创空间建立主体分布情况

（二）众创空间性质

从运营主体性质看，2019 年，民营企业运营众创空间共 5679 家，占比仍然最高，达到 71.0%，比 2018 年上涨了 5 个百分点。国有企业性质主体和事业单位性质主体运营的众创空间数量分别为 924 家和 782 家，占比分别为 11.5%、9.8%，比重仍然处于第 2、第 3 位（图 3－25）。

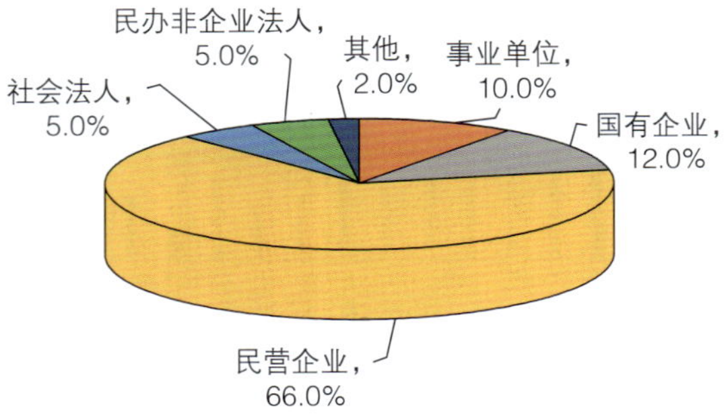

a 2018年

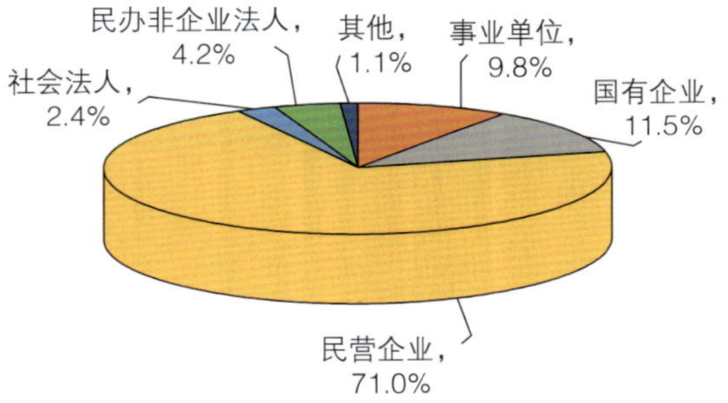

b 2019年

图 3－25 不同运营主体性质的众创空间分布情况

2019 年，全国共计 1934 家众创空间位于国家高新区内，较 2018 年的 1567 家，增加了 23.4%。2019 年，位于国家高新区内的众创空间主要分布在广东、江苏、北京、山东、湖北、浙江、上海、福建、陕西、河北等地区。数量最多 10 个地区累计达到 1345 家，比重较上年有所增加，超过总数的 2/3（图 3－26）。

（三）专注孵化领域情况

从众创空间所专注的孵化领域看，2019 年和 2018 年两年中，全国多数众创空间专注领域格局一致，主要集中在电子信息、文化创意、其他、先进制造、新能源与节能、新材料、生物医药与医疗器械、航空航天等领域。2019 年，其他领域有所减少，12 个明确领域则有不同程度增加和调整，仅专注电子信息、文化创意、先进制造 3 个孵化领域的众创空间就超过半数（图 3－27）。

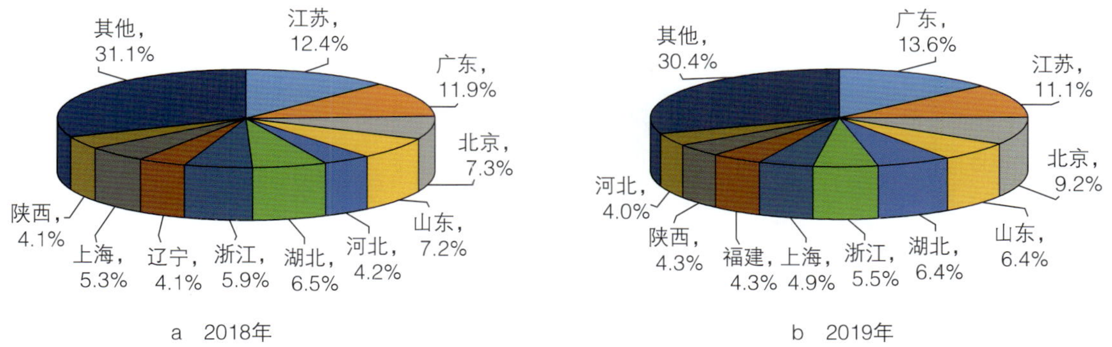

图 3－26　国家高新区内众创空间分布情况

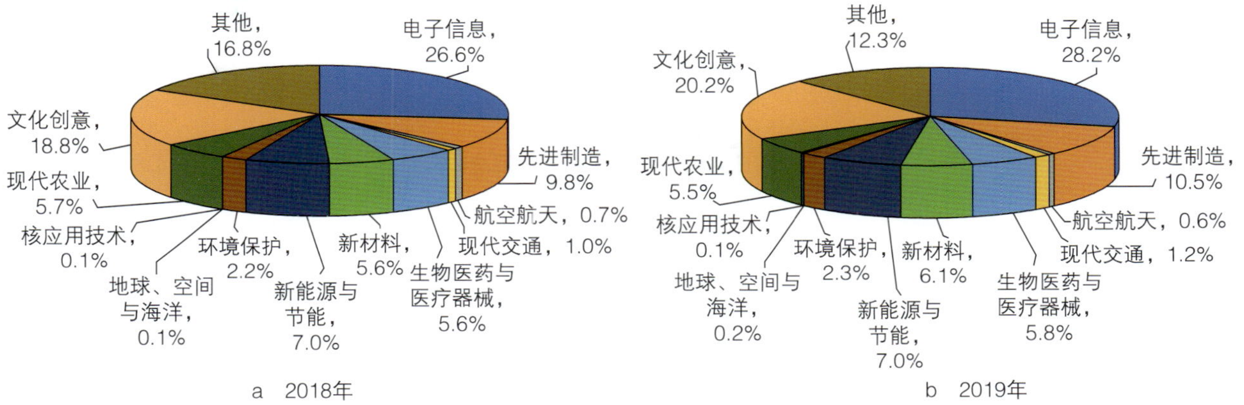

图 3－27　众创空间专注孵化领域分布情况

（四）运营收入和成本情况

2019 年，全国众创空间运营收入再创新高，达到 203.7 亿元，比 2018 年的 182.9 亿元增长了 11.4%。2019 年，各地区众创空间平均实现收入 6.4 亿元，比 2018 年平均多 0.7 亿元。北京以 46.9 亿元的最高值蝉联第一，江苏、广东、浙江、湖北、山东、陕西等地区紧随其后，7 个地区运营收入合计占全国总量的 64.4%（图 3－28）。

从众创空间总收入来源构成看，2019 年，服务收入占比为 33.4%，依然是众创空间最主要的收入来源，但与 2018 年 38.7% 相比，占比有所下降。房租及物业收入成为众创空间第二重要收入来源，并且房租及物业收入大幅增加，与服务收入占比接近，达到 30.5%（图 3－29）。

众创空间运营收入增长的背后，运营成本也在不断增加。2019 年，全国众创空间运营成本为 215.3 亿元，比 2018 年增加 16 亿元，导致 2019 年全国众创空间整体盈利负增长。各地区平均运营成本约为 6.7 亿元，比 2018 年平均多 0.5 亿元。其中，北京、广东、江苏、浙江、山东、陕西、上海运营成本整体较高，均超过 10 亿元，合计占到全国总量的 65.9%（图 3－30）。

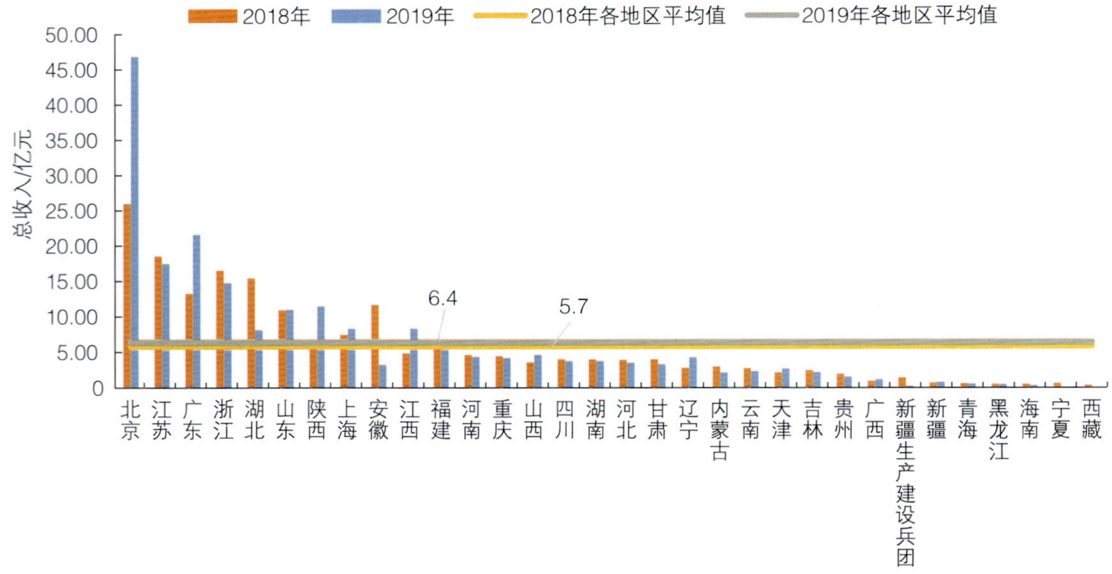

图 3－28　各地区众创空间总收入情况

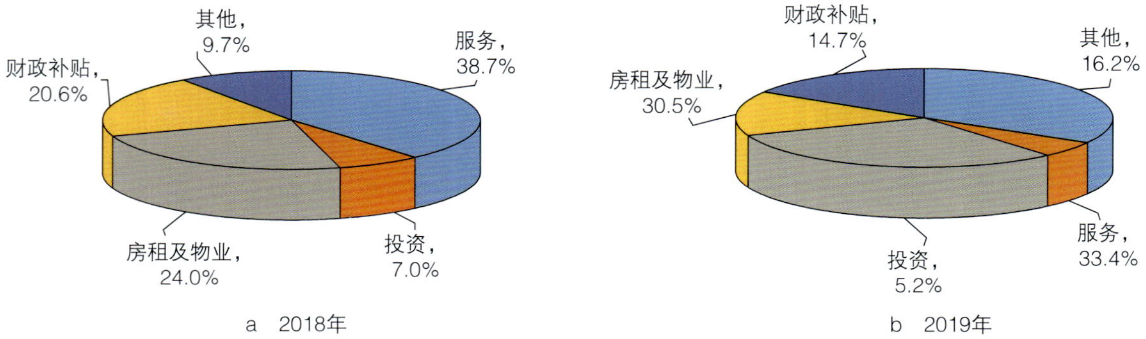

图 3－29　众创空间收入来源组成情况

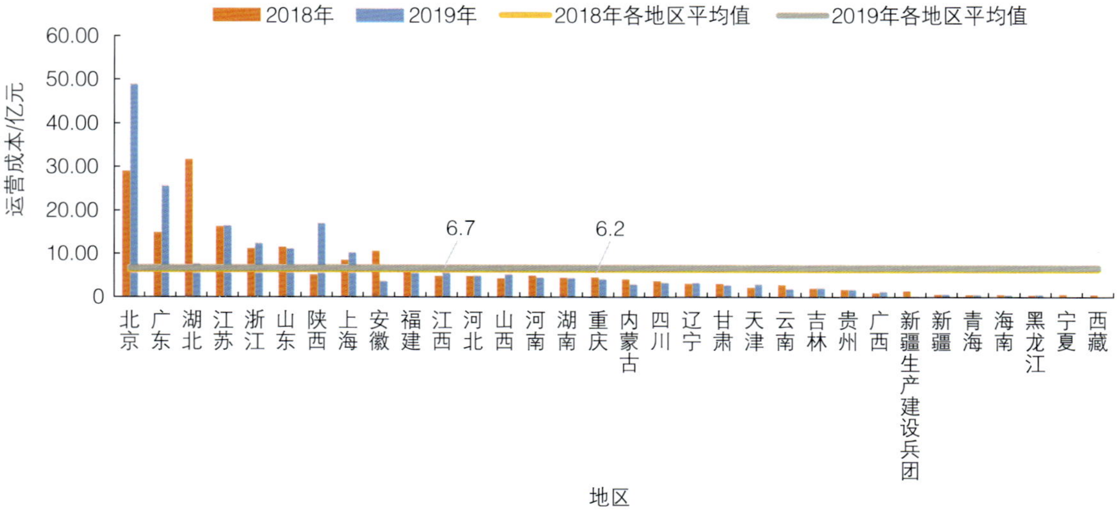

图 3－30　各地区众创空间运营成本情况

从运营成本构成看，场地费用、管理费用是众创空间运营成本中比重较大的两个部分，合计115.7 亿元，占全部费用的53.7%（图3－31）。

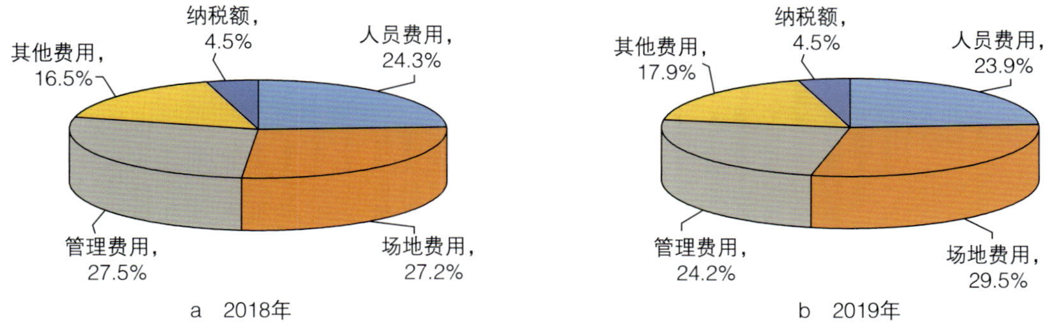

图3－31　众创空间运营成本组成情况

从全国众创空间税收优惠政策免税金额看，2019 年享受众创空间税收优惠政策免税金额总计2.2 亿元，较2018 年增加了1.4 亿元的免税金额。其中，湖北、北京、陕西、广东、江西、江苏等地区免税金额较高，累计占全国总数的73.6%（图3－32）。

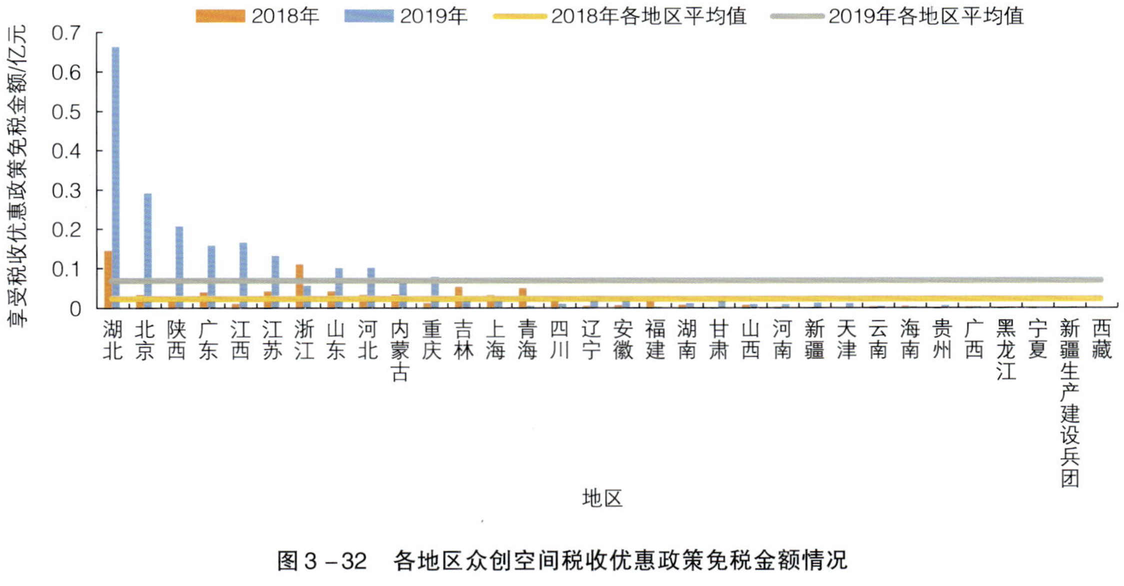

图3－32　各地区众创空间税收优惠政策免税金额情况

（五）服务人员情况

2019 年，全国众创空间共有服务人员9.5 万人，各地区平均服务人员2969 人，相比2018 年大幅减少。其中，广东、浙江、江苏、山东4 个地区服务人员数量较多，合计占到全国总数的1/3 以上（图3－33）。

从众创空间的平均服务人员规模看，2019 年平均每家众创空间拥有12.2 名服务人员，数量低于2018 年。2019 年，全国众创空间整体服务人员规模呈现下降趋势，一定程度上说明众创空间整体服务效率有所提升（图3－34）。

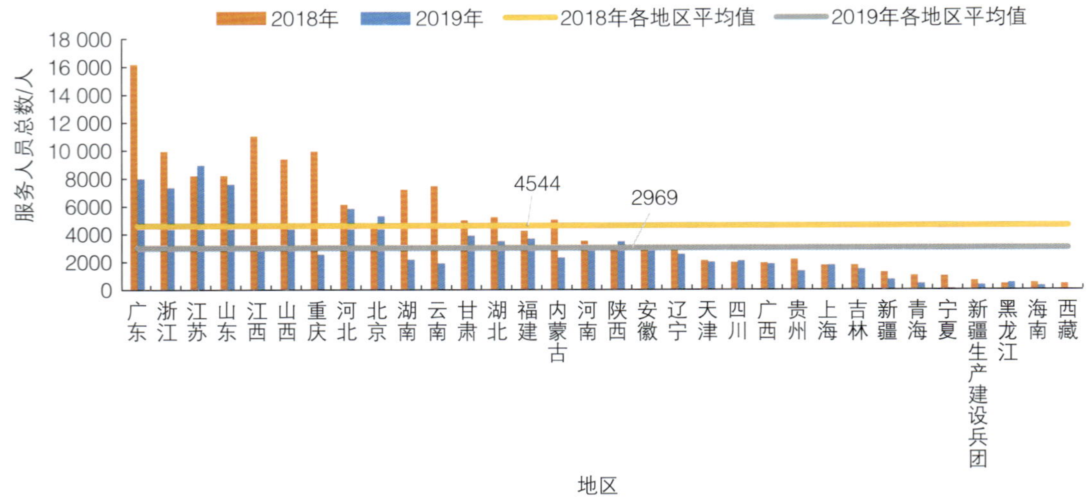

图 3-33　各地区众创空间服务人员总数情况

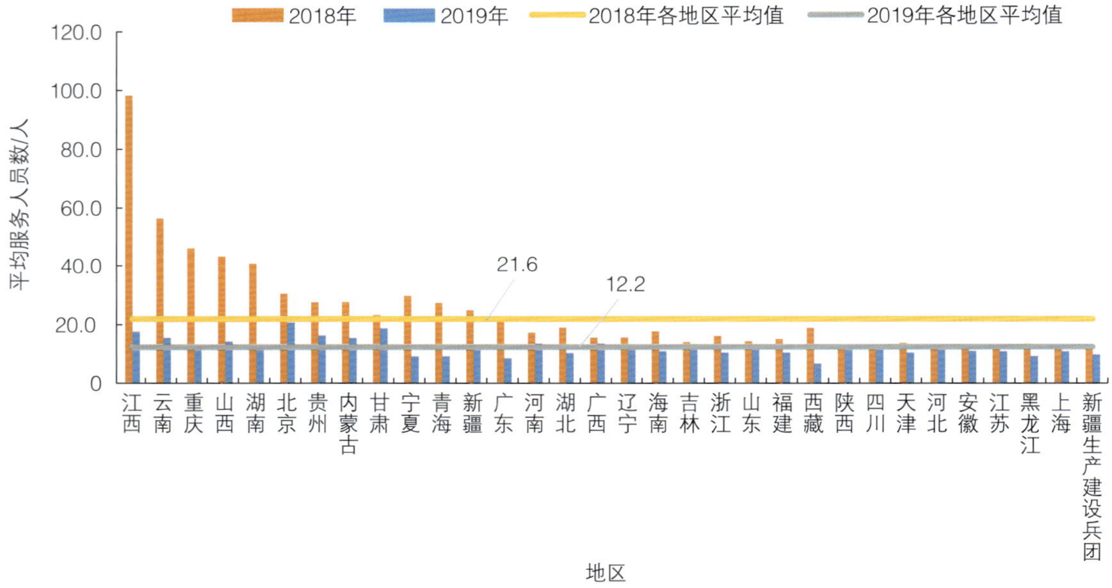

图 3-34　各地区众创空间平均服务人员数情况

（六）提供服务情况

在众创空间主要提供的 9 类服务项目中，九成以上的众创空间都能提供办公场地、开展创新创业活动、开展创业导师服务、举办创业教育培训、保障政策落实、提供创业投融资服务和提供技术创新服务。能够开展国际合作的众创空间较 2018 年有所下降（图 3-35）。

创业导师服务是众创空间最重要而普遍的服务功能之一。2019 年，全国众创空间创业导师队伍 16 万人，较 2018 年增加 13.7%。其中，专职导师占比为 24.6%，接近导师队伍的 1/4（图 3-36）。

众创空间在 2019 年开展了数量更多的各类服务活动，其中，以举办创新创业活动、开展创业教

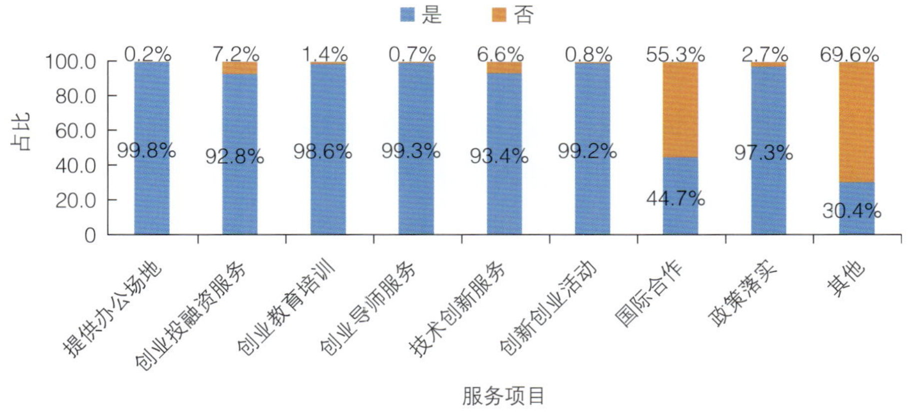

图 3－35　2019 年众创空间主要服务项目提供情况

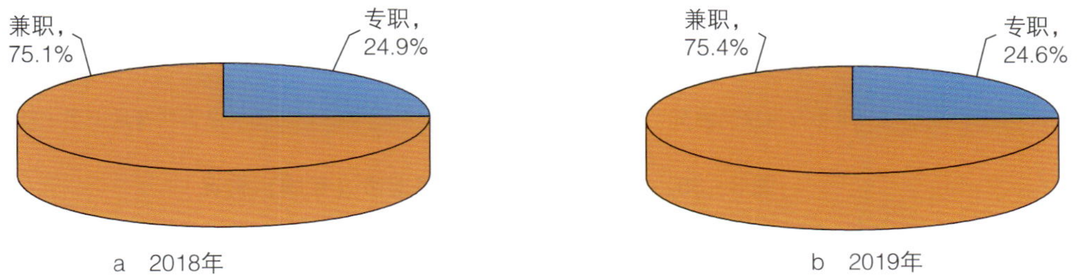

图 3－36　创业导师队伍组成情况

育培训、提供技术支撑服务为最主要的服务活动类型。虽然国际交流合作活动比 2018 年增长 1.6%，但绝对数量上仍然属于众创空间在服务领域的短板，如何实现更快速的国际接轨、深化中外合作交流依然是众创空间应该加强的服务工作重点（图 3－37）。

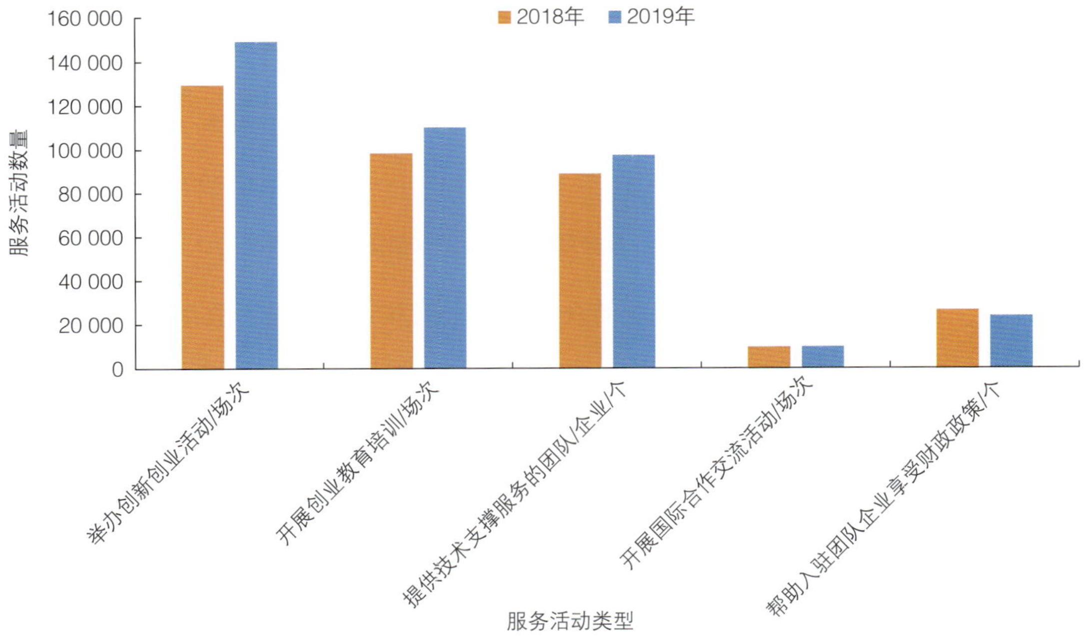

图 3－37　众创空间开展服务活动情况

（七）融资和上市（挂牌）情况

从融资和上市（挂牌）情况看，2019 年，可以通过自身获得融资的众创空间比重较 2018 年有所下降，仍然不足 1/5；自身是上市（挂牌）企业的众创空间占比也出现下降，总数仍然极少，说明众创空间自身融资能力严重不足，有待进一步增强（图 3－38）。

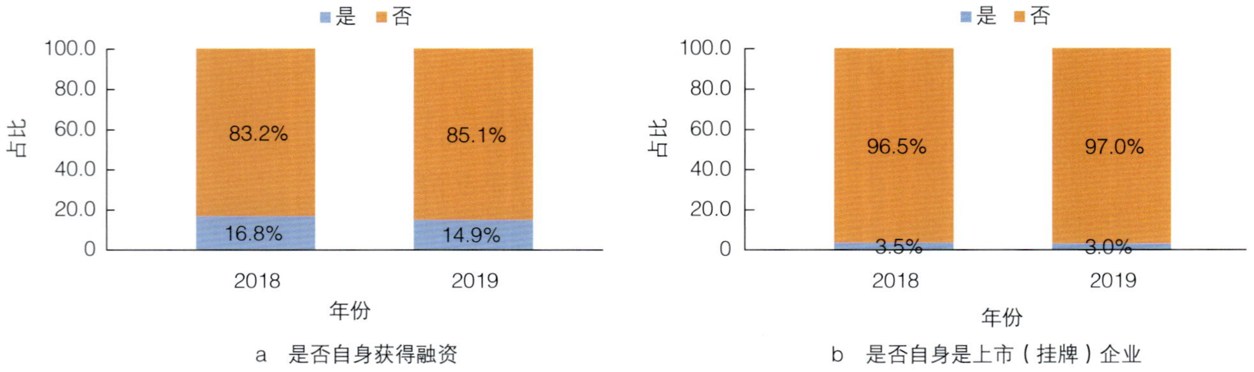

图 3－38 众创空间自身融资与上市（挂牌）情况

2019 年，全国累计有 1194 家众创空间自身可获得融资。这些众创空间主要分布格局没有改变，仍然以江苏、浙江、广东、山东 4 个地区为主，合计占到总数的 38%（图 3－39）。

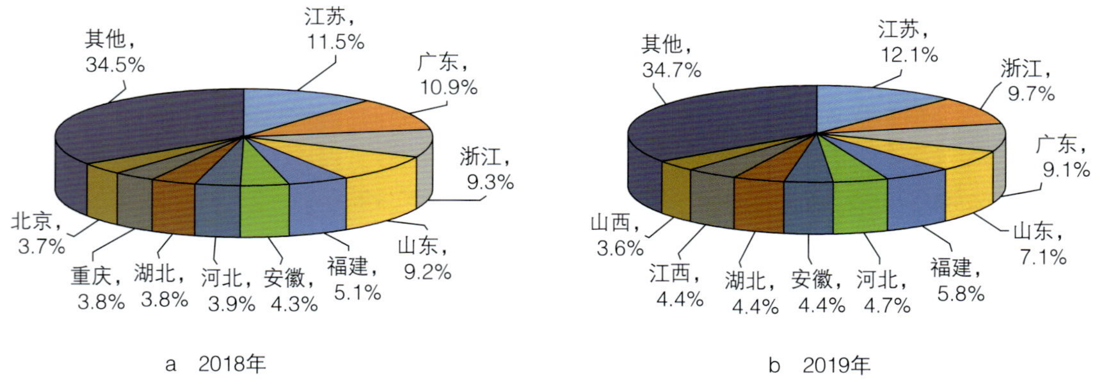

图 3－39 自身可获得融资的众创空间分布情况

2019 年，自身是上市（挂牌）企业的众创空间全国共计 241 家，数量与 2018 年持平，但主要分布区域较上年有较大变化。2019 年主要分布在广东、浙江、山东、河北、河南 5 个地区，合计占到总数的 41.4%（图 3－40）。

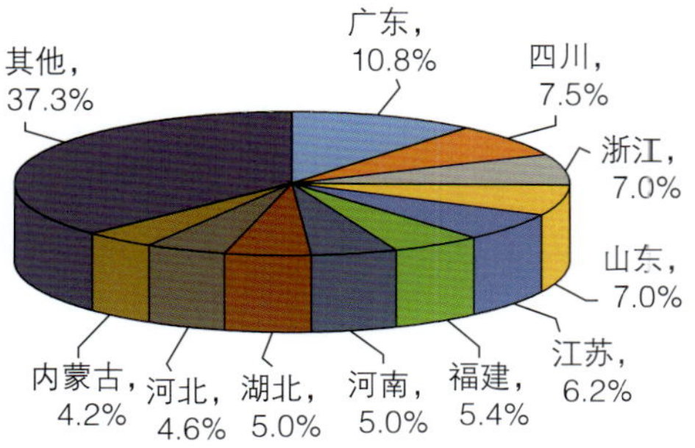

a 2018年

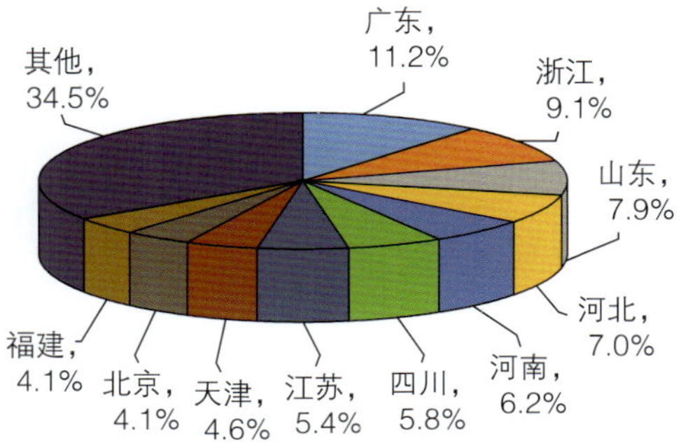

b 2019年

图3－40 自身是上市（挂牌）企业的众创空间分布情况

第四章　各地区创业孵化发展情况

一、北京市创业孵化发展情况

（一）总体情况

2019 年，北京市共有创业孵化机构 375 家，较 2018 年增加了 76 家。其中，孵化器 130 家，较 2018 年减少了 14.5%，国家级孵化器 61 家，占比为 46.9%；众创空间 245 家，较 2018 年增加了 98 家，在国家备案的众创空间 139 家，占比为 56.7%。

2019 年，北京市创业孵化机构面积达 6.1 百万平方米，较 2018 年增加了 19.6%。其中，孵化器面积 3.3 百万平方米，较 2018 年增加了 6.5%；众创空间面积 2.8 百万平方米，较 2018 年增加了 40.0%（表 4－1）。

表 4－1　北京市创业孵化机构数量及面积情况

分类	2018 年	2019 年
创业孵化机构数量/家	299	375
孵化器数量	152	130
其中：国家级孵化器	55	61
众创空间数量	147	245
其中：在国家备案的众创空间	143	139
创业孵化机构面积/百万平方米	5.1	6.1
孵化器面积	3.1	3.3
众创空间面积	2.0	2.8

2019 年，北京市创业孵化机构内在孵企业数量为 51 606 家，较 2018 年增加了 4.1%。其中，孵化器当年在孵企业数量为 9444 家，较 2018 年减少了 1.9%；众创空间当年在孵企业数量为 42 162 家，较 2018 年增加了 2205 家。

2019 年，北京市创业孵化机构内当年上市（挂牌）企业总数为 243 家，较 2018 年增加了 121 家。其中，孵化器内当年上市（挂牌）的企业有 109 家，众创空间内当年上市（挂牌）的企业有 134 家（表 4－2）。

表 4－2　北京市创业孵化机构在孵企业情况　　单位：家

年份	在孵企业数量			当年上市（挂牌）企业数量		
	总数	孵化器	众创空间	总数	孵化器	众创空间
2018	49 586	9629	39 957	122	60	62
2019	51 606	9444	42 162	243	109	134

（二）绩效情况

1. 投融资情况

2019 年，北京市创业孵化机构内当年获得投融资的企业数量为 1763 家，较 2018 年减少了 2.0%；当年获得投资额为 584.2 亿元，较 2018 年增加 22.3%（表 4－3）。

表 4－3　北京市创业孵化机构内获得投融资情况

获得投融资情况	2018 年	2019 年
当年获得投融资的企业数量/家	1799	1763
其中：孵化器	618	535
众创空间	1181	1228
当年获得投资额/亿元	477.7	584.2
其中：孵化器	128.6	88.5
众创空间	349.1	495.7

2. 知识产权情况

截至 2019 年年底，北京市创业孵化机构内在孵企业拥有有效知识产权数达 146 377 件，较 2018 年增长了 60 284 件，增长率达 70.0%。其中，众创空间内在孵企业拥有有效知识产权数达 96 669 件，较 2018 年增加 104.4%。拥有有效发明专利数为 25 264 件，比 2018 年多 9648 件，增长率为 61.8%（表 4－4）。

表 4－4　北京市创业孵化机构知识产权情况　　单位：件

知识产权情况	2018 年	2019 年
拥有有效知识产权数	86 093	146 377
其中：孵化器	38 810	49 708
众创空间	47 283	96 669
拥有有效发明专利数	15 616	25 264
其中：孵化器	9736	8357
众创空间	5880	16 907

3. 吸纳就业情况

2019 年，北京市创业孵化机构内在孵企业共吸纳就业 323 940 人，较 2018 年增长 13.5%。其中，在孵化器和众创空间中应届毕业大学生创业就业共 35 548 人，较 2018 年增加了 8057 人（表 4－5）。

表 4－5　北京市创业孵化机构吸纳就业情况　　单位：人

年份	在孵企业吸纳就业情况			其中：应届毕业大学生创业就业		
	总数	孵化器	众创空间	总数	孵化器	众创空间
2018	285 532	148 238	137 294	27 491	8356	19 135
2019	323 940	160 156	163 784	35 548	9805	25 743

4. 研发投入强度情况

2019 年，北京市孵化器在孵企业研发经费支出 67.9 亿元，占主营业务收入比重为 9.5%，较 2018 年减少了 0.4 个百分点（图 4－1）。

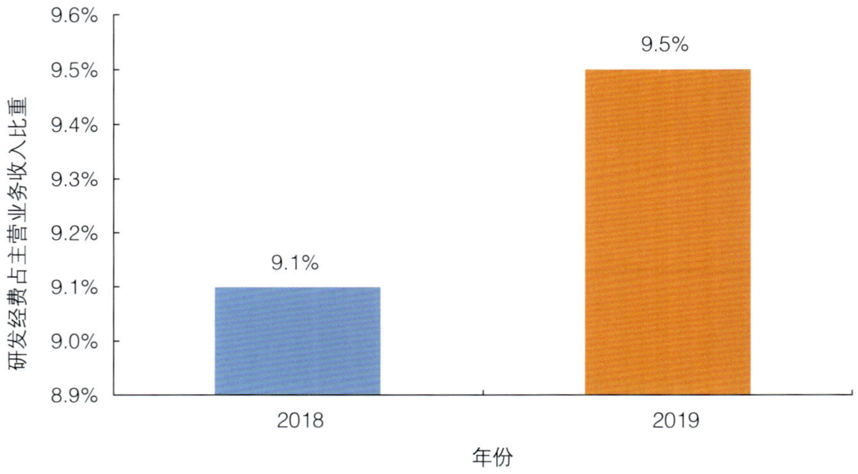

图 4－1　北京市孵化器研发投入强度情况

（三）自身建设情况

1. 收入和运营成本情况

2019 年，北京市创业孵化机构总收入 92.2 亿元，较 2018 年增长了 36.6%。其中，房租及物业收入最多，占比超过一半，达 53.1%；其次是综合服务收入，占比为 25.1%。

2019 年，北京市创业孵化机构总成本 86.9 亿元，较 2018 年增长了 40.6%。其中，场地费用占比最高，达 30.0%；其次是其他费用，占比为 26.3%（表 4－6 和图 4－2）。

表 4－6　北京市创业孵化机构收入和运营成本情况　　单位：亿元

年份	收入			运营成本		
	总收入	孵化器	众创空间	总成本	孵化器	众创空间
2018	67.5	41.6	25.9	61.8	32.9	28.9
2019	92.2	45.3	46.9	86.9	38.0	48.9

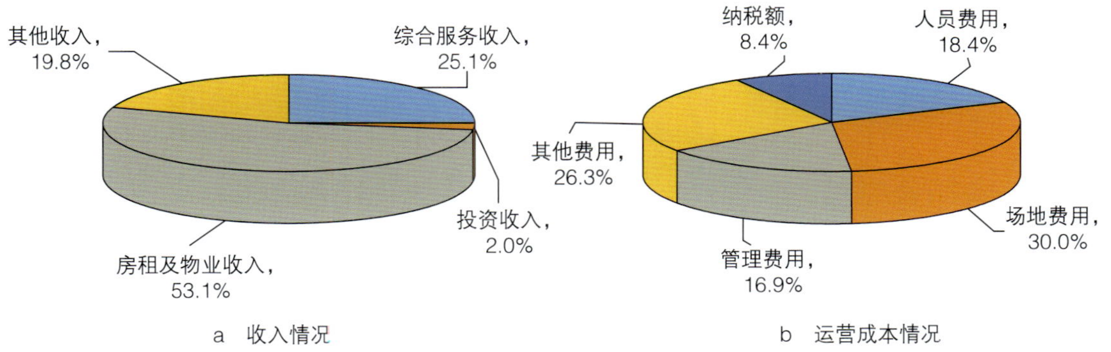

图 4－2　北京市创业孵化机构收入和运营成本情况

2019 年，北京市创业孵化机构纳税额达 7.3 亿元，较 2018 年增长 16.8%。其中，孵化器纳税额 4.6 亿元，众创空间纳税额 2.7 亿元。

2. 服务人员情况

2019 年，北京市创业孵化机构共有管理服务人员 8091 人，较 2018 年增长了 7.2%。

2019 年，北京市创业孵化机构共有创业导师 13 518 人，比 2018 年多 2000 余人，增长率达 17.5%（图 4－3）。

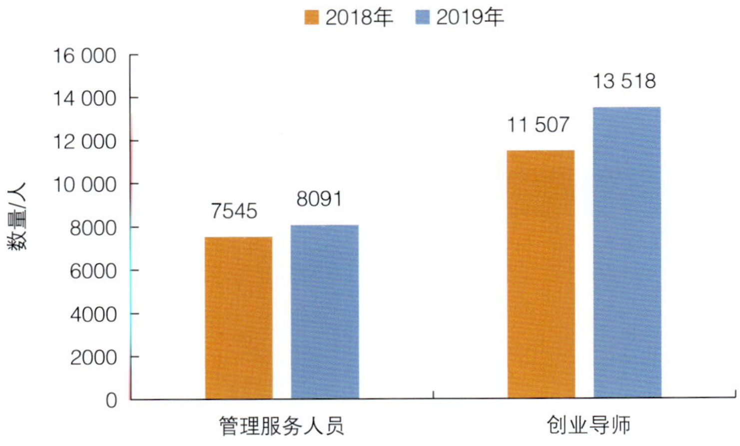

图 4－3　北京市创业孵化机构服务人员情况

3. 创业辅导情况

2019 年，北京市创业孵化机构共举办创新创业活动 13 131 场，较 2018 年增加了 20.8%（图 4－4）。

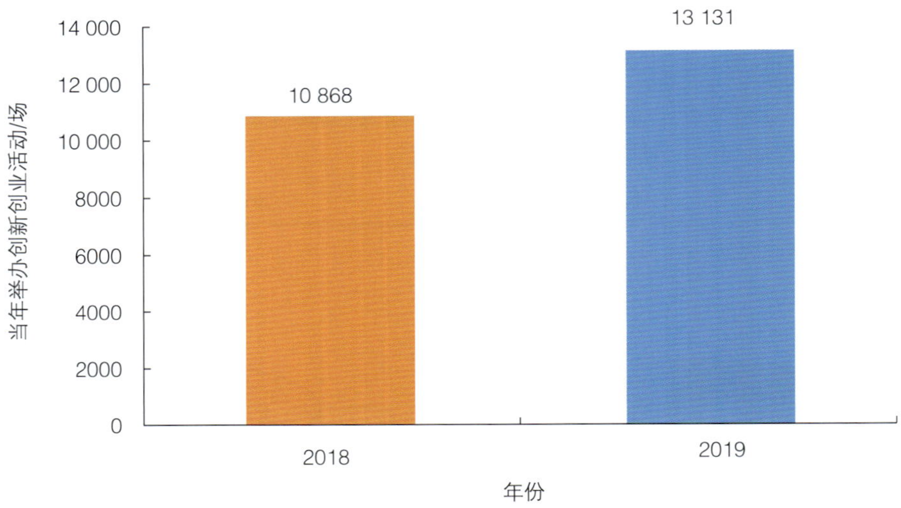

图 4 –4　北京市创业孵化机构创业辅导情况

二、天津市创业孵化发展情况

（一）总体情况

2019 年，天津市共有创业孵化机构 272 家，较 2018 年增加了 49 家。其中，孵化器 81 家，较 2018 年增加了 9 家，国家级孵化器 33 家，占比为 40.7%；众创空间 191 家，较 2018 年增加了 40 家，在国家备案的众创空间 73 家，占比为 38.2%。

2019 年，天津市创业孵化机构面积达 1.9 百万平方米，相比于 2018 年基本不变。其中，孵化器面积 1.3 百万平方米，较 2018 年减少了 7.1%；众创空间面积 0.6 百万平方米，较 2018 年增加了 20.0%（表 4 –7）。

表 4 –7　天津市创业孵化机构数量及面积情况

分类	2018 年	2019 年
创业孵化机构数量/家	223	272
孵化器数量	72	81
其中：国家级孵化器	33	33
众创空间数量	151	191
其中：在国家备案的众创空间	76	73
创业孵化机构面积/百万平方米	1.9	1.9
孵化器面积	1.4	1.3
众创空间面积	0.5	0.6

2019 年，天津市创业孵化机构内在孵企业数量达 16 943 家，较 2018 年增加 17.9%。其中，孵化器当年在孵企业数量为 4309 家，较 2018 年增加了 46 家；众创空间当年在孵企业数量为 12 634 家，较 2018 年增加了 2526 家。

2019 年，天津市创业孵化机构内当年上市（挂牌）企业总数为 31 家，较 2018 年减少了 9 家。其中，孵化器内当年上市（挂牌）的企业有 15 家，众创空间内当年上市（挂牌）的企业有 16 家（表 4－8）。

表 4－8　天津市创业孵化机构在孵企业情况　　单位：家

年份	在孵企业数量			当年上市（挂牌）企业数量		
	总数	孵化器	众创空间	总数	孵化器	众创空间
2018	14 371	4263	10 108	40	27	13
2019	16 943	4309	12 634	31	15	16

（二）绩效情况

1. 投融资情况

2019 年，天津市创业孵化机构内当年获得投融资的企业数量为 355 家，较 2018 年减少了 29.3%；当年获得投资额达 9.7 亿元，较 2018 年增加 34.7%（表 4－9）。

表 4－9　天津市创业孵化机构内获得投融资情况

获得投融资情况	2018 年	2019 年
当年获得投融资的企业数量/家	502	355
其中：孵化器	223	209
众创空间	279	146
当年获得投资额/亿元	7.2	9.7
其中：孵化器	3.4	2.3
众创空间	3.8	7.4

2. 知识产权情况

截至 2019 年年底，天津市创业孵化机构内在孵企业拥有有效知识产权数达 15 205 件，较 2018 年增加 38.3%。其中，众创空间内在孵企业拥有有效知识产权数达 7426 件，较 2018 年增加 73.4%。拥有有效发明专利数为 3260 件，比 2018 年增加 1189 件（表 4－10）。

表 4－10　天津市创业孵化机构知识产权情况

单位：件

知识产权情况	2018 年	2019 年
拥有有效知识产权数	10 993	15 205
其中：孵化器	6711	7779
众创空间	4282	7426
拥有有效发明专利数	2071	3260
其中：孵化器	1202	1554
众创空间	869	1706

3. 吸纳就业情况

2019 年，天津市创业孵化机构内在孵企业共吸纳就业 93 773 人，较 2018 年增加 6.1%。其中，在孵化器和众创空间中应届毕业大学生创业就业共 10 362 人，较 2018 年减少 15.6%（表 4－11）。

表 4－11　天津市创业孵化机构吸纳就业情况

单位：人

年份	在孵企业吸纳就业情况			其中：应届毕业大学生创业就业		
	总数	孵化器	众创空间	总数	孵化器	众创空间
2018	88 364	59 004	29 360	12 282	7222	5060
2019	93 773	58 383	35 390	10 362	5576	4786

4. 研发投入强度情况

2019 年，天津市孵化器在孵企业研发经费支出 16.9 亿元，占主营业务收入比重为 9.6%，较 2018 年减少了 11.6 个百分点（图 4－5）。

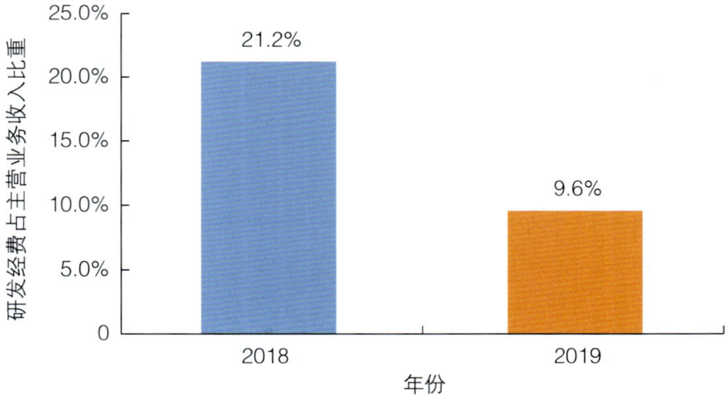

图 4－5　天津市孵化器研发投入强度情况

（三）自身建设情况

1. 收入和运营成本情况

2019 年，天津市创业孵化机构总收入 6.8 亿元，较 2018 年增加了 15.3%。其中，房租及物业收入最多，占比达57.1%；其次是综合服务收入，占比为31.3%。

2019年，天津市创业孵化机构总成本6.8亿元，较2018年增加了13.3%。其中，场地费用占比最高，占比达29.5%；其次是管理费用，占比为26.0%（表4-12和图4-6）。

表4-12　天津市创业孵化机构收入和运营成本情况　　单位：亿元

年份	收入			运营成本		
	总收入	孵化器	众创空间	总成本	孵化器	众创空间
2018	5.9	3.9	2.0	6.0	3.9	2.1
2019	6.8	4.1	2.7	6.8	3.8	3.0

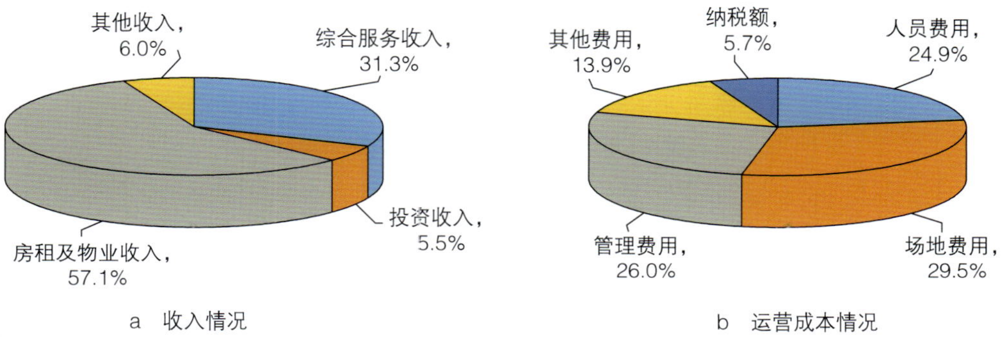

图4-6　天津市创业孵化机构收入和运营成本情况

2019年，天津市创业孵化机构纳税额达0.4亿元，较2018年减少了10.0%。其中，孵化器纳税额0.3亿元，众创空间纳税额0.1亿元。

2. 服务人员情况

2019年，天津市创业孵化机构共有管理服务人员3043人，较2018年增长了3.2%。

2019年，天津市创业孵化机构共有创业导师8273人，较2018年增长了11.7%（图4-7）。

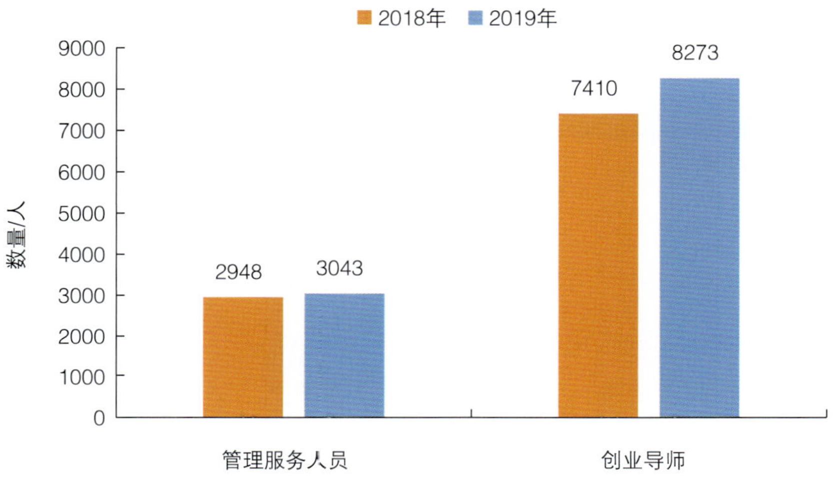

图4-7　天津市创业孵化机构服务人员情况

3. 创业辅导情况

2019 年，天津市创业孵化机构共举办创新创业活动 6293 场，较 2018 年增长了 20.8%（图 4－8）。

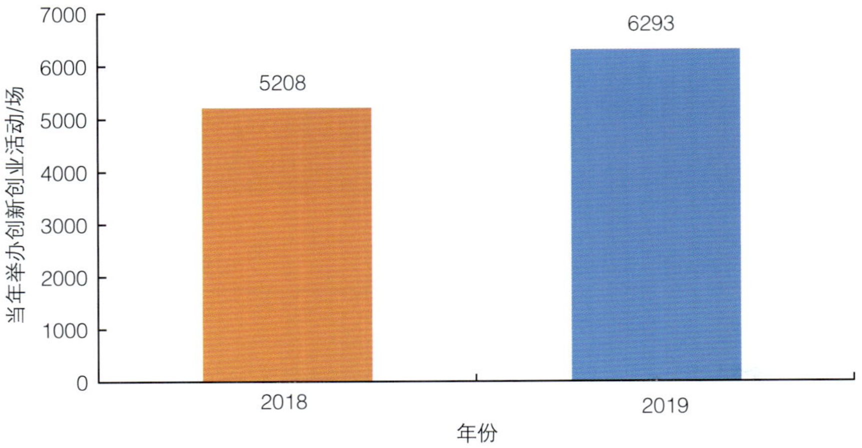

图 4－8　天津市创业孵化机构创业辅导情况

三、河北省创业孵化发展情况

（一）总体情况

2019 年，河北省共有创业孵化机构 764 家，较 2018 年增加了 6.0%。其中，孵化器 251 家，较 2018 年增加了 10.1%，国家级孵化器 33 家，占比 13.1%；众创空间 513 家，较 2018 年增加了 4.1%，在国家备案的众创空间 77 家，占比 15.0%。

2019 年，河北省创业孵化机构面积达 6.5 百万平方米，较 2018 年减少了 4.4%。其中，孵化器面积 5.0 百万平方米，较 2018 年增加了 5.7%；众创空间面积 1.5 百万平方米，与 2018 年持平（表 4－13）。

表 4－13　河北省创业孵化机构数量及面积情况

分类	2018 年	2019 年
创业孵化机构数量/家	721	764
孵化器数量	228	251
其中：国家级孵化器	23	33
众创空间数量	493	513
其中：在国家备案的众创空间	80	77
创业孵化机构面积/百万平方米	6.8	6.5
孵化器面积	5.3	5.0
众创空间面积	1.5	1.5

2019 年，河北省创业孵化机构内在孵企业数量达 26 411 家，较 2018 年增加 8.0%。其中，孵化器当年在孵企业数量为 7725 家，较 2018 年增加了近 1000 家；众创空间当年在孵企业数量为18 686 家，较 2018 年增加 5.7%。

2019 年，河北省创业孵化机构内当年上市（挂牌）企业总数为 13 家，较 2018 年减少了 51 家。其中，孵化器内当年上市（挂牌）的企业有 7 家，众创空间内当年上市（挂牌）的企业有 6 家（表 4－14）。

表 4－14 河北省创业孵化机构在孵企业情况 单位：家

年份	在孵企业数量			当年上市（挂牌）企业数量		
	总数	孵化器	众创空间	总数	孵化器	众创空间
2018	24 461	6788	17 673	64	12	52
2019	26 411	7725	18 686	13	7	6

（二）绩效情况

1. 投融资情况

2019 年，河北省创业孵化机构内当年获得投融资的企业数量为 707 家，较 2018 年减少 25.5%；当年获得投资额达 5.5 亿元，较 2018 年减少 41.5%（表 4－15）。

表 4－15 河北省创业孵化机构内获得投融资情况

获得投融资情况	2018 年	2019 年
当年获得投融资的企业数量/家	949	707
其中：孵化器	219	219
众创空间	730	488
当年获得投资额/亿元	9.4	5.5
其中：孵化器	4.1	2.5
众创空间	5.3	3.0

2. 知识产权情况

截至 2019 年年底，河北省创业孵化机构内在孵企业拥有有效知识产权数达 19 787 件，较 2018 年增长 41.3%。其中，孵化器内在孵企业拥有有效知识产权数达 13 955 件，较 2018 年增长 49.0%。拥有有效发明专利数为 3157 件，比 2018 年增长 31.1%（表 4－16）。

表 4-16　河北省创业孵化机构知识产权情况　　单位：件

知识产权情况	2018 年	2019 年
拥有有效知识产权数	14 004	19 787
其中：孵化器	9368	13 955
众创空间	4636	5832
拥有有效发明专利数	2409	3157
其中：孵化器	1495	2194
众创空间	914	963

3. 吸纳就业情况

2019 年，河北省创业孵化机构内在孵企业共吸纳就业 158 212 人，较 2018 年增加 8.8%。其中，在孵化器和众创空间中应届毕业大学生创业就业共 17 173 人，较 2018 年减少 7.9%（表 4-17）。

表 4-17　河北省创业孵化机构吸纳就业情况　　单位：人

年份	在孵企业吸纳就业情况			其中：应届毕业大学生创业就业		
	总数	孵化器	众创空间	总数	孵化器	众创空间
2018	145 371	96 166	49 202	18 638	10 655	7983
2019	158 212	103 120	55 092	17 173	8752	8421

4. 研发投入强度情况

2019 年，河北省孵化器在孵企业研发经费支出 9.4 亿元，占主营业务收入比重为 5.0%，较 2018 年增加了 0.3 个百分点（图 4-9）。

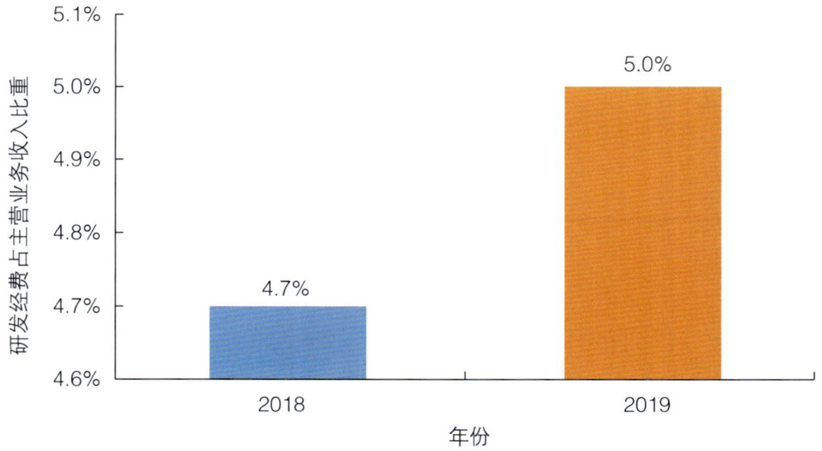

图 4-9　河北省孵化器研发投入强度情况

（三）自身建设情况

1. 收入和运营成本情况

2019 年，河北省创业孵化机构总收入 17.3 亿元，较 2018 年增加超过 1 亿元。其中，综合服务收入最多，占比达 53.1%；其次是房租及物业收入，占比为 32.7%。

2019 年，河北省创业孵化机构总成本 12.3 亿元，较 2018 年减少了 1.6%。其中，场地费用占比最高，达 31.8%；其次是人员费用，占比为 24.4%（表 4－18 和图 4－10）。

表 4－18　河北省创业孵化机构收入和运营成本情况　　单位：亿元

年份	收入			运营成本		
	总收入	孵化器	众创空间	总成本	孵化器	众创空间
2018	16.2	12.4	3.8	12.5	7.8	4.7
2019	17.3	13.8	3.5	12.3	7.4	4.9

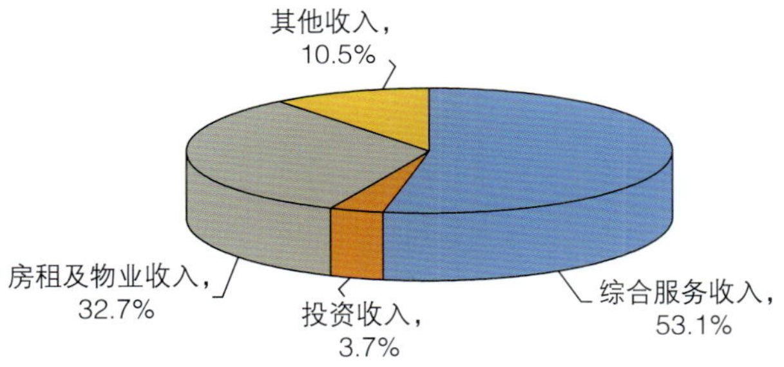

a　收入情况

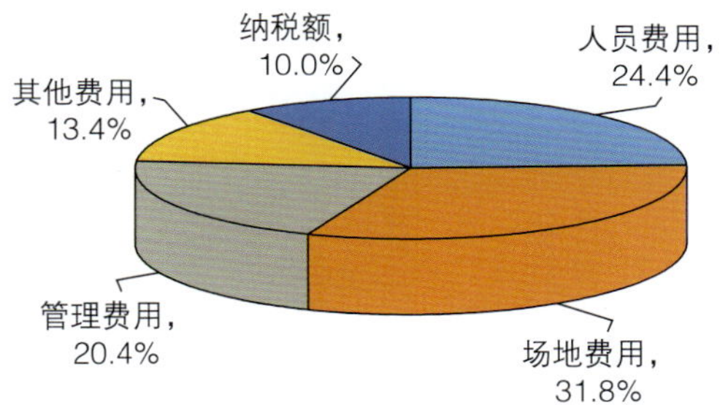

b　运营成本情况

图 4－10　河北省创业孵化机构收入和运营成本情况

2019 年，河北省创业孵化机构纳税额达 1.2 亿元，较 2018 年增加了 50.0%。其中，孵化器纳税额 0.7 亿元，众创空间纳税额 0.5 亿元。

2. 服务人员情况

2019 年，河北省创业孵化机构共有管理服务人员 9258 人，较 2018 年减少了 2.8%。

2019 年，河北省创业孵化机构共有创业导师 12 304 人，较 2018 年增加将近 1000 人，增长了 8.8%（图 4－11）。

3. 创业辅导情况

2019 年，河北省创业孵化机构共举办创新创业活动 12 716 场，较 2018 年增加了 15.6%（图 4－12）。

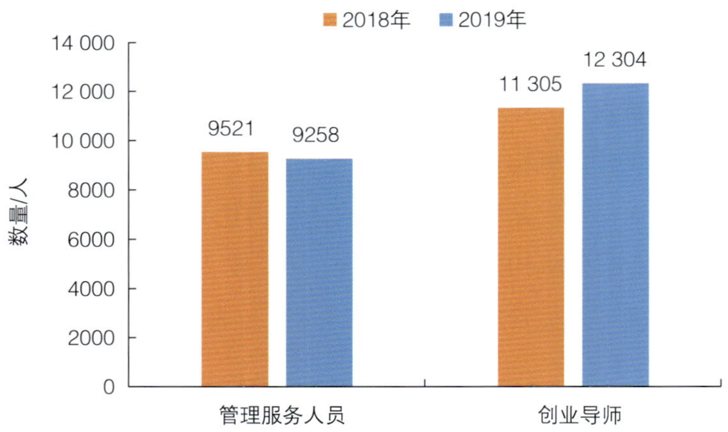

图 4 - 11　河北省创业孵化机构服务人员情况

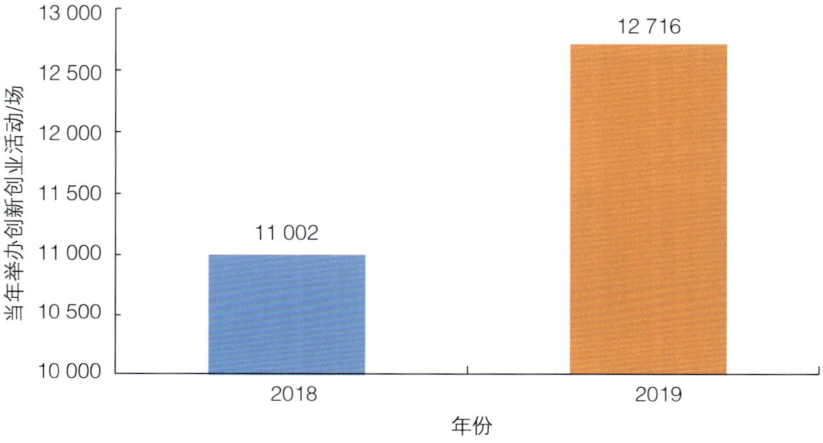

图 4 - 12　河北省创业孵化机构创业辅导情况

四、山西省创业孵化发展情况

（一）总体情况

2019 年，山西省共有创业孵化机构 376 家，较 2018 年增长了 36.2%。其中，孵化器 62 家，较 2018 年增加了 3 家，国家级孵化器 14 家，占比 22.6%；众创空间 314 家，较 2018 年增加了 97 家，在国家备案的众创空间 32 家，占比 10.2%。

2019 年，山西省创业孵化机构面积达 2.3 百万平方米，较 2018 年增加了 4.5%。其中，孵化器面积 1.2 百万平方米，与 2018 年持平；众创空间面积 1.1 百万平方米，较 2018 年增加了 10.0%（表 4 - 19）。

表 4－19　山西省创业孵化机构数量及面积情况

分类	2018 年	2019 年
创业孵化机构数量/家	276	376
孵化器数量	59	62
其中：国家级孵化器	13	14
众创空间数量	217	314
其中：在国家备案的众创空间	34	32
创业孵化机构面积/百万平方米	2.2	2.3
孵化器面积	1.2	1.2
众创空间面积	1.0	1.1

2019 年，山西省创业孵化机构内在孵化企业数量达 20 793 家，较 2018 年增长了 32.3%。其中，孵化器当年在孵企业数量为 2543 家，较 2018 年增长了 4.4%；众创空间当年在孵企业数量为 18 250 家，较 2018 年增加近 5000 家。

2019 年，山西省创业孵化机构内当年上市（挂牌）企业总数为 48 家，较 2018 年增加 16 家。其中，孵化器内当年上市（挂牌）的企业有 20 家，众创空间内当年上市（挂牌）的企业有 28 家（表 4－20）。

表 4－20　山西省创业孵化机构在孵企业情况　　单位：家

年份	在孵企业数量			当年上市（挂牌）企业数量		
	总数	孵化器	众创空间	总数	孵化器	众创空间
2018	15 714	2435	13 279	32	9	23
2019	20 793	2543	18 250	48	20	28

（二）绩效情况

1. 投融资情况

2019 年，山西省创业孵化机构内当年获得投融资的企业数量为 527 家，较 2018 年增加了 8.0%；当年获得投资额达 3.5 亿元，较 2018 年减少 5.4%（表 4－21）。

表 4－21　山西省创业孵化机构内获得投融资情况

获得投融资情况	2018 年	2019 年
当年获得投融资的企业数量/家	488	527
其中：孵化器	118	76
众创空间	370	451
当年获得投资额/亿元	3.7	3.5
其中：孵化器	2.0	1.0
众创空间	1.7	2.5

2. 知识产权情况

截至2019年年底，山西省创业孵化机构内在孵企业拥有有效知识产权数达12 657件，较2018年增长68.8%。其中，孵化期内在孵企业拥有有效知识产权数达5105件，较2018年增长34.0%。拥有有效发明专利数为1545件，较2018年增长27.1%（表4-22）。

表4-22　山西省创业孵化机构知识产权情况　　单位：件

知识产权情况	2018年	2019年
拥有有效知识产权数	7497	12 657
其中：孵化器	3811	5105
众创空间	3686	7552
拥有有效发明专利数	1216	1545
其中：孵化器	565	759
众创空间	651	786

3. 吸纳就业情况

2019年，山西省创业孵化机构内在孵企业共吸纳就业103 899人，较2018年增加24.2%。其中，在孵化器和众创空间中应届毕业大学生创业就业共15 491人，较2018年增长了19.1%（表4-23）。

表4-23　山西省创业孵化机构吸纳就业情况　　单位：人

年份	在孵企业吸纳就业情况			其中：应届毕业大学生创业就业		
	总数	孵化器	众创空间	总数	孵化器	众创空间
2018	83 650	36 958	46 692	13 008	4596	8412
2019	103 899	37 716	66 183	15 491	4093	11 398

4. 研发投入强度情况

2019年，山西省孵化器在孵企业研发经费支出3.8亿元，占主营业务收入比重为4.3%，较2018年减少了1.0个百分点（图4-13）。

（三）自身建设情况

1. 收入和运营成本情况

2019年，山西省创业孵化机构总收入12.0亿元，较2018年增加了51.9%。其中，综合服务收入最多，占比达41.7%；其次是房租及物业收入，占比为36.1%。

2019年，山西省创业孵化机构总成本9.9亿元，较2018年增加了20.7%。其中，场地费用占比最高，达35.1%；其次是其他费用，占比为21.8%（表4-24和图4-14）。

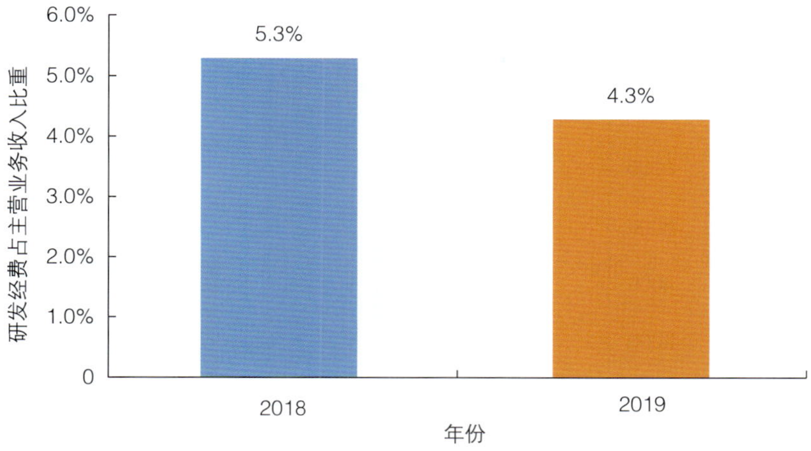

图 4－13　山西省孵化器研发投入强度情况

表 4－24　山西省创业孵化机构收入和运营成本情况　　单位：亿元

年份	收入			运营成本		
	总收入	孵化器	众创空间	总成本	孵化器	众创空间
2018	7.9	4.4	3.5	8.2	4.0	4.2
2019	12.0	7.4	4.6	9.9	4.7	5.2

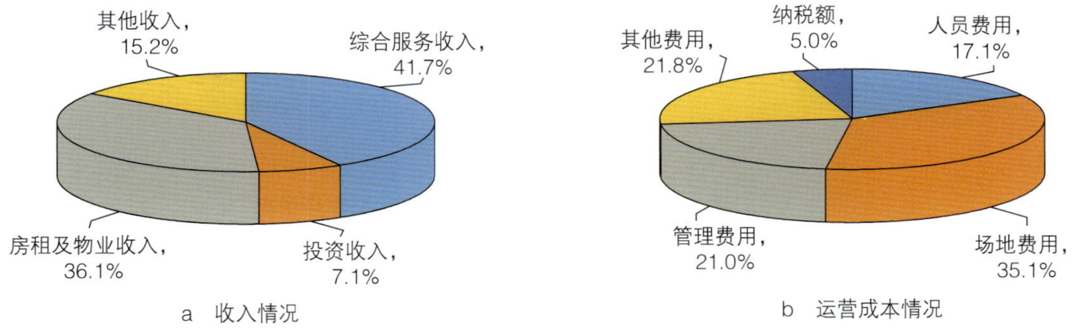

图 4－14　山西省创业孵化机构收入和运营成本情况

2019 年，山西省创业孵化机构纳税额达 0.4 亿元，与 2018 年基本持平。其中，孵化器纳税额 0.3 亿元，众创空间纳税额 0.1 亿元。

2. 服务人员情况

2019 年，山西省创业孵化机构共有管理服务人员 5561 人，较 2018 年减少 4824 人。

2019 年，山西省创业孵化机构共有创业导师 6016 人，比 2018 年增长了 23.9%（图 4－15）。

3. 创业辅导情况

2019 年，山西省创业孵化机构共举办创新创业活动 10 215 场，较 2018 年增加 54.2%（图 4－16）。

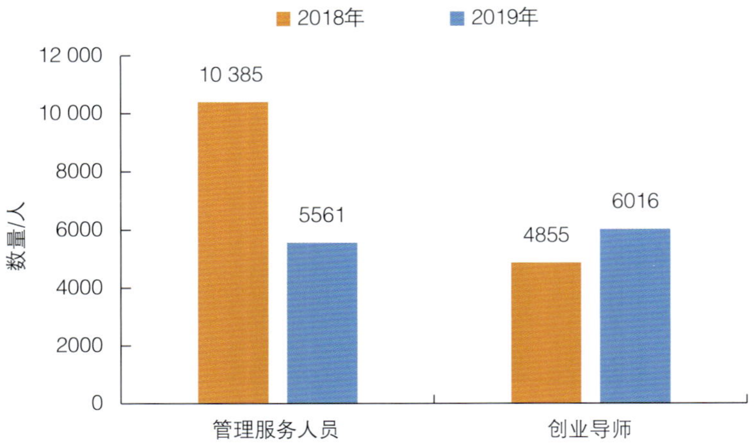

图 4－15　山西省创业孵化机构服务人员情况

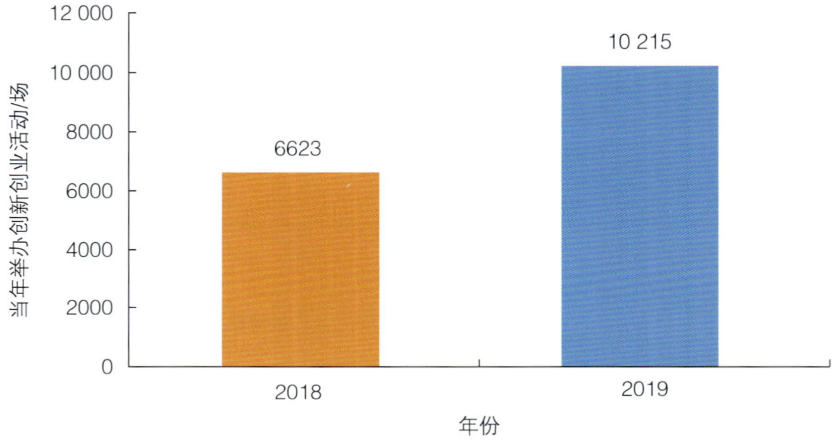

图 4－16　山西省创业孵化机构创业辅导情况

五、内蒙古自治区创业孵化发展情况

（一）总体情况

2019 年，内蒙古自治区共有创业孵化机构 198 家，较 2018 年减少了 35 家。其中，孵化器 50 家，较 2018 年减少了 1 家，国家级孵化器 12 家，占比为 24.0%；众创空间 148 家，较 2018 年减少了 34 家，在国家备案的众创空间 39 家，占比为 26.4%。

2019 年，内蒙古自治区创业孵化机构面积达 2.7 百万平方米，较 2018 年减少了 12.9%。其中，孵化器面积 1.6 百万平方米，与 2018 年基本持平；众创空间面积 1.1 百万平方米，较 2018 年减少了 26.7%（表 4－25）。

表4－25　内蒙古自治区创业孵化机构数量及面积情况

分类	2018年	2019年
创业孵化机构数量/家	233	198
孵化器数量	51	50
其中：国家级孵化器	10	12
众创空间数量	182	148
其中：在国家备案的众创空间	43	39
创业孵化机构面积/百万平方米	3.1	2.7
孵化器面积	1.6	1.6
众创空间面积	1.5	1.1

2019年，内蒙古自治区创业孵化机构内在孵企业数量达9991家，较2018年减少了21.2%。其中，孵化器当年在孵企业数量为1842家，较2018年减少了4.4%；众创空间当年在孵企业数量为8149家，较2018年减少2602家。

2019年，内蒙古自治区创业孵化机构内当年上市（挂牌）企业总数为11家，较2018年减少了96家。其中，孵化器内当年上市（挂牌）的企业有3家，众创空间内当年上市（挂牌）的企业有8家（表4－26）。

表4－26　内蒙古自治区创业孵化机构在孵企业情况　　单位：家

年份	在孵企业数量			当年上市（挂牌）企业数量		
	总数	孵化器	众创空间	总数	孵化器	众创空间
2018	12 677	1926	10 751	107	15	92
2019	9991	1842	8149	11	3	8

（二）绩效情况

1. 投融资情况

2019年，内蒙古自治区创业孵化机构内当年获得投融资的企业数量为166家，较2018年减少119家；当年获得投资额达2.0亿元，较2018年减少64.3%（表4－27）。

表4－27　内蒙古自治区创业孵化机构内获得投融资情况

获得投融资情况	2018年	2019年
当年获得投融资的企业数量/家	285	166
其中：孵化器	41	21
众创空间	244	145
当年获得投资额/亿元	5.6	2.0
其中：孵化器	1.0	1.3
众创空间	4.6	0.7

2. 知识产权情况

截至 2019 年年底，内蒙古自治区创业孵化机构内在孵企业拥有有效知识产权数达 6679 件，较 2018 年增长 37.6%。其中，孵化器内在孵企业拥有有效知识产权数达 2744 件，较 2018 年增长 60.4%。拥有有效发明专利数为 986 件，较 2018 年增加了 18.9%（表 4－28）。

表 4－28　内蒙古自治区创业孵化机构知识产权情况　　单位：件

知识产权情况	2018 年	2019 年
拥有有效知识产权数	4854	6679
其中：孵化器	1711	2744
众创空间	3143	3935
拥有有效发明专利数	829	986
其中：孵化器	301	353
众创空间	528	633

3. 吸纳就业情况

2019 年，内蒙古自治区创业孵化机构内在孵企业共吸纳就业 59 139 人，较 2018 年减少了 4.1%。其中，在孵企业和众创空间中应届毕业大学生创业就业共 7516 人，较 2018 年增加 873 人（表 4－29）。

表 4－29　内蒙古自治区创业孵化机构吸纳就业情况　　单位：人

年份	在孵企业吸纳就业情况			其中：应届毕业大学生创业就业		
	总数	孵化器	众创空间	总数	孵化器	众创空间
2018	61 659	23 057	38 602	6643	1690	4953
2019	59 139	25 478	33 661	7516	2189	5327

4. 研发投入强度情况

2019 年，内蒙古自治区孵化器在孵企业研发经费支出 2.3 亿元，占主营业务收入比重为 3.3%，较 2018 年增加了 0.8 个百分点（图 4－17）。

（三）自身建设情况

1. 收入和运营成本情况

2019 年，内蒙古自治区创业孵化机构总收入 6.3 亿元，较 2018 年减少了 4.5%。其中，综合服务收入最多，占比达 43.3%；其次是房租及物业收入，占比为 22.9%。

2019 年，内蒙古自治区创业孵化机构总成本 5.0 亿元，较 2018 年减少了 26.5%。其中，管理费用占比最高，达 28.3%；场地费用、其他费用占比分别为 22.8%、22.4%（表 4－30 和图 4－18）。

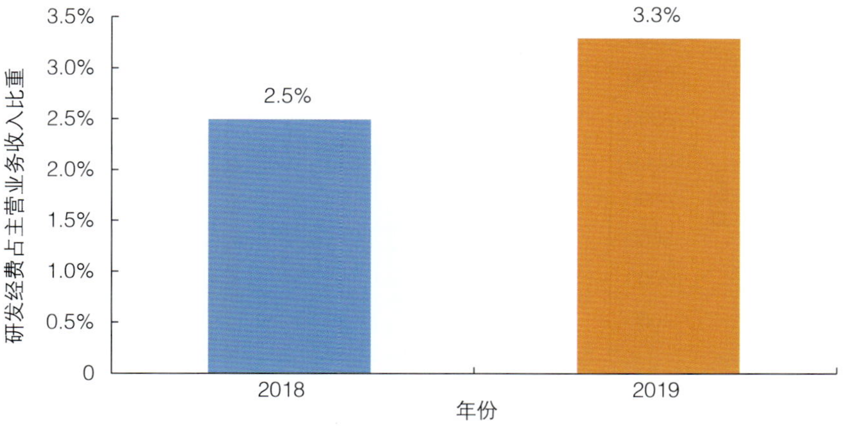

图4－17　内蒙古自治区孵化器研发投入强度情况

表4－30　内蒙古自治区创业孵化机构收入和运营成本情况　　单位：亿元

年份	收入			运营成本		
	总收入	孵化器	众创空间	总成本	孵化器	众创空间
2018	6.6	3.7	2.9	6.8	2.8	4.0
2019	6.3	4.2	2.1	5.0	2.1	2.9

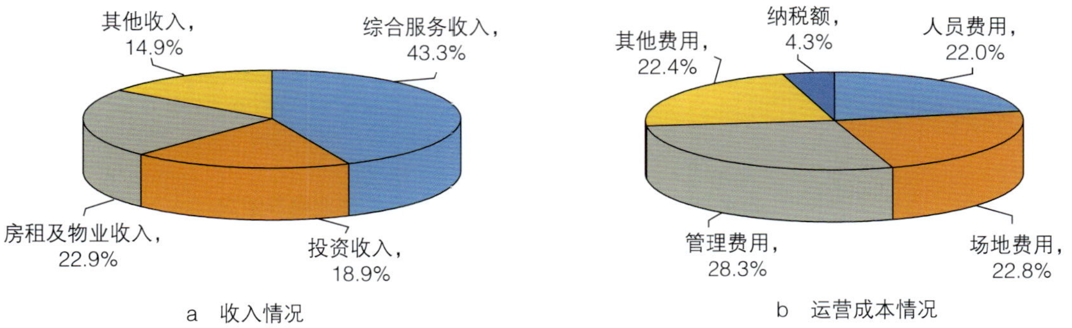

图4－18　内蒙古自治区创业孵化机构收入和运营成本情况

2019年，内蒙古自治区创业孵化机构纳税额达0.2亿元。其中，孵化器纳税额0.1亿元，众创空间纳税额0.1亿元。

2. 服务人员情况

2019年，内蒙古自治区创业孵化机构共有管理服务人员3859人，较2018年减少了43.8%。

2019年，内蒙古自治区创业孵化机构共有创业导师4529人，比2018年减少了400多人，减少了8.3%（图4－19）。

3. 创业辅导情况

2019年，内蒙古自治区创业孵化机构共举办创新创业活动3334场，较2018年减少了435场（图4－20）。

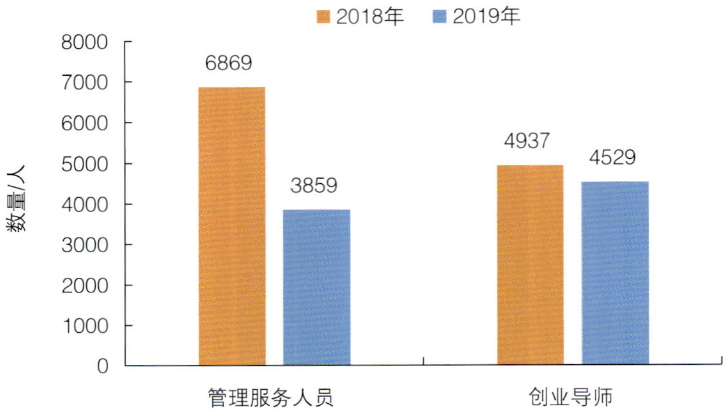

图 4－19　内蒙古自治区创业孵化机构服务人员情况

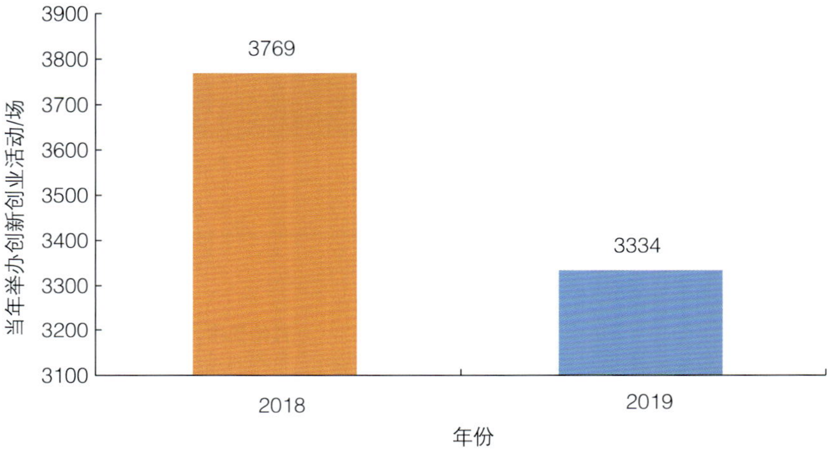

图 4－20　内蒙古自治区创业孵化机构创业辅导情况

六、辽宁省创业孵化发展情况

（一）总体情况

2019 年，辽宁省共有创业孵化机构 261 家，较 2018 年增加了 13 家。其中，孵化器 67 家，较 2018 年减少了 1 家，国家级孵化器 30 家，占比 44.8%；众创空间 194 家，较 2018 年增加了 14 家，在国家备案的众创空间 60 家，占比 30.9%。

2019 年，辽宁省创业孵化机构面积达 2.9 百万平方米，较 2018 年减少 3.3%。其中，孵化器面积 1.7 百万平方米，较 2018 年减少了 5.6%；众创空间面积 1.2 百万平方米，与 2018 年基本持平（表 4－31）。

表 4－31　辽宁省创业孵化机构及面积情况

分类	2018 年	2019 年
创业孵化机构数量/家	248	261
孵化器数量	68	67
其中：国家级孵化器	27	30
众创空间数量	180	194
其中：在国家备案的众创空间	66	60
创业孵化机构面积/百万平方米	3.0	2.9
孵化器面积	1.8	1.7
众创空间面积	1.2	1.2

2019 年，辽宁省创业孵化机构内在孵企业数量达 23 023 家，较 2018 年增加了 12.2%。其中，孵化器当年在孵企业数量为 3947 家，较 2018 年增加 7 家；众创空间当年在孵企业数量为 19 076 家，较 2018 年增加 15.0%。

2019 年，辽宁省创业孵化机构内当年上市（挂牌）企业总数为 36 家，较 2018 年增加 15 家。其中，孵化器内当年上市（挂牌）的企业有 21 家，众创空间内当年上市（挂牌）的企业有 15 家（表 4－32）。

表 4－32　辽宁省创业孵化机构在孵企业情况　　单位：家

年份	在孵企业数量			当年上市（挂牌）企业数量		
	总数	孵化器	众创空间	总数	孵化器	众创空间
2018	20 527	3940	16 587	21	2	19
2019	23 023	3947	19 076	36	21	15

（二）绩效情况

1. 投融资情况

2019 年，辽宁省创业孵化机构内当年获得投融资的企业数量为 536 家，与 2018 年持平；当年获得投资额达 19.6 亿元，较 2018 年增加 122.7%（表 4－33）。

表 4－33　辽宁省创业孵化机构内获得投融资情况

获得投融资情况	2018 年	2019 年
当年获得投融资的企业数量/家	536	536
其中：孵化器	163	147
众创空间	373	389

续表

获得投融资情况	2018 年	2019 年
当年获得投资额/亿元	8.8	19.6
其中：孵化器	3.6	7.8
众创空间	5.2	11.8

2. 知识产权情况

截至 2019 年年底，辽宁省创业孵化机构内在孵企业拥有有效知识产权数达 11 524 件，较 2018 年增加 81.1%。其中，众创空间内在孵企业拥有有效知识产权数达 4118 件，较 2018 年增加了 1970 件。拥有有效发明专利数为 2533 件，比 2018 年增长 53.9%（表 4－34）。

表 4－34　辽宁省创业孵化机构知识产权情况　　单位：件

知识产权情况	2018 年	2019 年
拥有有效知识产权数	6364	11 524
其中：孵化器	4216	7406
众创空间	2148	4118
拥有有效发明专利数	1646	2533
其中：孵化器	1066	1686
众创空间	580	847

3. 吸纳就业情况

2019 年，辽宁省创业孵化机构内在孵企业共吸纳就业 153 786 人，较 2018 年增加了 49.1%。其中，在孵化器和众创空间中应届毕业大学生创业就业共 13 097 人，较 2018 年增加 3.5%（表 4－35）。

表 4－35　辽宁省创业孵化机构吸纳就业情况　　单位：人

年份	在孵企业吸纳就业情况			其中：应届毕业大学生创业就业		
	总数	孵化器	众创空间	总数	孵化器	众创空间
2018	103 151	58 932	44 219	12 654	4044	8610
2019	153 786	55 632	98 154	13 097	3406	9691

4. 研发投入强度情况

2019 年，辽宁省孵化器在孵企业研发经费支出 5.9 亿元，占主营业务收入比重为 8.0%，较 2018 年增加了 1.7 个百分点（图 4－21）。

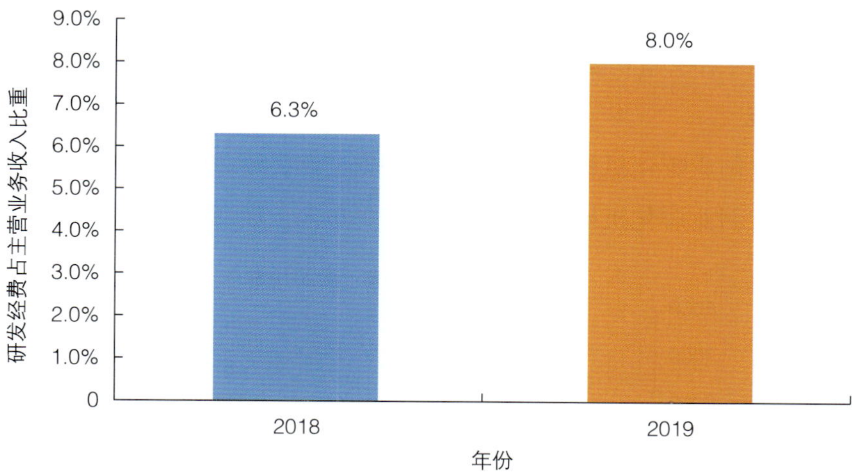

图 4－21 辽宁省孵化器研发投入强度情况

（三）自身建设情况

1. 收入和运营成本情况

2019 年，辽宁省创业孵化机构总收入 9.0 亿元，较 2018 年增加了 18.4%。其中，综合服务收入最多，占比为 49.7%；其次是房租及物业收入，占比为 28.8%。

2019 年，辽宁省创业孵化机构总成本 7.0 亿元，与 2018 年基本持平。其中，管理费用占比最高，为 25.8%；其次是场地费用，占比为 25.5%（表 4－36 和图 4－22）。

表 4－36 辽宁省创业孵化机构收入和运营成本情况 单位：亿元

年份	收入			运营成本		
	总收入	孵化器	众创空间	总成本	孵化器	众创空间
2018	7.6	4.9	2.7	7.0	4.0	3.0
2019	9.0	4.7	4.3	7.0	3.7	3.3

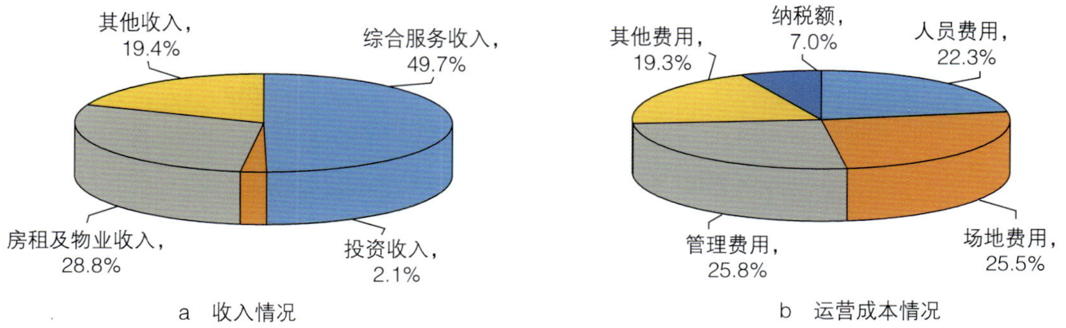

图 4－22 辽宁省创业孵化机构收入和运营成本情况

2019 年，辽宁省创业孵化机构纳税额达 0.5 亿元，较 2018 年减少 16.7%。其中，孵化器纳税额 0.3 亿元，众创空间纳税额 0.2 亿元。

2. 服务人员情况

2019 年，辽宁省创业孵化机构共有管理人员 3761 人，较 2018 年减少了 8.5%。

2019 年，辽宁省创业孵化机构共有创业导师 7096 人，较 2018 年增加了近 1000 人（图 4－23）。

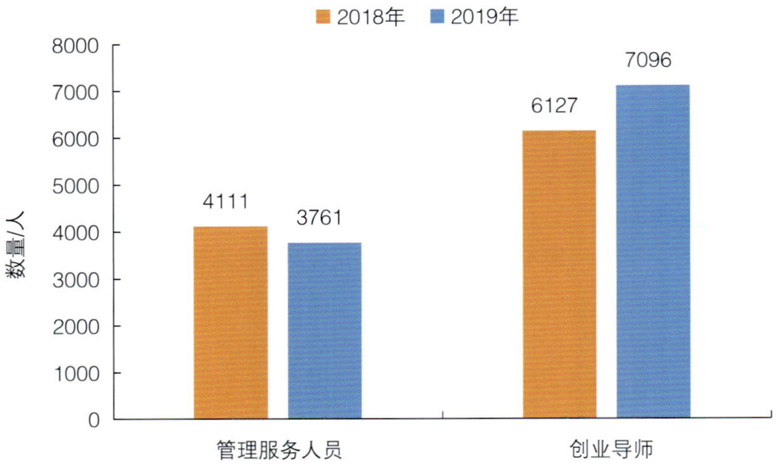

图 4－23　辽宁省创业孵化机构服务人员情况

3. 创业辅导情况

2019 年，辽宁省创业孵化机构共举办创新创业活动 6440 场，较 2018 年增加 9.4%（图 4－24）。

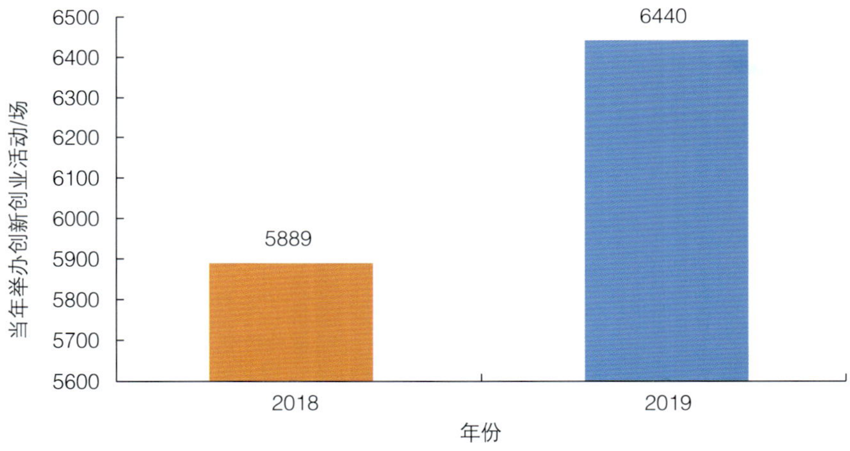

图 4－24　辽宁省创业孵化机构创业辅导情况

七、吉林省创业孵化情况

（一）总体情况

2019 年，吉林省共有创业孵化机构 203 家，较 2018 年减少 33 家。其中，孵化器 93 家，较 2018 年减少了 19 家，国家级孵化器 22 家，占比 23.7%；众创空间 110 家，较 2018 年减少 14 家，在国家备案的众创空间 18 家，占比 16.4%。

2019 年，吉林省创业孵化机构面积达 3.0 百万平方米，较 2018 年减少 14.3%。其中，孵化器面积 2.5 百万平方米，较 2018 年减少了 13.8%；众创空间面积 0.5 百万平方米，较 2018 年减少 16.7%（表 4－37）。

表 4－37　吉林省创业孵化机构数量及面积情况

分类	2018 年	2019 年
创业孵化机构数量/家	236	203
孵化器数量	112	93
其中：国家级孵化器	21	22
众创空间数量	124	110
其中：在国家备案的众创空间	18	18
创业孵化机构面积/百万平方米	3.5	3.0
孵化器面积	2.9	2.5
众创空间面积	0.6	0.5

2019 年，吉林省创业孵化机构内在孵企业数量为 7692 家，较 2018 年减少 12.2%。其中，孵化器当年在孵企业数量为 3230 家，较 2018 年减少了 10.7%；众创空间当年在孵企业数量为 4462 家，较 2018 年减少 13.3%。

2019 年，吉林省创业孵化机构内当年上市（挂牌）企业总数为 1 家，较 2018 年减少了 5 家。其中，孵化器内当年上市（挂牌）的企业有 1 家，众创空间内当年上市（挂牌）的企业有 0 家（表 4－38）。

表 4－38　吉林省创业孵化机构在孵企业情况　　单位：家

年份	在孵企业数量			当年上市（挂牌）企业数量		
	总数	孵化器	众创空间	总数	孵化器	众创空间
2018	8760	3616	5144	6	2	4
2019	7692	3230	4462	1	1	0

（二）绩效情况

1. 投融资情况

2019 年，吉林省创业孵化机构内当年获得投融资的企业数量为 319 家，较 2018 年减少 54 家；当年获得投资额达 2.7 亿元，较 2018 年减少 52.6%（表 4－39）。

表 4－39 吉林省创业孵化机构内获得投融资情况

获得投融资情况	2018 年	2019 年
当年获得投融资的企业数量/家	373	319
其中：孵化器	204	195
众创空间	169	124
当年获得投资额/亿元	5.7	2.7
其中：孵化器	2.9	1.7
众创空间	2.8	1.0

2. 知识产权情况

截至 2019 年年底，吉林省创业孵化机构内在孵企业拥有有效知识产权数达 7830 件，较 2018 年增长 9.4%。其中，孵化器内在孵企业拥有有效知识产权数达 5941 件，较 2018 年增长 12.5%。拥有有效发明专利数为 1079 件，比 2018 年减少 7.1%（表 4－40）。

表 4－40 吉林省创业孵化机构知识产权情况 单位：件

知识产权情况	2018 年	2019 年
拥有有效知识产权数	7159	7830
其中：孵化器	5282	5941
众创空间	1877	1889
拥有有效发明专利数	1161	1079
其中：孵化器	846	785
众创空间	315	294

3. 吸纳就业情况

2019 年，吉林省创业孵化机构内在孵企业共吸纳就业 71 532 人，较 2018 年减少 8.2%。其中，在孵化器和众创空间中应届毕业大学生创业就业共 5787 人，较 2018 年减少 32.6%（表 4－41）。

表 4－41　吉林省创业孵化机构吸纳就业情况　　单位：人

年份	在孵企业吸纳就业情况			其中：应届毕业大学生创业就业		
	总数	孵化器	众创空间	总数	孵化器	众创空间
2018	77 884	61 904	15 980	8584	5662	2922
2019	71 532	58 504	13 028	5787	3885	1902

4. 研发投入强度情况

2019 年，吉林省孵化器在孵企业研发经费支出 5.2 亿元，占主营业务收入比重为 4.0%，较 2018 年增加了 0.1 个百分点（图 4－25）。

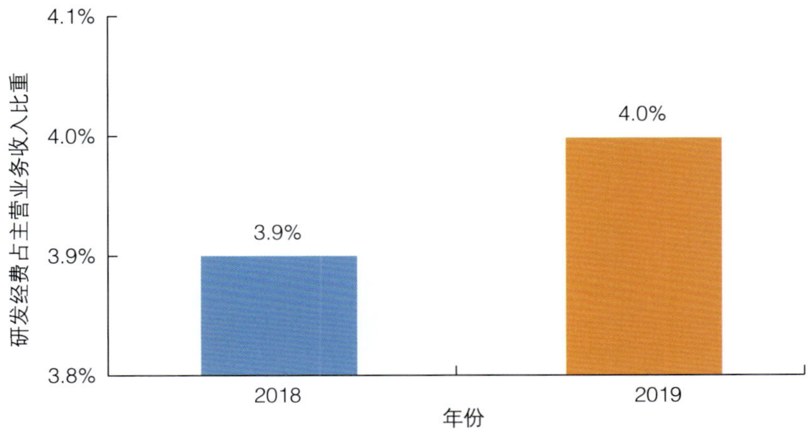

图 4－25　吉林省孵化器研发投入强度情况

（三）自身建设情况

1. 收入和运营成本情况

2019 年，吉林省创业孵化机构总收入 7.3 亿元，较 2018 年减少了 20.7%。其中，其他收入最多，占比均为 33.2%；其次是房租及物业收入，占比为 33.0%。

2019 年，吉林省创业孵化机构总成本 6.9 亿元，较 2018 年减少了 13.8%。其中，人员费用占比最高，达 28.2%；其次是其他费用，占比为 25.8%（表 4－42 和图 4－26）。

表 4－42　吉林省创业孵化机构收入和运营成本情况　　单位：亿元

年份	收入			运营成本		
	总收入	孵化器	众创空间	总成本	孵化器	众创空间
2018	9.2	6.8	2.4	8.0	6.0	2.0
2019	7.3	5.1	2.2	6.9	4.8	2.1

2019 年，吉林省创业孵化机构纳税额达 0.4 亿元，与 2018 年基本持平。其中，孵化器纳税额 0.3 亿元，众创空间纳税额 0.1 亿元。

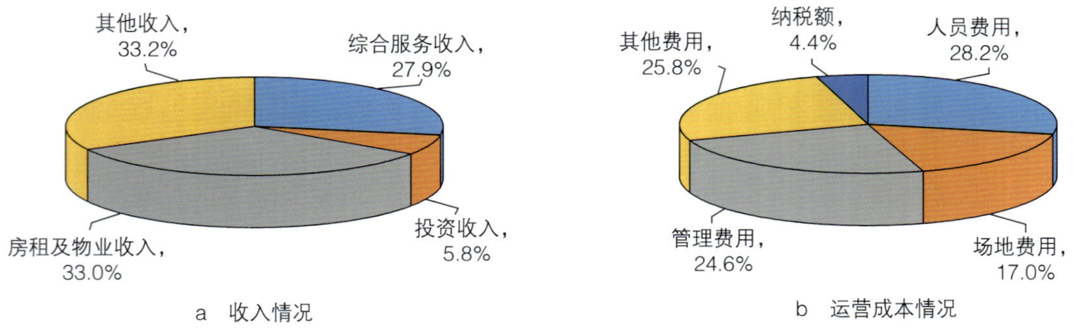

图 4－26 吉林省创业孵化机构收入和运营成本情况

2. 服务人员

2019 年，吉林省创业孵化机构共有管理人员 3232 人，较 2018 年有所减少。

2019 年，吉林省创业孵化机构共有创业导师 3435 人，较 2018 年减少 300 余人（图 4－27）。

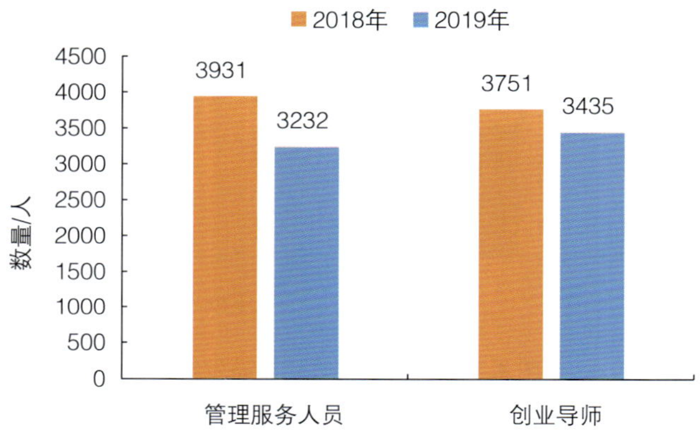

图 4－27 吉林省创业孵化机构服务人员情况

3. 创业辅导情况

2019 年，吉林省创业孵化机构共举办创新创业活动 3580 场，较 2018 年增加 0.9%（图 4－28）。

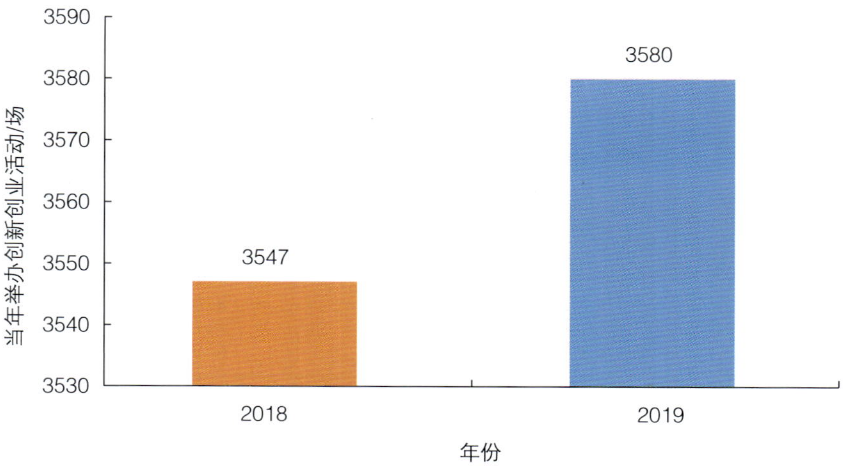

图 4－28 吉林省创业孵化机构创业辅导情况

八、黑龙江省创业孵化发展情况

（一）总体情况

2019 年，黑龙江省共有创业孵化机构 236 家，相较于 2018 年增加 30 家。其中，孵化器 182 家，较 2018 年增加了 4 家，国家级孵化器 19 家，占比 10.4%；众创空间 54 家，相较 2018 年增加 26 家，在国家备案的众创空间 25 家，占比 46.3%。

2019 年，黑龙江省创业孵化机构面积达 2.8 百万平方米，较 2018 年增加了 3.7%。其中，孵化器面积 2.7 百万平方米，较 2018 年增加了 0.1 百万平方米；众创空间面积 0.1 百万平方米，与 2018 年基本持平（表 4－43）。

表 4－43　黑龙江省创业孵化机构数量及面积情况

分类	2018 年	2019 年
创业孵化机构数量/家	206	236
孵化器数量	178	182
其中：国家级孵化器	16	19
众创空间数量	28	54
其中：在国家备案的众创空间	28	25
创业孵化机构面积/百万平方米	2.7	2.8
孵化器面积	2.6	2.7
众创空间面积	0.1	0.1

2019 年，黑龙江省创业孵化机构内在孵企业数量达 9030 家，较 2018 年增长 22.8%。其中，孵化器当年在孵企业数量为 6313 家，较 2018 年增加 900 余家；众创空间当年在孵企业数量为 2717 家，较 2018 年增加 768 家。

2019 年，黑龙江省创业孵化机构内当年上市（挂牌）企业总数为 4 家，较 2018 年减少 4 家。其中，孵化器内当年上市（挂牌）的企业有 4 家，众创空间内当年上市（挂牌）的企业有 0 家（表 4－44）。

表 4－44　黑龙江省创业孵化机构在孵企业情况　　单位：家

年份	在孵企业数量			当年上市（挂牌）企业数量		
	总数	孵化器	众创空间	总数	孵化器	众创空间
2018	7354	5405	1949	8	8	0
2019	9030	6313	2717	4	4	0

（二）绩效情况

1. 投融资情况

2019 年，黑龙江省创业孵化机构内当年获得投融资的企业数量为 95 家，较 2018 年减少了 5.0%；当年获得投资额为 2.1 亿元（表 4－45）。

表 4－45　黑龙江省创业孵化机构内获得投融资情况

获得投融资情况	2018 年	2019 年
当年获得投融资的企业数量/家	100	95
其中：孵化器	55	53
众创空间	45	42
当年获得投资额/亿元	5.2	2.1
其中：孵化器	3.8	1.7
众创空间	1.4	0.4

2. 知识产权情况

截至 2019 年年底，黑龙江省创业孵化机构内在孵企业拥有有效知识产权数达 5990 件，较 2018 年增加 4.6%。其中，众创空间内在孵企业拥有有效知识产权数达 1625 件，较 2018 年增加 23.0%。拥有有效发明专利数为 1196 件，较 2018 年减少 8.9%（表 4－46）。

表 4－46　黑龙江省创业孵化机构知识产权情况　　单位：件

知识产权情况	2018 年	2019 年
拥有有效知识产权数	5728	5990
其中：孵化器	4407	4365
众创空间	1321	1625
拥有有效发明专利数	1313	1196
其中：孵化器	1078	908
众创空间	235	288

3. 吸纳就业情况

2019 年，黑龙江省创业孵化机构内在孵企业共吸纳就业 65 886 人，较 2018 年增加了 20.4%。其中，在孵化器和众创空间中应届大学生创业就业共 5825 人，较 2018 年减少 300 余人（表 4－47）。

表 4－47　黑龙江省创业孵化机构吸纳就业情况　　单位：人

年份	在孵企业吸纳就业情况			其中：应届毕业大学生创业就业		
	总数	孵化器	众创空间	总数	孵化器	众创空间
2018	54 724	49 587	5137	6150	5041	1109
2019	65 886	57 543	8343	5825	4109	1716

4. 研发投入强度情况

2019 年，黑龙江省孵化器在孵企业研发经费支出 6.6 亿元，占主营业务收入比重为 8.2%，较 2018 年减少了 0.6 个百分点（图 4－29）。

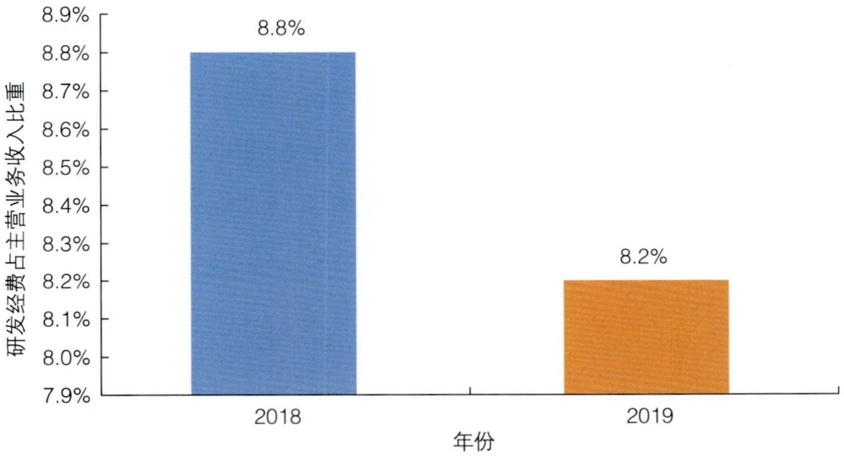

图 4－29　黑龙江省孵化器研发投入强度情况

（三）自身建设情况

1. 收入和运营成本情况

2019 年，黑龙江省创业孵化机构总收入 4.8 亿元，较 2018 年增加 0.9 亿元。其中，房租及物业收入最多，占比为 37.3%；其次是综合服务收入，占比为 31.8%。

2019 年，黑龙江省创业孵化机构总成本 5.3 亿元，较 2018 年增加 20.5%。其中，管理费用占比最高，达 30.4%；其次是人员费用，占比为 23.5%（表 4－48 和图 4－30）。

表 4－48　黑龙江省创业孵化机构收入和运营成本情况　　单位：亿元

年份	收入			运营成本		
	总收入	孵化器	众创空间	总成本	孵化器	众创空间
2018	3.9	3.5	0.4	4.4	4.0	0.4
2019	4.8	4.3	0.5	5.3	4.7	0.6

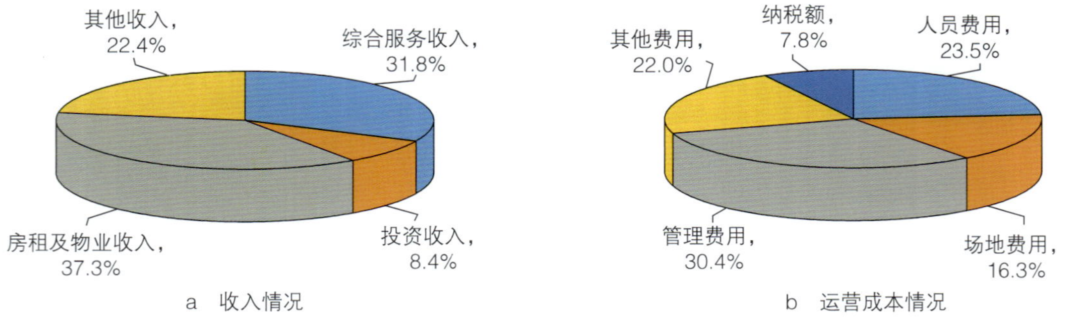

图 4－30 黑龙江省创业孵化机构收入和运营成本情况

2019 年，黑龙江省创业孵化机构纳税额达 0.4 亿元，与 2018 年持平。其中，孵化器纳税额 0.4 亿元。

2. 服务人员情况

2019 年，黑龙江省创业孵化机构共有管理服务人员 2759 人，较 2018 年增加 100 余人。

2019 年，黑龙江省创业孵化机构共有创业导师 2831 人，比 2018 年增长了 17.8%（图 4－31）。

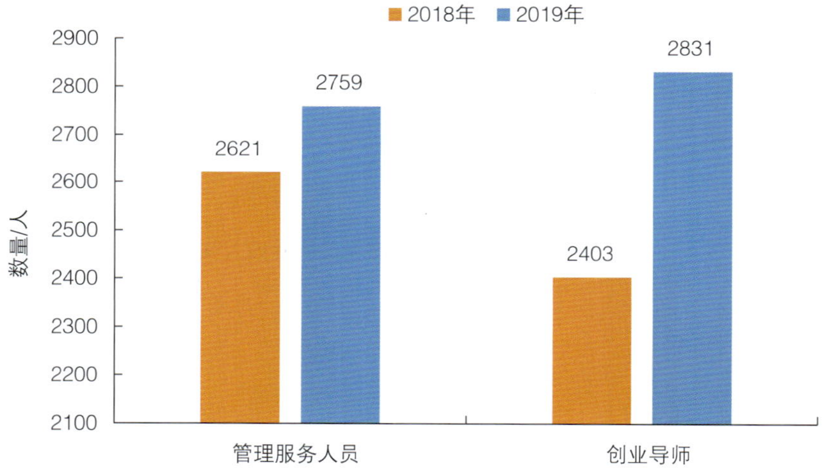

图 4－31 黑龙江省创业孵化机构服务人员情况

3. 创业辅导情况

2019 年，黑龙江省创业孵化机构共举办创新创业活动 3418 场，较 2018 年增加了 12.7%（图 4－32）。

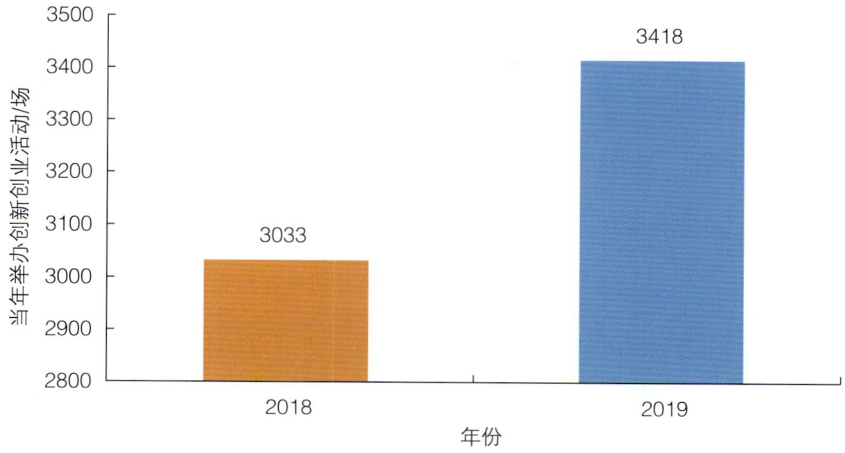

图 4－32　黑龙江省创业孵化机构创业辅导情况

九、上海市创业孵化发展情况

（一）总体情况

2019 年，上海市共有创业孵化机构 339 家，较 2018 年增加 7 家。其中，孵化器 175 家，较 2018 年减少了 5 家，国家级孵化器 55 家，占比 31.4%；众创空间 164 家，较 2018 年增加 12 家，在国家备案的众创空间 60 家，占比 36.6%。

2019 年，上海市创业孵化机构面积达 2.8 百万平方米，较 2018 减少了 3.4%。其中，孵化器面积 2.3 百万平方米，较 2018 年减少 0.1 百万平方米；众创空间面积 0.5 百万平方米，与 2018 年基本持平（表 4－49）。

表 4－49　上海市创业孵化机构数量及面积情况

分类	2018 年	2019 年
创业孵化机构数量/家	332	339
孵化器数量	180	175
其中：国家级孵化器	47	55
众创空间数量	152	164
其中：在国家备案的众创空间	69	60
创业孵化机构面积/百万平方米	2.9	2.8
孵化器面积	2.4	2.3
众创空间面积	0.5	0.5

2019 年，上海市创业孵化机构内在孵企业数量达 20 666 家，较 2018 年增加 2.9%。其中，孵化

器当年在孵企业数量为 8384 家，较 2018 年减少了 4.0%；众创空间当年在孵企业数量为 12 282 家，较 2018 年增加 8.2%。

2019 年，上海市创业孵化机构内当年上市（挂牌）企业总数为 27 家，较 2018 年增加了 4 家。其中，孵化器内当年上市（挂牌）的企业有 20 家，众创空间内当年上市（挂牌）的企业有 7 家（表 4－50）。

表 4－50　上海市创业孵化机构在孵企业情况

单位：家

年份	在孵企业数量			当年上市（挂牌）企业数量		
	总数	孵化器	众创空间	总数	孵化器	众创空间
2018	20 086	8730	11 356	23	16	7
2019	20 666	8384	12 282	27	20	7

（二）绩效情况

1. 投融资情况

2019 年，上海市创业孵化机构内当年获得投融资的企业数量为 1295 家，较 2018 年减少了 11.6%；当年获得投资额达 194.8 亿元，较 2018 年增加 8.6%（表 4－51）。

表 4－51　上海市创业孵化机构内获得投融资情况

获得投融资情况	2018 年	2019 年
当年获得投融资的企业数量/家	1465	1295
其中：孵化器	770	633
众创空间	695	662
当年获得投资额/亿元	179.3	194.8
其中：孵化器	94.1	67.2
众创空间	85.2	127.6

2. 知识产权情况

截至 2019 年年底，上海市创业孵化机构内在孵企业拥有有效知识产权数达 40 083 件，较 2018 年增加了 31.9%。其中，众创空间内在孵企业拥有有效知识产权数达 13 980 件，较 2018 年增加了 65.4%。拥有有效发明专利数为 6539 件，比 2018 年增加了 32.9%（表 4－52）。

表 4－52　上海市创业孵化机构知识产权情况　　单位：件

知识产权情况	2018 年	2019 年
拥有有效知识产权数	30 400	40 083
其中：孵化器	21 946	26 103
众创空间	8454	13 980
拥有有效发明专利数	4920	6539
其中：孵化器	3614	4097
众创空间	1306	2442

3. 吸纳就业情况

2019 年，上海市创业孵化机构内在孵企业共吸纳就业 134 313 人，较 2018 年减少 6.8%。其中，在孵化器和众创空间中应届毕业大学生创业就业共 10 483 人，较 2018 年减少 1985 人（表 4－53）。

表 4－53　上海市创业孵化机构吸纳就业情况　　单位：人

年份	在孵企业吸纳就业情况			其中：应届毕业大学生创业就业		
	总数	孵化器	众创空间	总数	孵化器	众创空间
2018	144 183	94 733	49 450	12 468	6502	5966
2019	134 313	84 943	49 370	10 483	5719	4764

4. 研发投入强度情况

2019 年，上海市孵化器在孵企业研发经费支出 45.5 亿元，占主营业务收入比重为 8.4%，较 2018 年减少了 6.0 个百分点（图 4－33）。

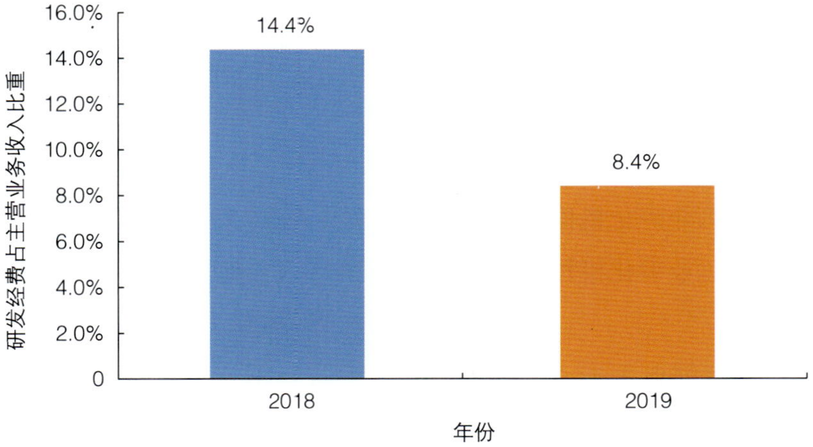

图 4－33　上海市孵化器研发投入强度情况

（三）自身建设情况

1. 收入和运营成本情况

2019 年，上海市创业孵化机构总收入 28.9 亿元，较 2018 年增长了 5.5%。其中，房租及物业收入最多，占比达 53.7%；其次是综合服务收入，占比为 30.5%。

2019 年，上海市创业孵化机构总成本 29.0 亿元，较 2018 年增加了 3.9%。其中，场地费用占比最高，达 37.6%；其次是管理费用，占比为 26.9%（表 4－54 和图 4－34）。

表 4－54　上海市创业孵化机构收入和运营成本情况　　单位：亿元

年份	收入			运营成本		
	总收入	孵化器	众创空间	总成本	孵化器	众创空间
2018	27.4	20.0	7.4	27.9	19.5	8.4
2019	28.9	20.6	8.3	29.0	18.7	10.3

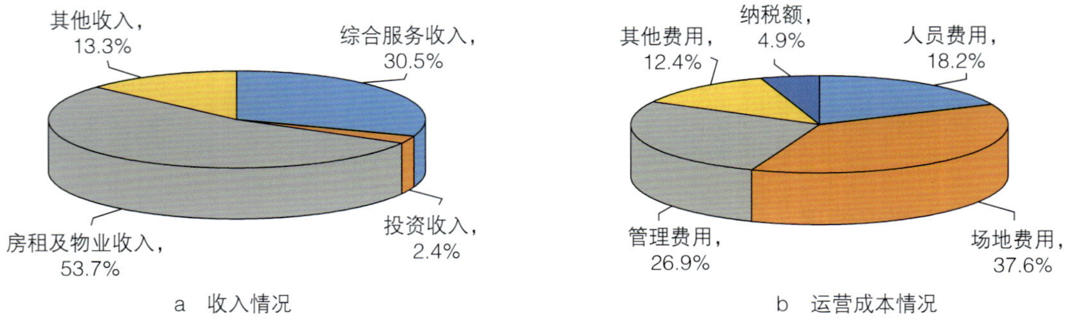

图 4－34　上海市创业孵化机构收入和运营成本情况

2019 年，上海市创业孵化机构纳税额达 1.5 亿元，较 2018 年减少 16.7%。其中，孵化器纳税额 1.3 亿元，众创空间纳税额 0.2 亿元。

2. 服务人员情况

2019 年，上海市创业孵化机构共有管理服务人员 4160 人，较 2018 年减少 0.9%。

2019 年，上海市创业孵化机构共有创业导师 5858 人，比 2018 年增加了 9.6%（图 4－35）。

3. 创业辅导情况

2019 年，上海市创业孵化机构共举办创新创业活动 11 618 场，较 2018 年增加 6.9%（图 4－36）。

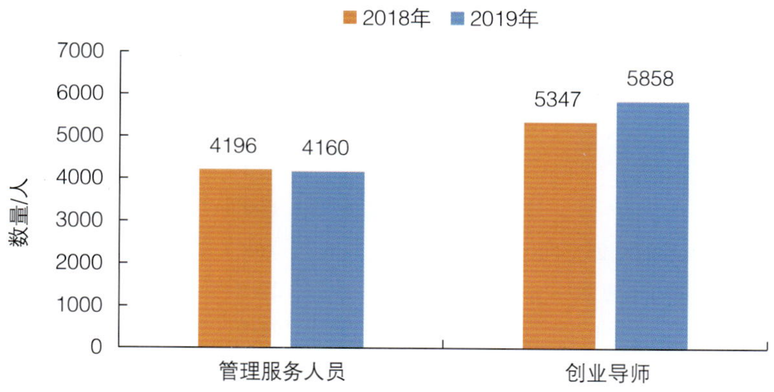

图 4－35　上海市创业孵化机构服务人员情况

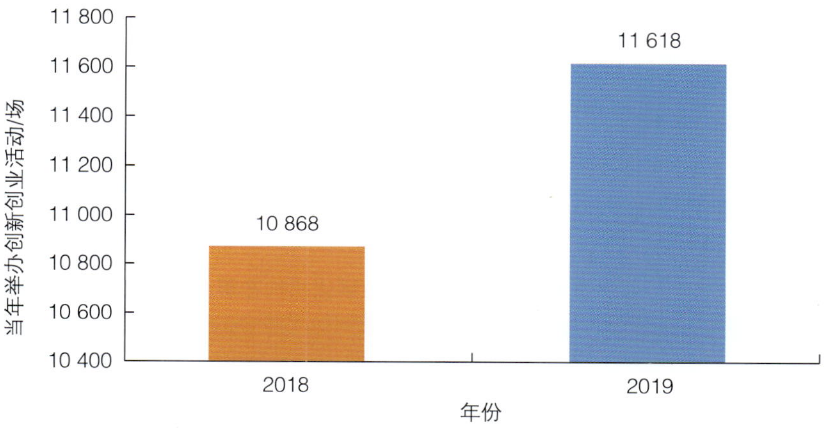

图 4－36　上海市创业孵化机构创业辅导情况

十、江苏省创业孵化发展情况

（一）总体情况

2019 年，江苏省共有创业孵化机构 1668 家，较 2018 年增加了 19.7%。其中，孵化器 832 家，较 2018 年增加了 137 家，国家级孵化器 201 家，占比 24.2%；众创空间 836 家，较 2018 年增加了 19.6%，在国家备案的众创空间 166 家，占比 19.9%。

2019 年，江苏省创业孵化机构面积达 28.0 百万平方米，较 2018 年增加了 1.8%。其中，孵化器面积 25.1 百万平方米，较 2018 年增加了 0.8%；众创空间面积 2.9 百万平方米，较 2018 年增加了 11.5%（表 4－55）。

表 4－55　江苏省创业孵化机构数量及面积情况

分类	2018 年	2019 年
创业孵化机构数量/家	1394	1668
孵化器数量	695	832
其中：国家级孵化器	175	201
众创空间数量	699	836
其中：在国家备案的众创空间	168	166
创业孵化机构面积/百万平方米	27.5	28.0
孵化器面积	24.9	25.1
众创空间面积	2.6	2.9

2019 年，江苏省创业孵化机构内在孵企业数量达 68 743 家，较 2018 年增加了 14.8%。其中，孵化器当年在孵企业数量为 34 800 家，较 2018 年增加了 11.1%；众创空间当年在孵企业数量为 33 943 家，较 2018 年增加了 19.0%。

2019 年，江苏省创业孵化机构内当年上市（挂牌）企业总数为 150 家，较 2018 年增加 64 家。其中，孵化期内当年上市（挂牌）的企业有 110 家，众创空间内当年上市（挂牌）的企业有 40 家（表 4－56）。

表 4－56　江苏省创业孵化机构在孵企业情况

单位：家

年份	在孵企业数量			当年上市（挂牌）企业数量		
	总数	孵化器	众创空间	总数	孵化器	众创空间
2018	59 905	31 382	28 523	86	63	23
2019	68 743	34 800	33 943	150	110	40

（二）绩效情况

1. 投融资情况

2019 年，江苏省创业孵化机构内当年获得投融资的企业数量为 4073 家，较 2018 年增加了 15.5%；当年获得投资额达 133.5 亿元，较 2018 年增加了 5.7%（表 4－57）。

表 4－57　江苏省创业孵化机构内获得投融资情况

获得投融资情况	2018 年	2019 年
当年获得投融资的企业数量/家	3526	4073
其中：孵化器	1948	2266
众创空间	1578	1807
当年获得投资额/亿元	126.3	133.5
其中：孵化器	94.1	109.5
众创空间	32.2	24.0

2. 知识产权情况

截至 2019 年年底，江苏省创业孵化机构内在孵企业拥有有效知识产权数达 141 834 件，较 2018 年增长了 38.6%。其中，众创空间内在孵企业拥有有效知识产权数达 29 905 件，较 2018 年增长了 57.5%。拥有有效发明专利数为 28 584 件，较 2018 年增长了 23.0%（表 4－58）。

表 4－58　江苏省创业孵化机构知识产权情况

单位：件

知识产权情况	2018 年	2019 年
拥有有效知识产权数	102 308	141 834
其中：孵化器	83 319	111 929
众创空间	18 989	29 905
拥有有效发明专利数	23 246	28 584
其中：孵化器	18 456	22 144
众创空间	4790	6440

3. 吸纳就业情况

2019 年，江苏省创业孵化机构内在孵企业共吸纳就业 621 673 人，较 2018 年增长 11.0%。其中，在孵化器和众创空间中应届毕业大学生创业就业共 60 047 人，较 2018 年增加 8.1%（表 4－59）。

表 4－59　江苏省创业孵化机构吸纳就业情况

单位：人

年份	在孵企业吸纳就业情况			其中：应届毕业大学生创业就业		
	总数	孵化器	众创空间	总数	孵化器	众创空间
2018	560 001	472 491	87 510	55 526	40 786	14 740
2019	621 673	514 853	106 820	60 047	43 236	16 811

4. 研发投入强度情况

2019 年，江苏省孵化器在孵企业研发经费支出 150.0 亿元，占主营业务收入比重为 9.2%，较 2018 年减少了 1.2 个百分点（图 4－37）。

（三）自身建设情况

1. 收入和运营成本情况

2019 年，江苏省创业孵化机构总收入 93.3 亿元，较 2018 年增加了 5.4%。其中，房租及物业收入最多，占比为 43.1%；其次是综合服务收入，占比为 36.5%。

2019 年，江苏省创业孵化机构总成本 78.0 亿元，较 2018 年增加了 14.7%。其中，其他费用占比最高，达 25.1%；其次是人员费用，占比为 22.3%（表 4－60 和图 4－38）。

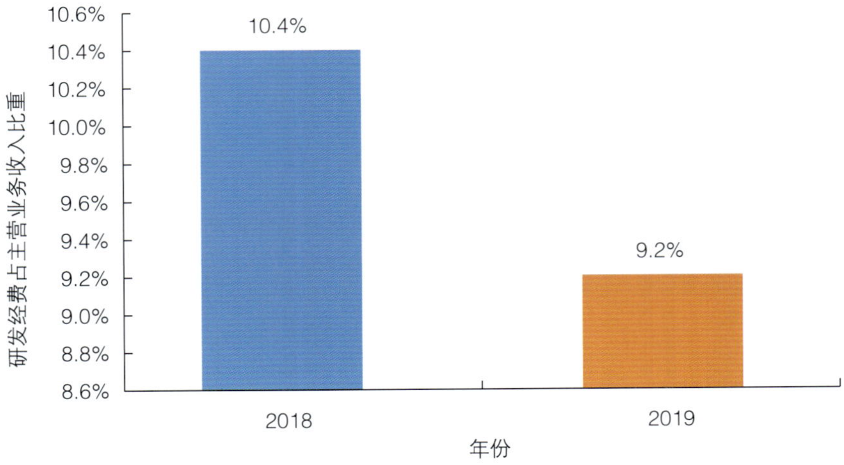

图 4－37　江苏省孵化器研发投入强度情况

表 4－60　江苏省创业孵化机构收入和运营成本情况　　单位：亿元

年份	收入			运营成本		
	总收入	孵化器	众创空间	总成本	孵化器	众创空间
2018	88.5	70.0	18.5	68.0	51.8	16.2
2019	93.3	75.8	17.5	78.0	61.5	16.5

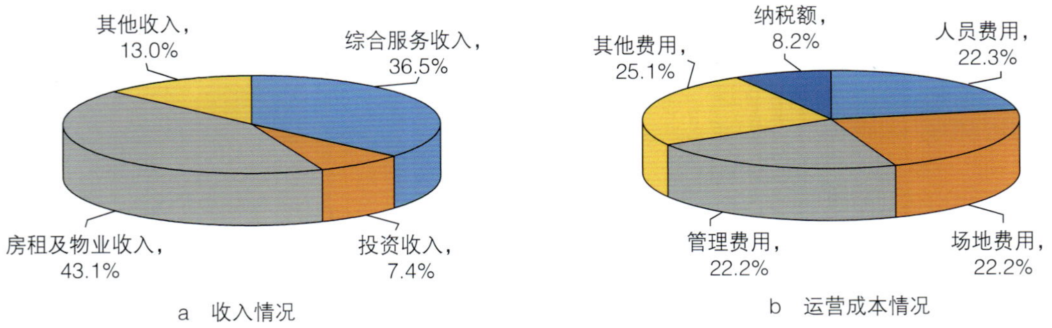

图 4－38　江苏省创业孵化机构收入和运营成本情况

2019 年，江苏省创业孵化机构纳税额达 6.4 亿元，与 2018 年基本持平。其中，孵化器纳税额 5.9 亿元，众创空间纳税额 0.5 亿元。

2. 服务人员情况

2019 年，江苏省创业孵化机构共有管理服务人员 20 146 人，较 2018 年增加 10.6%。

2019 年，江苏省创业孵化机构共有创业导师 20 174 人，较 2018 年增加 15.8%（图 4－39）。

3. 创业辅导情况

2019 年，江苏省创业孵化机构共举办创新创业活动 23 609 场，较 2018 年增加 26.5%（图 4－40）。

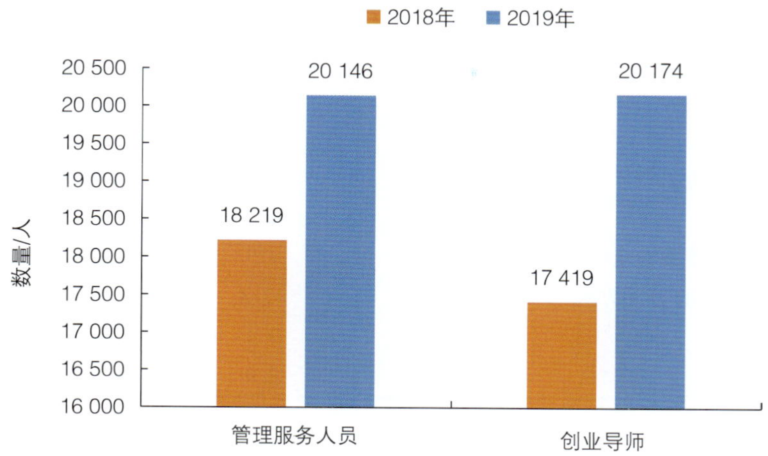

图 4－39　江苏省创业孵化机构服务人员情况

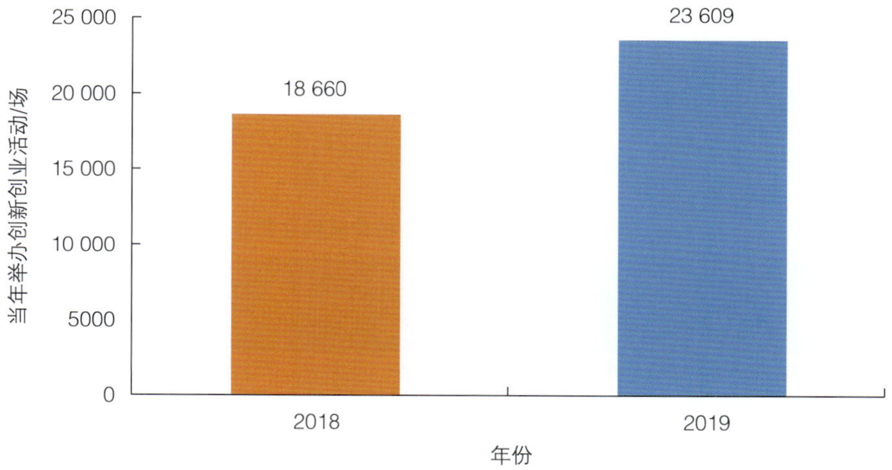

图 4－40　江苏省创业孵化机构创业辅导情况

十一、浙江省创业孵化发展情况

（一）总体情况

2019 年，浙江省共有创业孵化机构 1072 家，较 2018 年增加了 13.7%。其中，孵化器 363 家，较 2018 年增加了 42 家，国家级孵化器 82 家，占比为 22.6%；众创空间 709 家，较 2018 年增加了 14.0%，在国家备案的众创空间 113 家，占比为 15.9%。

2019 年，浙江省创业孵化机构面积达 12.2 百万平方米，较 2018 年减少了 0.8%。其中，孵化器面积 9.0 百万平方米，较 2018 年减少 4.3%；众创空间面积 3.2 百万平方米，较 2018 年增加了 10.3%（表 4－61）。

表 4-61 浙江省创业孵化机构数量及面积情况

分类	2018 年	2019 年
创业孵化机构数量/家	943	1072
孵化器数量	321	363
其中：国家级孵化器	68	82
众创空间数量	622	709
其中：在国家备案的众创空间	119	113
创业孵化机构面积/百万平方米	12.3	12.2
孵化器面积	9.4	9.0
众创空间面积	2.9	3.2

2019 年，浙江省创业孵化机构内在孵企业数量达 47 231 家，较 2018 年增加了 3.7%。其中，孵化器当年在孵企业数量为 16 690 家，较 2018 年增加了 6.2%；众创空间当年在孵企业数量为 30 541 家，较 2018 年增加了 2.4%。

2019 年，浙江省创业孵化机构内当年上市（挂牌）企业总数为 96 家，较 2018 年减少了 22 家。其中，孵化器内当年上市（挂牌）的企业有 61 家，众创空间内当年上市（挂牌）的企业有 35 家（表 4-62）。

表 4-62 浙江省创业孵化机构在孵企业情况

单位：家

年份	在孵企业数量			当年上市（挂牌）企业数量		
	总数	孵化器	众创空间	总数	孵化器	众创空间
2018	45 524	15 709	29 815	118	82	36
2019	47 231	16 690	30 541	96	61	35

（二）绩效情况

1. 投融资情况

2019 年，浙江省创业孵化机构内当年获得投融资的企业数量为 2727 家，较 2018 年减少了 18.8%；当年获得投资额达 80.0 亿元，较 2018 年减少 9.9%（表 4-63）。

表 4-63 浙江省创业孵化机构内获得投融资情况

获得投融资情况	2018 年	2019 年
当年获得/3 投融资的企业数量/家	3359	2727
其中：孵化器	934	919
众创空间	2425	1808
当年获得投资额/亿元	88.8	80.0
其中：孵化器	43.7	49.5
众创空间	45.1	30.5

2. 知识产权情况

截至2019年年底，浙江省创业孵化机构内在孵企业拥有有效知识产权数达53 850件，较2018年减少了0.3%。其中，众创空间内在孵企业拥有有效知识产权数达19 285件，较2018年减少了27.8%。拥有有效发明专利数为11 123件，比2018年增加2280件（表4－64）。

表4－64　浙江省创业孵化机构知识产权情况　　单位：件

知识产权情况	2018年	2019年
拥有有效知识产权数	54 034	53 850
其中：孵化器	27 334	34 565
众创空间	26 700	19 285
拥有有效发明专利数	8843	11 123
其中：孵化器	5470	6666
众创空间	3373	4457

3. 吸纳就业情况

2019年，浙江省创业孵化机构内在孵企业共吸纳就业299 663人，较2018年增加了0.3%。其中，在孵化器和众创空间中应届毕业大学生创业就业共37 465人，较2018年减少4.0%（表4－65）。

表4－65　浙江省创业孵化机构吸纳就业情况　　单位：人

年份	在孵企业吸纳就业情况			其中：应届毕业大学生创业就业		
	总数	孵化器	众创空间	总数	孵化器	众创空间
2018	298 847	189 473	109 374	39 039	19 211	19 828
2019	299 663	187 378	112 285	37 465	17 587	19 878

4. 研发投入强度情况

2019年，浙江省孵化器在孵企业研发经费支出47.2亿元，占主营业务收入比重为11.7%，较2018年增加了0.2个百分点（图4－41）。

（三）自身建设情况

1. 收入和运营成本情况

2019年，浙江省创业孵化机构总收入45.9亿元，较2018年增长了11.1%。其中，房租及物业收入最多，占比达52.1%；其次是综合服务收入，占比为28.1%。

2019年，浙江省创业孵化机构总成本43.4亿元，较2018年增长了13.0%。其中，场地费用占比最高，达31.1%；其次是管理费用，占比为20.6%（表4－66和图4－42）。

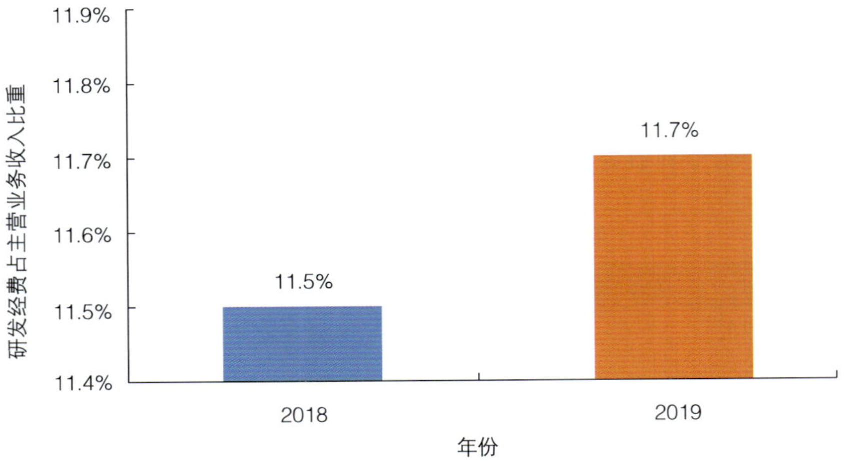

图 4－41　浙江省孵化器研发投入强度情况

表 4－66　浙江省创业孵化机构收入和运营成本情况

单位：亿元

年份	收入			运营成本		
	总收入	孵化器	众创空间	总成本	孵化器	众创空间
2018	41.3	24.9	16.4	38.4	27.3	11.1
2019	45.9	31.1	14.8	43.4	31.0	12.4

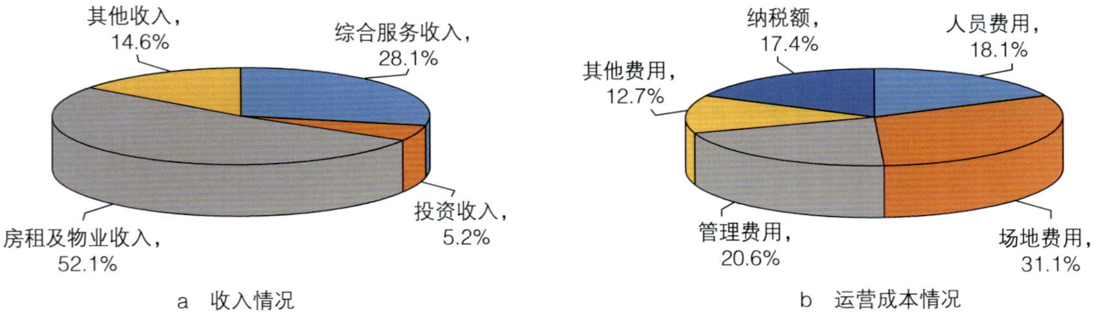

图 4－42　浙江省创业孵化机构收入和运营成本情况

2019 年，浙江省创业孵化机构纳税额达 7.5 亿元，较 2018 年减少了 5.1%。其中，孵化器纳税额 7.0 亿元，众创空间纳税额 0.5 亿元。

2. 服务人员情况

2019 年，浙江省创业孵化机构共有管理服务人员 11 658 人，较 2018 年减少 17.8%。

2019 年，浙江省创业孵化机构共有创业导师 18 076 人，较 2018 年增加 4.5%（图 4－43）。

3. 创业辅导情况

2019 年，浙江省创业孵化机构共举办创新创业活动 17 738 场，较 2018 年增加 14.0%（图 4－44）。

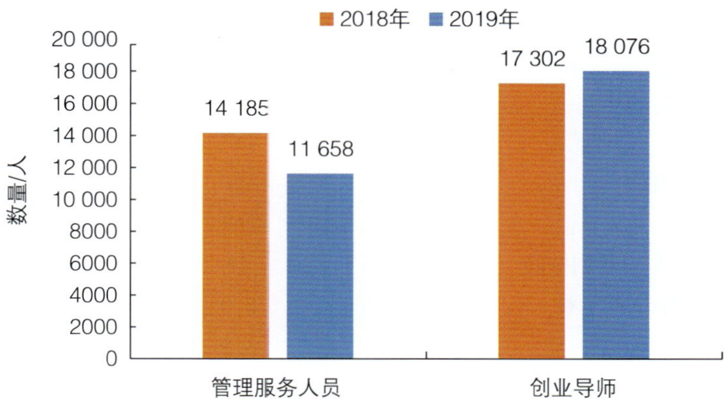

图 4－43　浙江省创业孵化机构服务人员情况

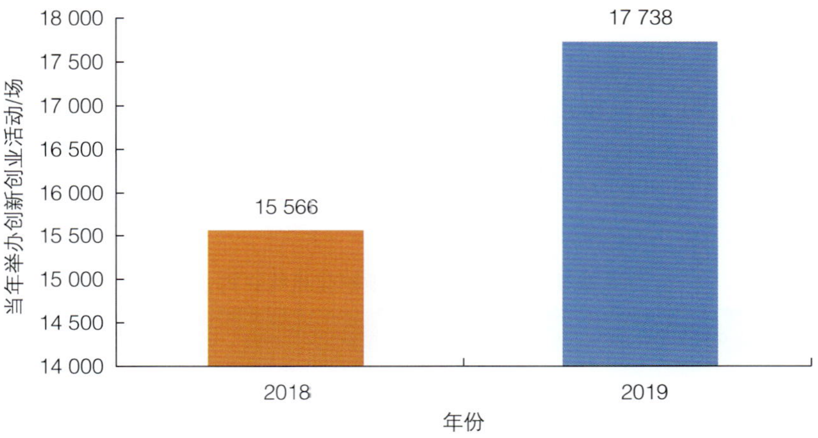

图 4－44　浙江省创业孵化机构创业辅导情况

十二、安徽省创业孵化发展情况

（一）总体情况

2019 年，安徽省共有创业孵化机构 442 家，较 2018 年增加了 4.7%。其中，孵化器 170 家，较 2018 年增加 13 家，国家级孵化器 32 家，占比为 18.8%；众创空间 272 家，较 2018 年增加了 7 家，在国家备案的众创空间 40 家，占比为 14.7%。

2019 年，安徽省创业孵化机构面积达 5.2 百万平方米，较 2018 年增加了 4.0%。其中，孵化器面积 4.0 百万平方米，较 2018 年增加了 5.3%；众创空间面积 1.2 百万平方米，与 2018 年基本持平（表 4－67）。

表 4 –67　安徽省创业孵化机构数量及面积情况

分类	2018 年	2019 年
创业孵化机构数量/家	422	442
孵化器数量	157	170
其中：国家级孵化器	25	32
众创空间数量	265	272
其中：在国家备案的众创空间	41	40
创业孵化机构面积/百万平方米	5.0	5.2
孵化器面积	3.8	4.0
众创空间面积	1.2	1.2

2019 年，安徽省创业孵化机构内在孵企业数量达 16 877 家，较 2018 年增加了 2.8%。其中，孵化器当年在孵企业数量为 6220 家，较 2018 年增加了 5.5%；众创空间当年在孵企业数量为 10 757 家，较 2018 年增加了 1.3%。

2019 年，安徽省创业孵化机构内当年上市（挂牌）企业总数为 97 家，较 2018 年增加了 51 家。其中，孵化器内当年上市（挂牌）的企业有 79 家，众创空间内当年上市（挂牌）的企业有 18 家（表 4 –68）。

表 4 –68　安徽省创业孵化机构在孵企业情况　　单位：家

年份	在孵企业数量			当年上市（挂牌）企业数量		
	总数	孵化器	众创空间	总数	孵化器	众创空间
2018	16 520	5896	10 624	46	28	18
2019	16 977	6220	10 757	97	79	18

（二）绩效情况

1. 投融资情况

2019 年，安徽省创业孵化机构内当年获得投融资的企业数量为 1013 家，较 2018 年减少 2.3%；当年获得投资额达 15.6 亿元，较 2018 年增加 28.9%（表 4 –69）。

表 4 –69　安徽省创业孵化机构内获得投融资情况

获得投融资情况	2018 年	2019 年
当年获得投融资的企业数量/家	1037	1013
其中：孵化器	334	230
众创空间	703	783
当年获得投资额/亿元	12.1	15.6
其中：孵化器	7.5	11.1
众创空间	4.6	4.5

2. 知识产权情况

截至2019年年底，安徽省创业孵化机构内在孵企业拥有有效知识产权数达24 459件，较2018年增加了22.3%。其中，众创空间内在孵企业拥有有效知识产权数达8633件，较2018年增加11.4%。拥有有效发明专利数为4487件，比2018年多625件，增长率为16.2%（表4－70）。

表4－70　安徽省创业孵化机构知识产权情况　　单位：件

知识产权情况	2018年	2019年
拥有有效知识产权数	19 996	24 459
其中：孵化器	12 245	15 826
众创空间	7751	8633
拥有有效发明专利数	3862	4487
其中：孵化器	2413	2937
众创空间	1449	1550

3. 吸纳就业情况

2019年，安徽省创业孵化机构内在孵企业共吸纳就业117 402人，较2018年减少1.8%。其中，在孵化器和众创空间中应届毕业大学生创业就业共12 960人，较2018年减少10.6%（表4－71）。

表4－71　安徽省创业孵化机构吸纳就业情况　　单位：人

年份	在孵企业吸纳就业情况			其中：应届毕业大学生创业就业		
	总数	孵化器	众创空间	总数	孵化器	众创空间
2018	119 526	79 969	39 557	14 496	6792	7704
2019	117 402	78 328	39 074	12 960	5441	7519

4. 研发投入强度情况

2019年，安徽省孵化器在孵企业研发经费支出11.4亿元，占主营业务收入比重为8.7%，较2018年增加了4.1个百分点（图4－45）。

（三）自身建设情况

1. 收入和运营成本情况

2019年，安徽省创业孵化机构总收入8.8亿元，是2018年的一半。其中房租及物业收入最多，占比为38.5%；其次是综合服务收入，占比为37.1%。

2019年，安徽省创业孵化机构总成本8.3亿元，较2018年减少44.7%。其中，人员费用占比最高，占比为29.9%；其次是管理费用，占比达23.8%（表4－72和图4－46）。

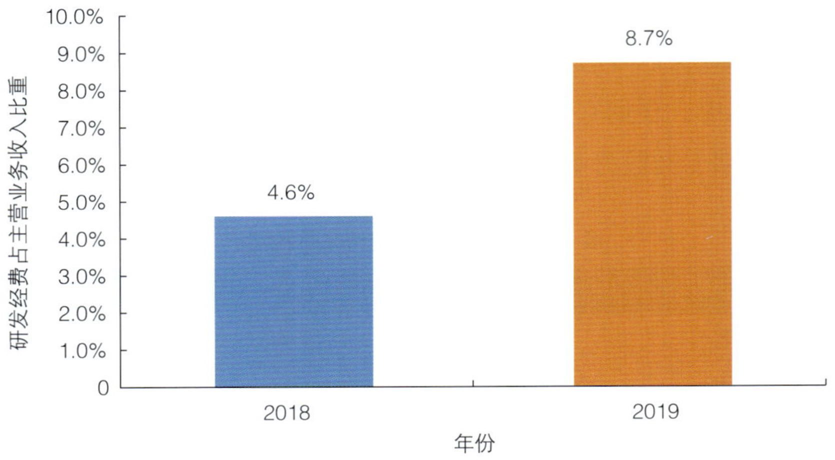

图 4－45　安徽省孵化器研发投入强度情况

表 4－72　安徽省创业孵化机构收入和运营成本情况　　单位：亿元

年份	收入			运营成本		
	总收入	孵化器	众创空间	总成本	孵化器	众创空间
2018	17.6	6.0	11.6	15.0	4.5	10.5
2019	8.8	5.6	3.2	8.3	4.7	3.6

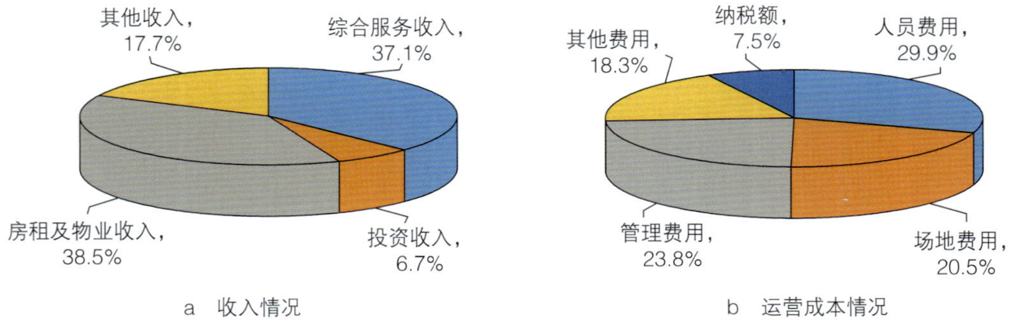

图 4－46　安徽省创业孵化机构收入和运营成本情况

2019 年，安徽省创业孵化机构纳税额达 0.7 亿元，接近 2018 年的一半。其中，孵化器纳税额 0.3 亿元，众创空间纳税额 0.4 亿元。

2. 服务人员情况

2019 年，安徽省创业孵化机构共有管理服务人员 4800 人，较 2018 年减少 4.3%。

2019 年，安徽省创业孵化机构共有创业导师 5479 人，比 2018 年多 305 人，增长率达 5.9%（图 4－47）。

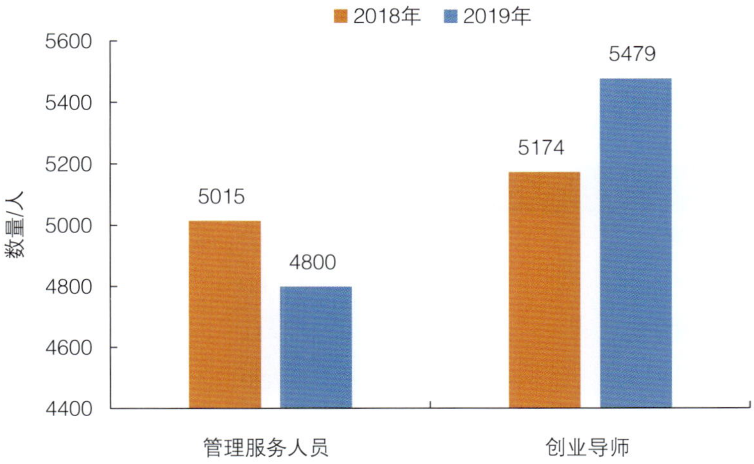

图 4－47　安徽省创业孵化机构服务人员情况

3. 创业辅导情况

2019 年，安徽省创业孵化机构共举办创新创业活动 6970 场，较 2018 年增加了 281 场（图 4－48）。

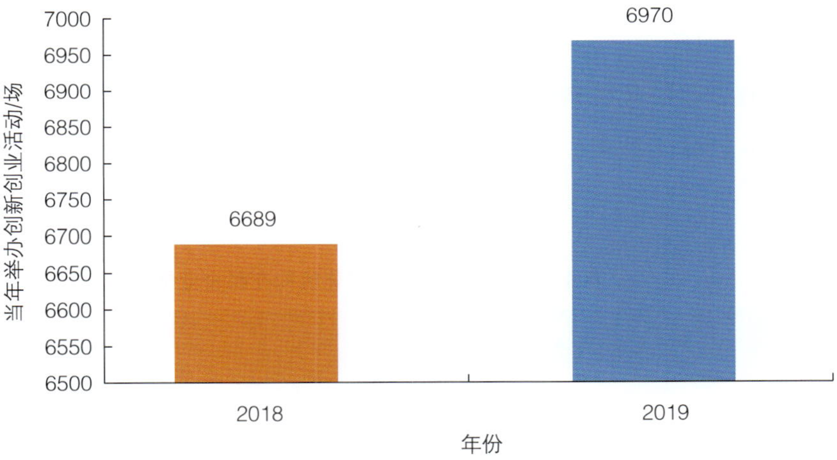

图 4－48　安徽省创业孵化机构创业辅导情况

十三、福建省创业孵化发展情况

（一）总体情况

2019 年，福建省共有创业孵化机构 487 家，较 2018 年增加了 62 家。其中，孵化器 135 家，较 2018 年减少了 9 家，国家级孵化器 15 家，占比为 11.1%；众创空间 352 家，较 2018 年增加了 71 家，在国家备案的众创空间 50 家，占比为 14.2%。

2019 年，福建省创业孵化机构面积达 4.5 百万平方米，较 2018 年增加了 7.1%。其中，孵化器面积3.4百万平方米，与2018年基本持平；众创空间面积1.1百万平方米，较2018年增加了37.5%（表4-73）。

表4-73 福建省创业孵化机构数量及面积情况

分类	2018年	2019年
创业孵化机构数量/家	425	487
孵化器数量	144	135
其中：国家级孵化器	11	15
众创空间数量	281	352
其中：在国家备案的众创空间	52	50
创业孵化机构面积/百万平方米	4.2	4.5
孵化器面积	3.4	3.4
众创空间面积	0.8	1.1

2019年，福建省创业孵化机构内在孵企业数量达16 765家，较2018年增加11.7%。其中，孵化器当年在孵企业数量为3493家，较2018年增加了3.3%；众创空间当年在孵企业数量为13 272家，较2018年增加14.1%。

2019年，福建省创业孵化机构内当年上市（挂牌）企业总数为59家，较2018年增加了47家。其中，孵化器内当年上市（挂牌）的企业有14家，众创空间内当年上市（挂牌）的企业有45家（表4-74）。

表4-74 福建省创业孵化机构在孵企业情况

单位：家

年份	在孵企业数量			当年上市（挂牌）企业数量		
	总数	孵化器	众创空间	总数	孵化器	众创空间
2018	15 008	3380	11 628	12	10	2
2019	16 765	3493	13 272	59	14	45

（二）绩效情况

1. 投融资情况

2019年，福建省创业孵化机构内当年获得投融资的企业数量为870家，较2018年减少7.1%；当年获得投资额达23.1亿元，较2018年减少15.4%（表4-75）。

表4-75　福建省创业孵化机构内获得投融资情况

获得投融资情况	2018年	2019年
当年获得投融资的企业数量/家	936	870
其中：孵化器	268	235
众创空间	668	635
当年获得投资额/亿元	27.3	23.1
其中：孵化器	15.1	8.7
众创空间	12.2	14.4

2. 知识产权情况

截至2019年年底，福建省创业孵化机构内在孵企业拥有有效知识产权数达23 397件，较2018年增长了33.1%。其中，众创空间内在孵企业拥有有效知识产权数达10 720件，较2018年增加4000多件；拥有有效发明专利数为2609件，比2018年增长16.4%（表4-76）。

表4-76　福建省创业孵化机构知识产权情况　　单位：件

知识产权情况	2018年	2019年
拥有有效知识产权数	17 573	23 397
其中：孵化器	10 870	12 677
众创空间	6667	10 720
拥有有效发明专利数	2242	2609
其中：孵化器	1347	1467
众创空间	895	1142

3. 吸纳就业情况

2019年，福建省创业孵化机构内在孵企业共吸纳就业92 502人，较2018年增加了6.6%。其中，在孵企业和众创空间中应届大学生创业就业共12 235人，较2018年增长5.6%（表4-77）。

表4-77　福建省创业孵化机构吸纳就业情况　　单位：人

年份	在孵企业吸纳就业情况			其中：应届毕业大学生创业就业		
	总数	孵化器	众创空间	总数	孵化器	众创空间
2018	86 787	49 486	37 301	11 584	4866	6718
2019	92 502	47 594	44 908	12 235	4898	7337

4. 研发投入强度情况

2019年，福建省孵化器在孵企业研发经费支出16.3亿元，占主营业务收入比重为11.9%，与2018年持平（图4-49）。

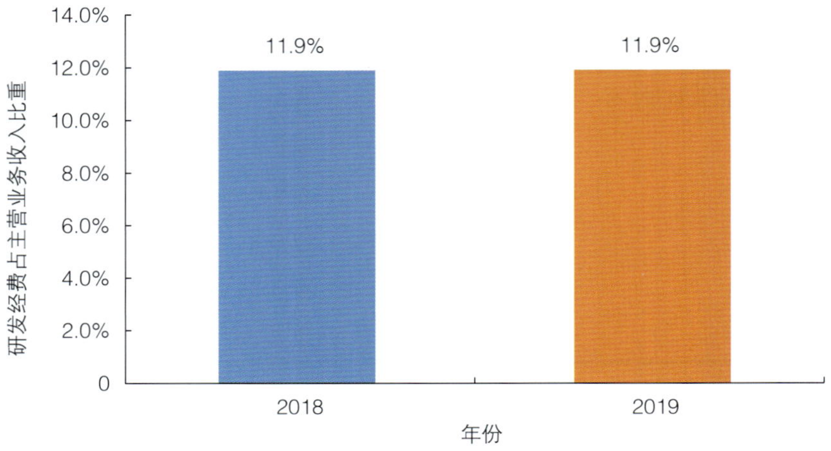

图 4－49　福建省孵化器研发投入强度情况

(三) 自身建设情况

1. 收入和运营成本情况

2019 年，福建省创业孵化机构总收入 15.3 亿元，较 2018 年增长了 14.2%。其中，房租及物业收入最多，占比为 50.7%；其次是综合服务收入，占比为 28.6%。

2019 年，福建省创业孵化机构总成本 14.9 亿元，较 2018 年增长了 8.0%。其中，场地费用占比最高，达 26.6%；其次是人员费用，占比为 25.2%（表 4－78 和图 4－50）。

表 4－78　福建省创业孵化机构收入和运营成本情况　　单位：亿元

年份	收入			运营成本		
	总收入	孵化器	众创空间	总成本	孵化器	众创空间
2018	13.4	7.3	6.1	13.8	7.4	6.4
2019	15.3	8.7	6.6	14.9	7.8	7.1

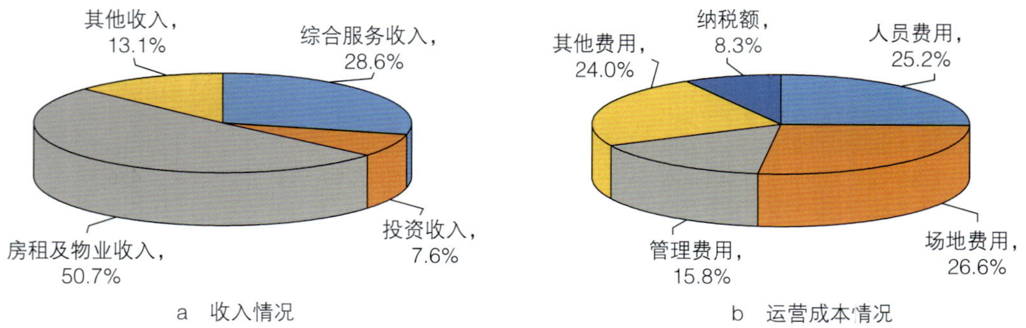

图 4－50　福建省创业孵化机构收入和运营成本情况

2019 年，福建省创业孵化机构纳税额达 1.3 亿元，较 2018 年增长 8.3%。其中，孵化器纳税额

1.1 亿元，众创空间纳税额 0.2 亿元。

2. 服务人员情况

2019 年，福建省创业孵化机构共有管理服务人员 5490 人，较 2018 年减少了 8.7%。

2019 年，福建省创业孵化机构共有创业导师 9325 人，比 2018 年增长了 20.8%（图 4－51）。

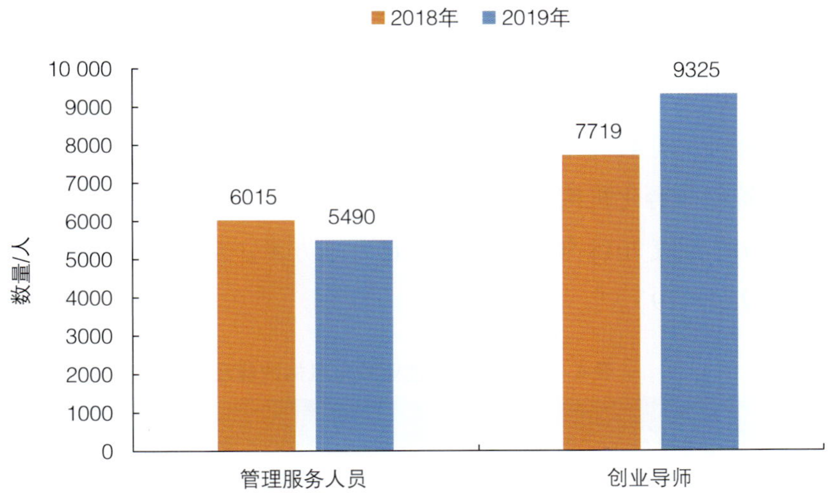

图 4－51　福建省创业孵化机构服务人员情况

3. 创业辅导情况

2019 年，福建省创业孵化机构共举办创新创业活动 7290 场，较 2018 年增加 14.8%（图 4－52）。

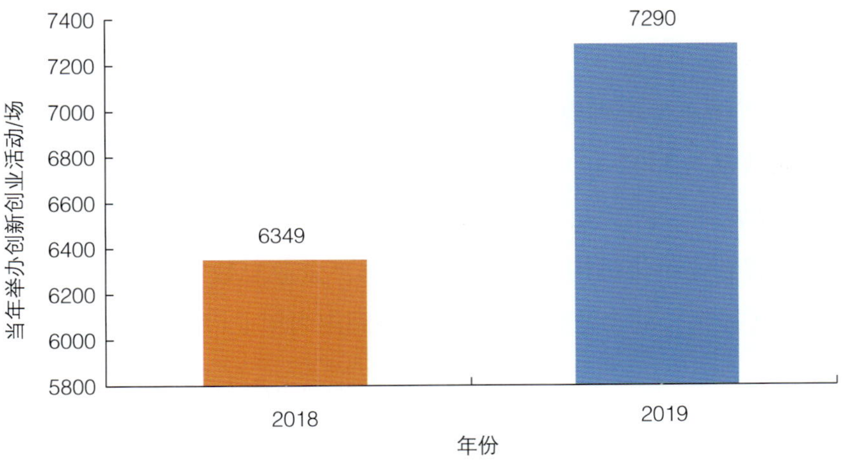

图 4－52　福建省创业孵化机构创业辅导情况

十四、江西省创业孵化发展情况

（一）总体情况

2019 年，江西省共有创业孵化机构 236 家，较 2018 年增加了 71 家。其中，孵化器 62 家，较 2018 年增加了 9 家，国家级孵化器 21 家，占比为 33.9%；众创空间 174 家，较 2018 年增加了 62 家，在国家备案的众创空间 42 家，占比为 24.1%。

2019 年，江西省创业孵化机构面积达 3.6 百万平方米，较 2018 年增加了 24.1%。其中，孵化器面积 2.0 百万平方米，较 2018 年增加了 0.4 百万平方米；众创空间面积 1.6 百万平方米，较 2018 年增加了 23.1%（表 4－79）。

表 4－79　江西省创业孵化机构数量及面积情况

分类	2018 年	2019 年
创业孵化机构数量/家	165	236
孵化器数量	53	62
其中：国家级孵化器	18	21
众创空间数量	112	174
其中：在国家备案的众创空间	42	42
创业孵化机构面积/百万平方米	2.9	3.6
孵化器面积	1.6	2.0
众创空间面积	1.3	1.6

2019 年，江西省创业孵化机构内在孵企业数量达 21 877 家，较 2018 年增加 41.8%。其中，孵化器当年在孵企业数量为 3507 家，较 2018 年增加 520 家；众创空间当年在孵企业数量为 18 370 家，较 2018 年增加 47.6%。

2019 年，江西省创业孵化机构当年上市（挂牌）企业总数为 14 家，较 2018 年增加 7 家。其中，孵化器内当年上市（挂牌）的企业有 6 家，众创空间内当年上市（挂牌）的企业有 8 家（表 4－80）。

表 4－80　江西省创业孵化机构在孵企业情况

单位：家

年份	在孵企业数量			当年上市（挂牌）企业数量		
	总数	孵化器	众创空间	总数	孵化器	众创空间
2018	15 430	2987	12 443	7	3	4
2019	21 877	3507	18 370	14	6	8

（二）绩效情况

1. 投融资情况

2019 年，江西省创业孵化机构内当年获得投融资的企业数量为 1229 家，较 2018 年增长了 84.5%；当年获得投资额达 14.6 亿元，较 2018 年增加 92.1%（表 4－81）。

表 4－81　江西省创业孵化机构内获得投融资情况

获得投融资情况	2018 年	2019 年
当年获得投融资的企业数量/家	666	1229
其中：孵化器	252	276
众创空间	414	953
当年获得投资额/亿元	7.6	14.6
其中：孵化器	2.5	3.0
众创空间	5.1	11.6

2. 知识产权情况

截至 2019 年年底，江西省创业孵化机构内在孵企业拥有有效知识产权数达 15 991 件，较 2018 年增加 109.4%。其中，众创空间内在孵企业拥有有效知识产权数达 8193 件，较 2018 年增加 126.8%。拥有有效发明专利数为 2830 件，比 2018 年增加 1730 件（表 4－82）。

表 4－82　江西省创业孵化机构知识产权情况　单位：件

知识产权情况	2018 年	2019 年
拥有有效知识产权数	7637	15 991
其中：孵化器	4025	7798
众创空间	3612	8193
拥有有效发明专利数	1100	2830
其中：孵化器	536	2116
众创空间	564	714

3. 吸纳就业情况

2019 年，江西省孵化器内在孵企业共吸纳就业 136 873 人，较 2018 年增长 55.0%。其中，在孵化器和众创空间中应届毕业大学生创业就业共 29 829 人，较 2018 年增长 44.2%（表 4－83）。

表 4-83　江西省创业孵化机吸纳就业情况　　单位：人

年份	在孵企业吸纳就业情况			其中：应届毕业大学生创业就业		
	总数	孵化器	众创空间	总数	孵化器	众创空间
2018	88 290	50 022	38 268	20 680	7593	13 087
2019	136 873	60 800	76 073	29 829	8696	21 133

4. 研发投入强度情况

2019 年，江西省孵化器在孵企业研发经费支出 4.7 亿元，占主营业务收入比重为 3.9%，较 2018 年增加了 0.3 个百分点（图 4-53）。

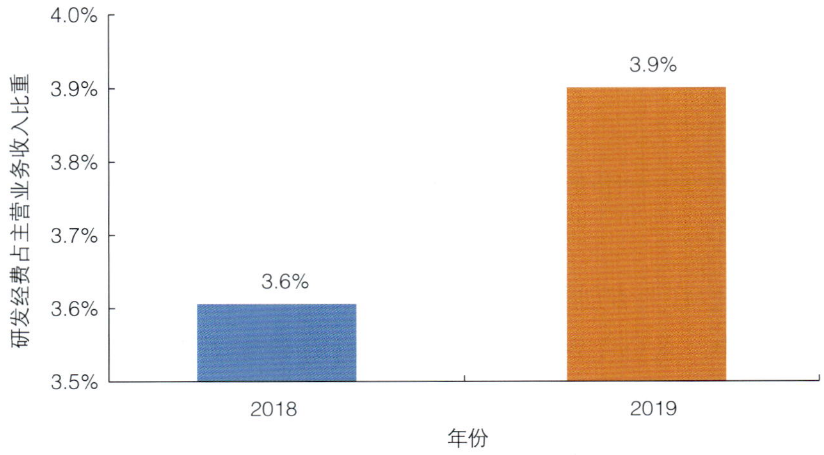

图 4-53　江西省孵化器研发投入强度情况

（三）自身建设情况

1. 收入和运营成本情况

2019 年，江西省创业孵化机构总收入 14.8 亿元。其中，综合服务收入最多，占比为 41.9%；其次是其他收入，占比为 30.3%。

2019 年，江西省创业孵化机构总成本 10.3 亿元，较 2018 年增加了 22.6%。其中，其他费用占比最高，达 29.5%；其次是管理费用，占比为 20.4%（表 4-84 和图 4-54）。

表 4-84　江西省创业孵化机构收入和运营成本情况　　单位：亿元

年份	收入			运营成本		
	总收入	孵化器	众创空间	总成本	孵化器	众创空间
2018	17.8	13.0	4.8	8.4	3.7	4.7
2019	14.8	6.5	8.3	10.3	3.4	6.9

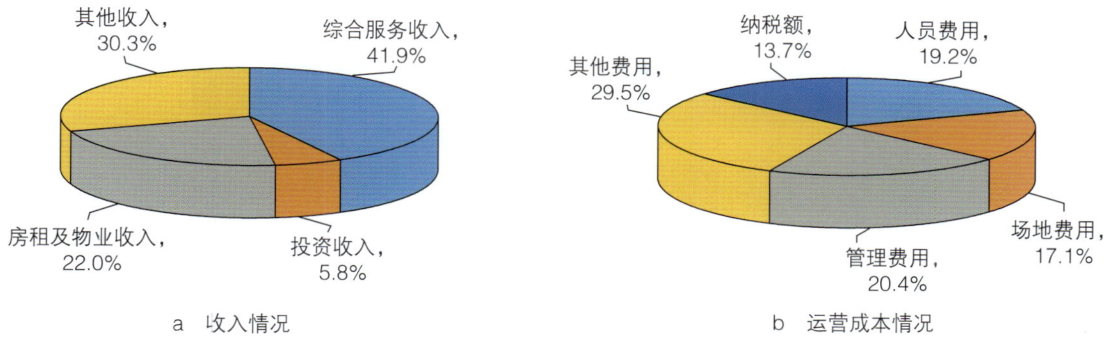

图 4－54　江西省创业孵化机构收入和运营成本情况

2019 年，江西省创业孵化机构纳税额达 1.4 亿元，与 2018 年基本持平。其中，孵化器纳税额 0.3 亿元，众创空间纳税额 1.1 亿元。

2. 服务人员情况

2019 年，江西省创业孵化机构共有管理服务人员 4474 人，较 2018 年减少 7775 人。

2019 年，江西省创业孵化机构共有创业导师 6688 人，较 2018 年增加 1923 人（图 4－55）。

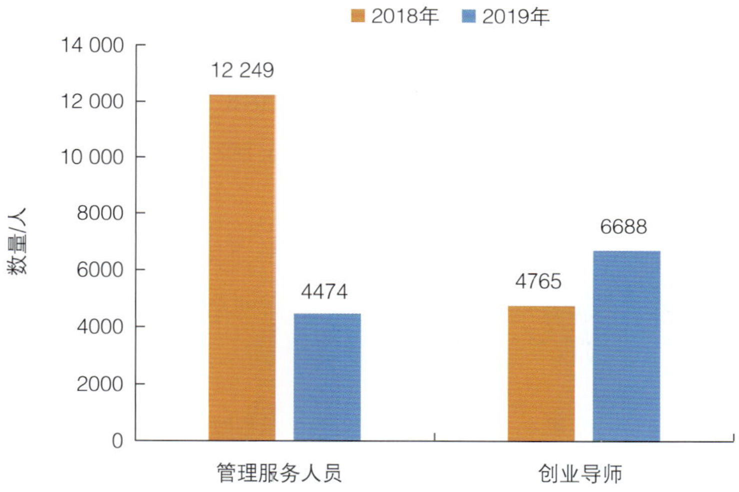

图 4－55　江西省创业孵化机构服务人员情况

3. 创业辅导情况

2019 年，江西省创业孵化机构共举办创新创业活动 8039 场，较 2018 年增加 2649 场（图 4－56）。

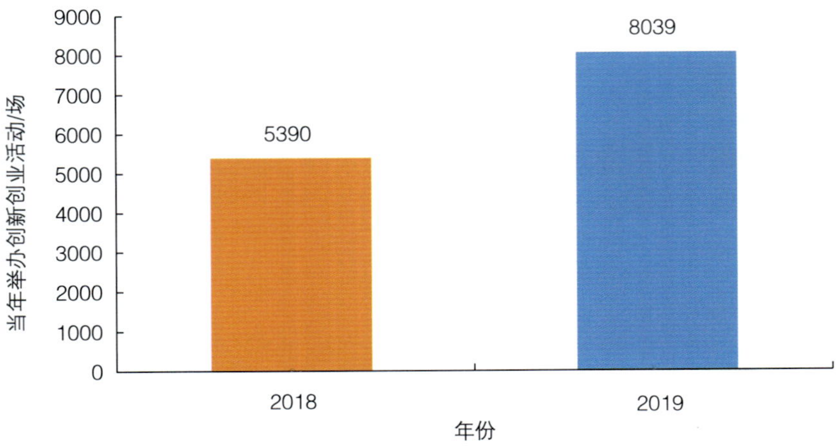

图 4 – 56　江西省创业孵化机构创业辅导情况

十五、山东省创业孵化发展情况

（一）总体情况

2019 年，山东省共有创业孵化机构 984 家，较 2018 年增加 26 家。其中，孵化器 358 家，较 2018 年减少了 20 家，国家级孵化器 96 家，占比为 26.8%；众创空间 626 家，较 2018 年增加了 46 家，在国家备案的众创空间 182 家，占比为 29.1%。

2019 年，山东省创业孵化机构面积达 16.7 百万平方米，较 2018 年减少了 8.7%。其中，孵化器面积 13.4 百万平方米，较 2018 年减少了 8.2%；众创空间面积 3.3 百万平方米，较 2018 年减少了 10.8%（表 4 – 85）。

表 4 – 85　山东省创业孵化机构数量及面积情况

分类	2018 年	2019 年
创业孵化机构数量/家	958	984
孵化器数量	378	358
其中：国家级孵化器	83	96
众创空间数量	580	626
其中：在国家备案的众创空间	191	182
创业孵化机构面积/百万平方米	18.3	16.7
孵化器面积	14.6	13.4
众创空间面积	3.7	3.3

2019 年，山东省创业孵化机构内在孵企业数量达 43 367 家，较 2018 年减少 9.3%。其中，孵化

器当年在孵企业数量为 16 315 家，较 2018 年减少了 3.1%；众创空间当年在孵企业数量为 27 052 家，较 2018 年减少 3909 家。

2019 年，山东省创业孵化机构内当年上市（挂牌）企业总数为 72 家，较 2018 年减少了 45 家。其中，孵化器内当年上市（挂牌）的企业有 45 家，众创空间内当年上市（挂牌）的企业有 27 家（表 4－86）。

表 4－86　山东省创业孵化机构在孵企业情况

单位：家

年份	在孵企业数量			当年上市（挂牌）企业数量		
	总数	孵化器	众创空间	总数	孵化器	众创空间
2018	47 801	16 840	30 961	117	58	59
2019	43 367	16 315	27 052	72	45	27

（二）绩效情况

1. 投融资情况

2019 年，山东省创业孵化机构内当年获得投融资的企业数量为 1606 家，较 2018 年减少了 10.6%；当年获得投资额达 20.6 亿元，较 2018 年减少 13.8%（表 4－87）。

表 4－87　山东省创业孵化机构内获得投融资情况

获得投融资情况	2018 年	2019 年
当年获得投融资的企业数量/家	1796	1606
其中：孵化器	671	571
众创空间	1125	1035
当年获得投资额/亿元	23.9	20.6
其中：孵化器	13.0	12.9
众创空间	10.9	7.7

2. 知识产权情况

截至 2019 年年底，山东省创业孵化机构内在孵企业拥有有效知识产权数达 44 574 件，较 2018 年增长了 9307 件，增长率达 26.4%。其中，众创空间内在孵企业拥有有效知识产权数达 12 131 件，较 2018 年增加了 35.5%。拥有有效发明专利数为 7130 件，比 2018 年多 429 件，增长率达 6.4%（表 4－88）。

表 4－88　山东省创业孵化机构知识产权情况

单位：件

知识产权情况	2018 年	2019 年
拥有有效知识产权数	35 267	44 574
其中：孵化器	26 312	32 443
众创空间	8955	12 131
拥有有效发明专利数	6701	7130
其中：孵化器	4543	4592
众创空间	2158	2538

3. 吸纳就业情况

2019 年，山东省创业孵化机构内在孵企业共吸纳就业 279 280 人，较 2018 年减少 13.0%。其中，在孵化器和众创空间中应届毕业大学生创业就业共 37 815 人，较 2018 年减少 11.0%（表 4－89）。

表 4－89　山东省创业孵化机构吸纳就业情况

单位：人

年份	在孵企业吸纳就业情况			其中：应届毕业大学生创业就业		
	总数	孵化器	众创空间	总数	孵化器	众创空间
2018	320 903	235 216	85 687	42 502	26 941	15 561
2019	279 280	197 023	82 257	37 815	21 537	16 278

4. 研发投入强度情况

2019 年，山东省孵化器在孵企业研发经费支出 31.8 亿元，占主营业务收入比重为 5.6%，较 2018 年减少了 0.7 个百分点（图 4－57）。

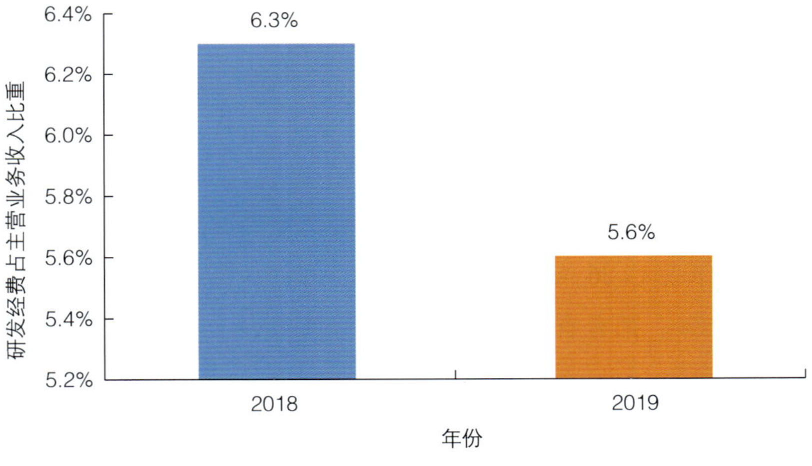

图 4－57　山东省孵化器研发投入强度情况

（三）自身建设情况

1. 收入和运营成本情况

2019 年，山东省创业孵化机构总收入 28.0 亿元，较 2018 年减少了 11.4%。其中，房租及物业收入最多，占比达 37.4%；其次是综合服务收入，占比为 34.6%。

2019 年，山东省创业孵化机构总成本 28.6 亿元，较 2018 年减少了 3.7%。其中，管理费用占比最高，达 27.8%；其次是人员费用，占比达 23.8%（表 4－90 和图 4－58）。

表 4－90　山东省创业孵化机构收入和运营成本情况　　单位：亿元

年份	收入			运营成本		
	总收入	孵化器	众创空间	总成本	孵化器	众创空间
2018	31.6	20.8	10.8	29.7	18.3	11.4
2019	28.0	17.0	11.0	28.6	17.5	11.1

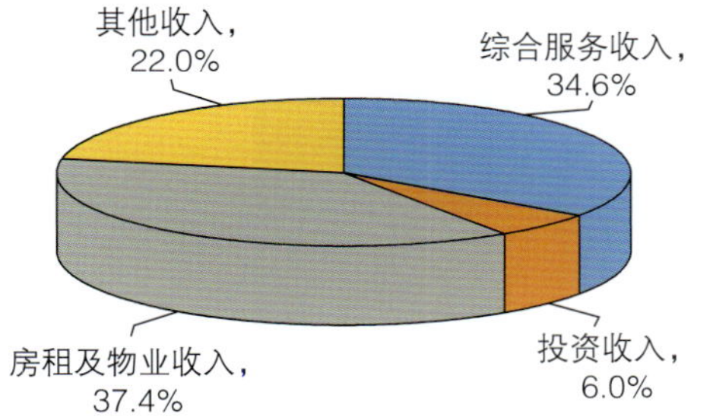

a　收入情况

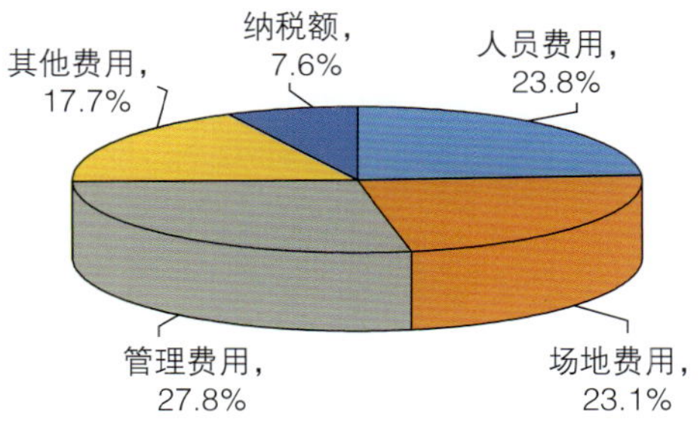

b　运营成本情况

图 4－58　山东省创业孵化机构收入和运营成本情况

2019 年，山东省创业孵化机构纳税额达 2.2 亿元，较 2018 年增长 4.8%。其中，孵化器纳税额 1.7 亿元，众创空间纳税额 0.5 亿元。

2. 服务人员情况

2019 年，山东省创业孵化机构共有管理人员 12 464 人，是 2018 年的一半多。

2019 年，山东省创业孵化机构共有创业导师 17 277 人，比 2018 年多 1256 人，增长率达 7.8%（图 4－59）。

3. 创业辅导情况

2019 年，山东省创业孵化机构共举办创新创业活动 18 214 场，较 2018 年增加了 2.3%（图 4－60）。

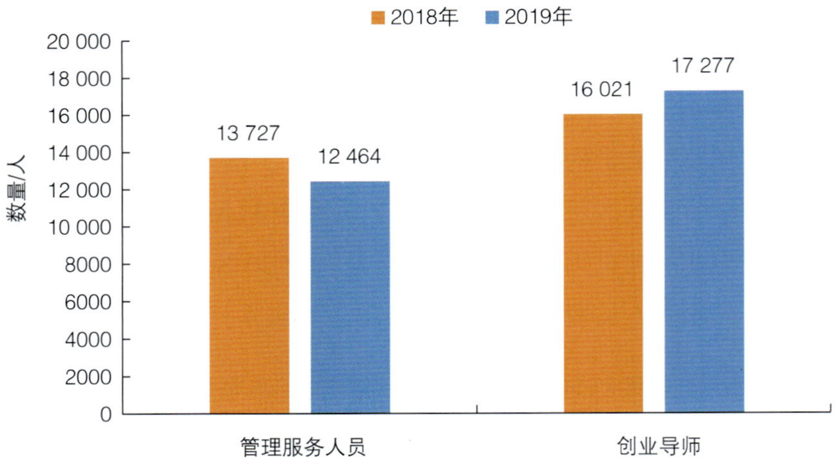

图 4－59　山东省创业孵化机构服务人员情况

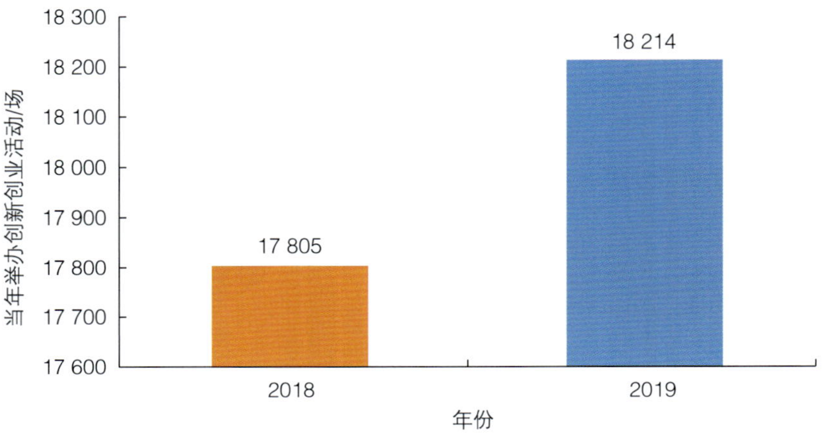

图 4－60　山东省创业孵化机构创业辅导情况

十六、河南省创业孵化发展情况

（一）总体情况

2019 年，河南省共有创业孵化机构 396 家，较 2018 年增加了 6.5%。其中，孵化器 167 家，较 2018 年减少了 2 家，国家级孵化器 44 家，占比为 26.3%；众创空间 229 家，较 2018 年增加了 26 家，在国家备案的众创空间 38 家，占比为 16.6%。

2019 年，河南省创业孵化机构面积达 4.9 百万平方米，较 2018 年减少了 16.9%。其中，孵化器面积 4.0 百万平方米，较 2018 年减少了 20.0%；众创空间面积 0.9 百万平方米，较 2018 年基本持平（表 4－91）。

表 4－91 河南省创业孵化机构数量及面积情况

分类	2018 年	2019 年
创业孵化机构数量/家	372	396
孵化器数量	169	167
其中：国家级孵化器	36	44
众创空间数量	203	229
其中：在国家备案的众创空间	38	38
创业孵化机构面积/百万平方米	5.9	4.9
孵化器面积	5.0	4.0
众创空间面积	0.9	0.9

2019 年，河南省创业孵化机构内在孵企业数量达 27 706 家，较 2018 年增加 7.9%。其中，孵化器当年在孵企业数量 8987 家，较 2018 年减少了 1.2%；众创空间当年在孵企业数量 18 719 家，较 2018 年增加 12.9%。

2019 年，河南省创业孵化机构内当年上市（挂牌）企业总数为 157 家，较 2018 年减少了 70 家。其中，孵化器内当年上市（挂牌）的企业有 107 家，众创空间内当年上市（挂牌）的企业有 50 家（表 4－92）。

表 4－92 河南省创业孵化机构在孵企业情况　　单位：家

年份	在孵企业数量			当年上市（挂牌）企业数量		
	总数	孵化器	众创空间	总数	孵化器	众创空间
2018	25 681	9096	16 585	227	168	59
2019	27 706	8987	18 719	157	107	50

（二）绩效情况

1. 投融资情况

2019 年，河南省创业孵化机构内当年获得投融资的企业数量为 1710 家，较 2018 年减少了 0.6%；当年获得投资额达 14.0 亿元，较 2018 年减少 29.3%（表 4－93）。

表 4－93 河南省创业孵化机构内获得投融资情况

获得投融资情况	2018 年	2019 年
当年获得投融资的企业数量/家	1721	1710
其中：孵化器	677	668
众创空间	1044	1042
当年获得投资额/亿元	19.8	14.0
其中：孵化器	8.9	7.5
众创空间	10.9	6.5

2. 知识产权情况

截至2019年年底，河南省创业孵化机构内在孵企业拥有有效知识产权数达36 295件，较2018年增长了7967件，增长率达28.1%。其中，众创空间内在孵企业拥有有效知识产权数达11 441件，较2018年增长30.8%。拥有有效发明专利数为5150件，比2018增加174件，增长率达3.5%（表4－94）。

表4－94　河南省创业孵化机构知识产权情况　　单位：件

知识产权情况	2018年	2019年
拥有有效知识产权数	28 328	36 295
其中：孵化器	19 581	24 854
众创空间	8747	11 441
拥有有效发明专利数	4976	5150
其中：孵化器	3107	3026
众创空间	1869	2124

3. 吸纳就业情况

2019年，河南省创业孵化机构内在孵企业共吸纳就业220 957人，较2018年减少0.4%。其中，在孵化器和众创空间中应届毕业大学生创业就业共32 898人，较2018年增长2.6%（表4－95）。

表4－95　河南省创业孵化机构吸纳就业情况　　单位：人

年份	在孵企业吸纳就业情况			其中：应届毕业大学生创业就业		
	总数	孵化器	众创空间	总数	孵化器	众创空间
2018	221 834	166 915	54 919	32 072	19 558	12 514
2019	220 957	158 926	62 031	32 898	20 404	12 494

4. 研发投入强度情况

2019年，河南省孵化器在孵企业研发经费支出16.1亿元，占主营业务收入比重为7.2%，较2018年增加了5.7个百分点（图4－61）。

（三）自身建设情况

1. 收入和运营成本情况

2019年，河南省创业孵化机构总收入12.7亿元，较2018年增长了8.5%。其中，房租及物业收入最多，占比达39.9%；其次是综合服务收入，占比为30.7%。

2019年，河南省创业孵化机构总成本11.3亿元，较2018年基本持平。其中，管理费用占比最高，达25.5%；其次是人员费用，占比达25.1%（表4－96和图4－62）。

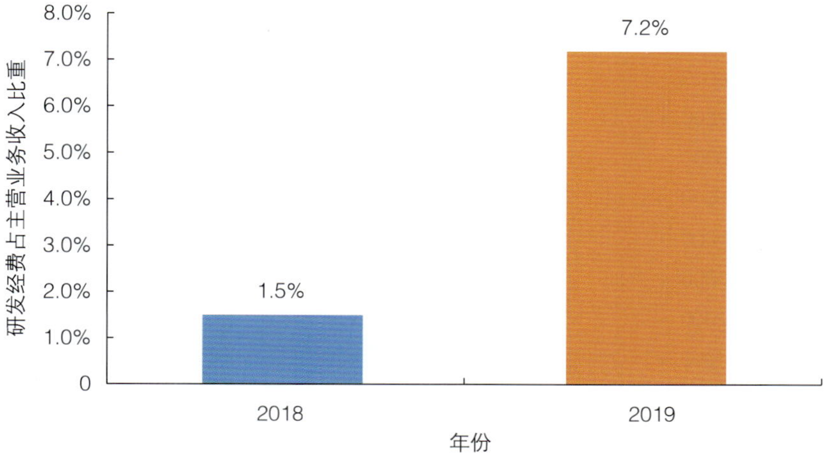

图 4－61　河南省孵化器在孵企业研发投入强度情况

表 4－96　河南省创业孵化机构收入和运营成本情况　　单位：亿元

年份	收入			运营成本		
	总收入	孵化器	众创空间	总成本	孵化器	众创空间
2018	11.7	7.2	4.5	11.3	6.4	4.9
2019	12.7	8.4	4.3	11.3	6.8	4.5

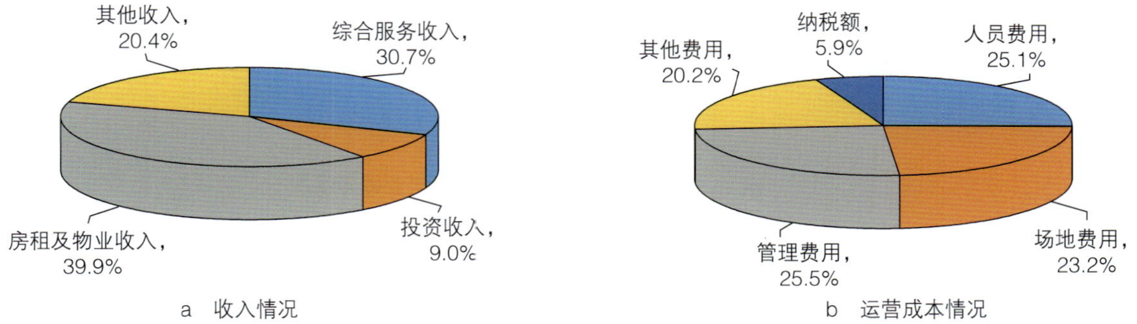

图 4－62　河南省创业孵化机构收入和运营成本情况

2019 年，河南省创业孵化机构纳税额达 0.7 亿元，较 2018 年基本持平。其中，孵化器纳税额 0.5 亿元，众创空间纳税额 0.2 亿元。

2. 服务人员情况

2019 年，河南省创业孵化机构共有管理服务人员 5698 人，较 2018 年减少了 8.4%。

2019 年，河南省创业孵化机构共有创业导师 7737 人，比 2018 年多 243 人，增长率达 3.2%（图 4－63）。

3. 创业辅导情况

2019 年，河南省创业孵化机构共举办创新创业活动 8685 场，较 2018 年增加 17.8%（图 4－64）。

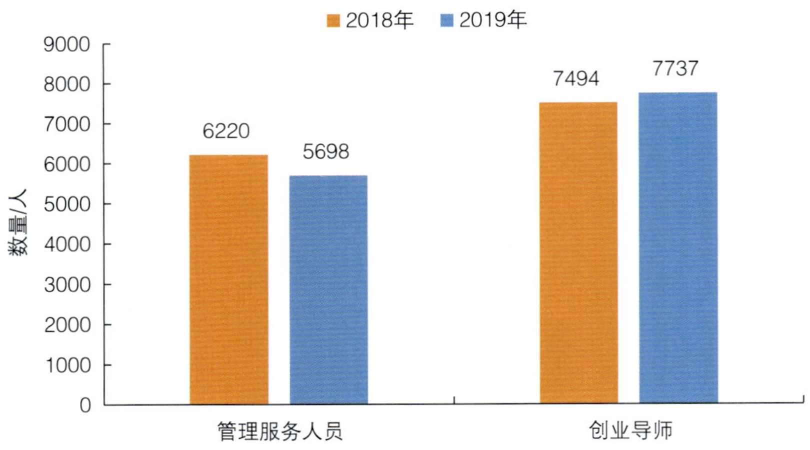

图 4－63　河南省创业孵化机构服务人员情况

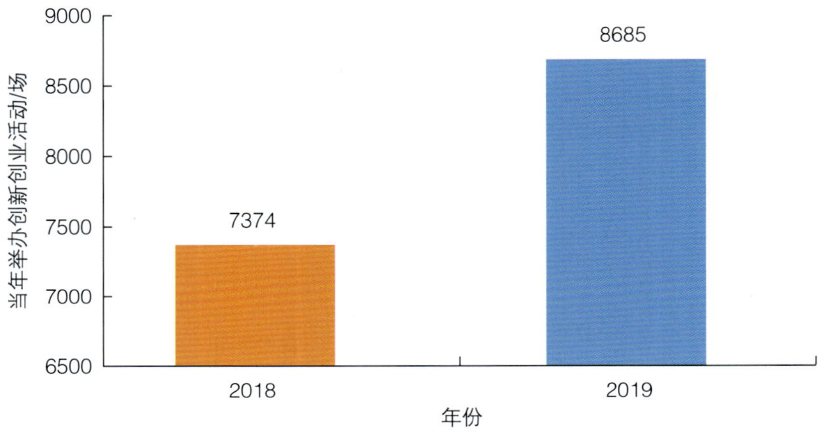

图 4－64　河南省创业孵化机构创业辅导情况

十七、湖北省创业孵化发展情况

（一）总体情况

2019 年，湖北省共有创业孵化机构 553 家，较 2018 年增加了 18.4%。其中，孵化器 216 家，较 2018 年增加了 12.5%，国家级孵化器 53 家，占比为 24.5%；众创空间 337 家，较 2018 年增加了 62 家，在国家备案的众创空间 59 家，占比为 17.5%。

2019 年，湖北省创业孵化机构面积达 5.9 百万平方米，较 2018 年增加了 3.5%。其中，孵化器面积 4.6 百万平方米，较 2018 年基本持平；众创空间面积 1.3 百万平方米，较 2018 年增加 18.2%（表 4－97）。

表 4－97　湖北省创业孵化机构数量及面积情况

分类	2018 年	2019 年
创业孵化机构数量/家	467	553
孵化器数量	192	216
其中：国家级孵化器	45	53
众创空间数量	275	337
其中：在国家备案的众创空间	61	59
创业孵化机构面积/百万平方米	5.7	5.9
孵化器面积	4.6	4.6
众创空间面积	1.1	1.3

2019 年，湖北省创业孵化机构内在孵企业数量达 33 005 家，较 2018 年减少 0.7%。其中，孵化器当年在孵企业数量 11 286 家，较 2018 年增加了 9.1%；众创空间当年在孵企业数量 21 719 家，较 2018 年减少了 5.2%。

2019 年，湖北省创业孵化机构内当年上市（挂牌）企业总数为 129 家，较 2018 年减少了 20.4%。其中，孵化器内当年上市（挂牌）的企业有 76 家，众创空间内当年上市（挂牌）的企业有 53 家（表 4－98）。

表 4－98　湖北省创业孵化机构在孵企业情况　　单位：家

年份	在孵企业数量			当年上市（挂牌）企业数量		
	总数	孵化器	众创空间	总数	孵化器	众创空间
2018	33 253	10 344	22 909	162	101	61
2019	33 005	11 286	21 719	129	76	53

（二）绩效情况

1. 投融资情况

2019 年，湖北省创业孵化机构内当年获得投融资的企业数量为 1085 家，较 2018 年减少了 17.2%；当年获得投资额达 27.3 亿元，较 2018 年减少 48.1%（表 4－99）。

表 4－99　湖北省创业孵化机构内获得投融资情况

获得投融资情况	2018 年	2019 年
当年获得投融资的企业数量/家	1311	1085
其中：孵化器	445	365
众创空间	866	720
当年获得投资额/亿元	52.6	27.3
其中：孵化器	17.7	8.7
众创空间	34.9	18.6

2. 知识产权情况

截至2019年年底，湖北省创业孵化机构内在孵企业拥有有效知识产权数达34 601件，较2018年增加了5495件，增长率达18.9%。其中，众创空间内在孵企业拥有有效知识产权数达15 955件，较2018年增长30.3%。拥有有效发明专利数为6172件，较2018年增长15.0%（表4－100）。

表4－100　湖北省创业孵化机构知识产权情况　　单位：件

知识产权情况	2018年	2019年
拥有有效知识产权数	29 106	34 601
其中：孵化器	16 857	18 646
众创空间	12 249	15 955
拥有有效发明专利数	5367	6172
其中：孵化器	2487	2385
众创空间	2880	3787

3. 吸纳就业情况

2019年，湖北省创业孵化机构内在孵企业共吸纳就业217 840人，较2018年增加8.5%。其中，在孵化器和众创空间中应届毕业大学生创业就业共28 147人，较2018年减少2.9%（表4－101）。

表4－101　湖北省创业孵化机构吸纳就业情况　　单位：人

年份	在孵企业吸纳就业情况			其中：应届毕业大学生创业就业		
	总数	孵化器	众创空间	总数	孵化器	众创空间
2018	200 857	136 125	64 732	28 973	17 483	11 490
2019	217 840	144 616	73 224	28 147	16 126	12 021

4. 研发投入强度情况

2019年，湖北省孵化器在孵企业研发经费支出15.4亿元，占主营业务收入比重为5.5%，较2018年减少了0.3个百分点（图4－65）。

（三）自身建设情况

1. 收入和运营成本情况

2019年，湖北省创业孵化机构总收入21.2亿元，较2018年减少了40.9%。其中，房租及物业收入最多，占比达44.7%；其次是综合服务收入，占比为35.6%。

2019年，湖北省创业孵化机构总成本19.9亿元，较2018年减少56.2%。其中，场地费用占比最高，达27.4%；其次是管理费用，占比为24.1%（表4－102和图4－66）。

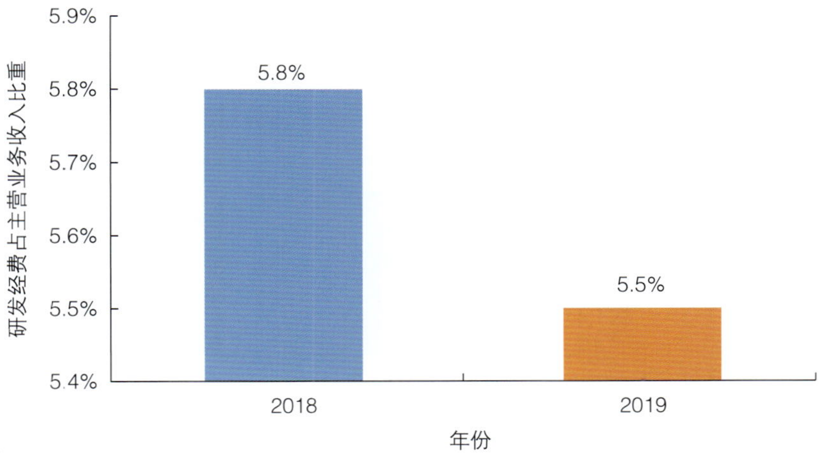

图 4－65　湖北省孵化器在孵企业研发投入强度情况

表 4－102　湖北省创业孵化机构收入和运营成本情况　　单位：亿元

年份	收入			运营成本		
	总收入	孵化器	众创空间	总成本	孵化器	众创空间
2018	35.9	20.5	15.4	45.4	13.8	31.6
2019	21.2	13.1	8.1	19.9	12.3	7.6

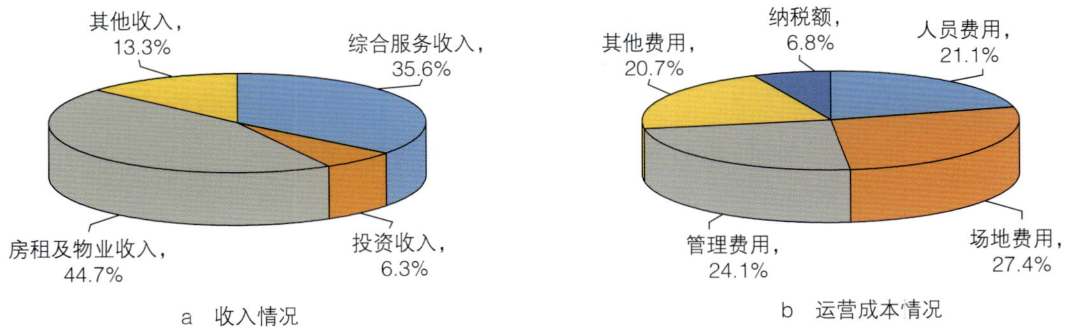

图 4－66　湖北省孵化器在孵企业收入和运营成本情况

2019 年，湖北省创业孵化机构纳税额达 1.3 亿元，较 2018 年增长 8.3%。其中，孵化器纳税额 1.1 亿元，众创空间纳税额 0.2 亿元。

2. 服务人员情况

2019 年，湖北省创业孵化机构共有管理服务人员 6381 人，较 2018 年减少了 20.3%。

2019 年，湖北省创业孵化机构共有创业导师 9768 人，较 2018 年增长率达 2.0%（图 4－67）。

3. 创业辅导情况

2019 年，湖北省创业孵化机构共举办创新创业活动 12 795 场，较 2018 年增加了 16.9%（图 4－68）。

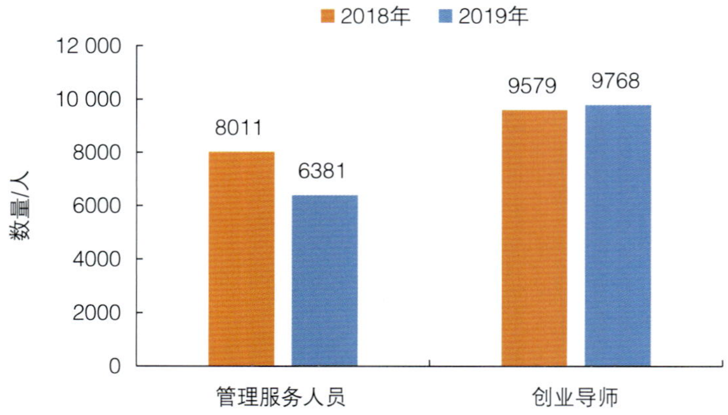

图 4-67　湖北省创业孵化机构服务人员情况

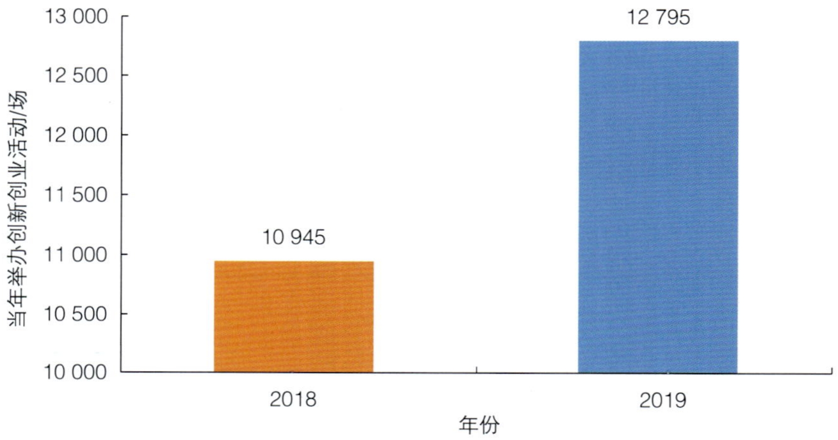

图 4-68　湖北省创业孵化机构创业辅导情况

十八、湖南省创业孵化发展情况

（一）总体情况

2019 年，湖南省共有创业孵化机构 275 家，较 2018 年增加了 5.0%。其中，孵化器 89 家，较 2018 年增加了 4 家，国家级孵化器 24 家，占比为 27.0%；众创空间 186 家，较 2018 年增加了 9 家，在国家备案的众创空间 45 家，占比为 24.2%。

2019 年，湖南省创业孵化机构面积达 3.8 百万平方米，较 2018 年减少了 2.6%。其中，孵化器面积 3.1 百万平方米，较 2018 年减少了 3.1%；众创空间面积 0.7 百万平方米，较 2018 年基本持平（表 4-103）。

表 4 - 103　湖南省创业孵化机构数量及面积情况

分类	2018 年	2019 年
创业孵化机构数量/家	262	275
孵化器数量	85	89
其中：国家级孵化器	19	24
众创空间数量	177	186
其中：在国家备案的众创空间	46	45
创业孵化机构面积/百万平方米	3. 9	3. 8
孵化器面积	3. 2	3. 1
众创空间面积	0. 7	0. 7

2019 年，湖南省创业孵化机构内在孵企业数量达 15 771 家，较 2018 年减少 9. 5%。其中，孵化器当年在孵企业数量 5672 家，较 2018 年增加了 2. 6%；众创空间当年在孵企业数量 10 099 家，较 2018 年减少了 15. 2%。

2019 年，湖南省创业孵化机构内当年上市（挂牌）企业总数为 10 家，较 2018 年减少了 9 家。其中，孵化器内当年上市（挂牌）的企业有 9 家，众创空间内当年上市（挂牌）的企业有 1 家（表 4 - 104）。

表 4 - 104　湖南省创业孵化机构在孵企业情况　　单位：家

年份	在孵企业数量			当年上市（挂牌）企业数量		
	总数	孵化器	众创空间	总数	孵化器	众创空间
2018	17 434	5527	11 907	19	14	5
2019	15 771	5672	10 099	10	9	1

（二）绩效情况

1. 投融资情况

2019 年，湖南省创业孵化机构内当年获得投融资的企业数量为 1030 家，较 2018 年减少了 1. 0%；当年获得投资额达 24. 9 亿元，较 2018 年减少 9. 1%（表 4 - 105）。

表 4 - 105　湖南省创业孵化机构内获得投融资情况

获得投融资情况	2018 年	2019 年
当年获得投融资的企业数量/家	1040	1030
其中：孵化器	320	295
众创空间	720	735
当年获得投资额/亿元	27. 4	24. 9
其中：孵化器	7. 1	8. 7
众创空间	20. 3	16. 2

2. 知识产权情况

截至 2019 年年底，湖南省创业孵化机构内在孵企业拥有有效知识产权数达 24 860 件，较 2018 年增长了 30.0%。其中，众创空间内在孵企业拥有有效知识产权数达 7608 件，较 2018 年增长了 13.8%；拥有有效发明专利数为 5878 件，比 2018 年增加 826 件，增长率达 16.3%（表 4－106）。

表 4－106　湖南省创业孵化机构知识产权情况　　单位：件

知识产权情况	2018 年	2019 年
拥有有效知识产权数	19 130	24 860
其中：孵化器	12 444	17 252
众创空间	6686	7608
拥有有效发明专利数	5052	5878
其中：孵化器	2982	3825
众创空间	2070	2053

3. 吸纳就业情况

2019 年，湖南省创业孵化机构内在孵企业共吸纳就业 161 163 人，较 2018 年减少 2.4%。其中，在孵化器和众创空间中应届毕业大学生创业就业共 18 942 人，较 2018 年有所降低（表 4－107）。

表 4－107　湖南省创业孵化机构吸纳就业情况　　单位：人

年份	在孵企业吸纳就业情况			其中：应届毕业大学生创业就业		
	总数	孵化器	众创空间	总数	孵化器	众创空间
2018	165 086	113 833	51 253	20 579	9560	11 019
2019	161 163	112 448	48 715	18 942	9182	9760

4. 研发投入强度情况

2019 年，湖南省孵化器在孵企业研发经费支出 13.4 亿元，占主营业务收入比重为 6.0%，较 2018 年减少了 0.3 个百分点（图 4－69）。

（三）自身建设情况

1. 收入和运营成本情况

2019 年，湖南省创业孵化机构总收入 11.6 亿元，较 2018 年增长了 1.8%。其中，房租及物业收入最多，占比达 45.6%；其次是综合服务收入，占比为 32.0%。

2019 年，湖南省创业孵化机构总成本 11.3 亿元，较 2018 年增长了 2.7%。其中，场地费用占比最高，达 30.4%；其次是管理费用、人员费用，占比均为 23.3%（表 4－108 和图 4－70）。

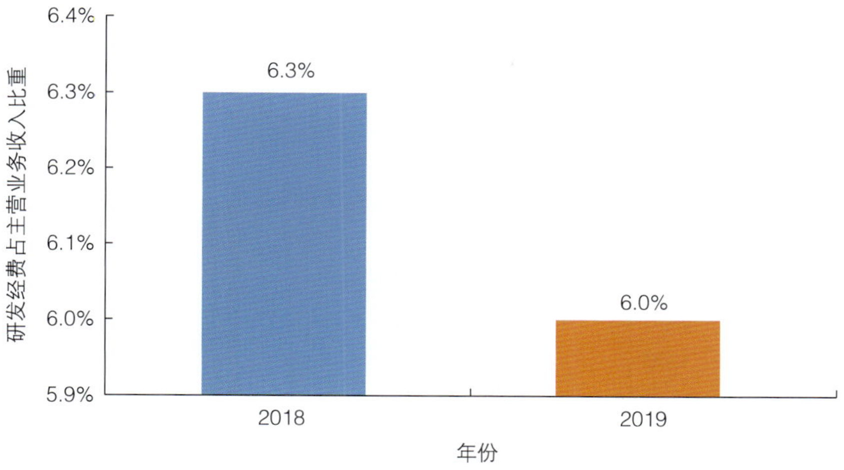

图 4－69　湖南省孵化器在孵企业研发投入强度情况

表 4－108　湖南省创业孵化机构收入和运营成本情况　单位：亿元

年份	收入			运营成本		
	总收入	孵化器	众创空间	总成本	孵化器	众创空间
2018	11.4	7.5	3.9	11.0	6.7	4.3
2019	11.6	7.9	3.7	11.3	6.9	4.4

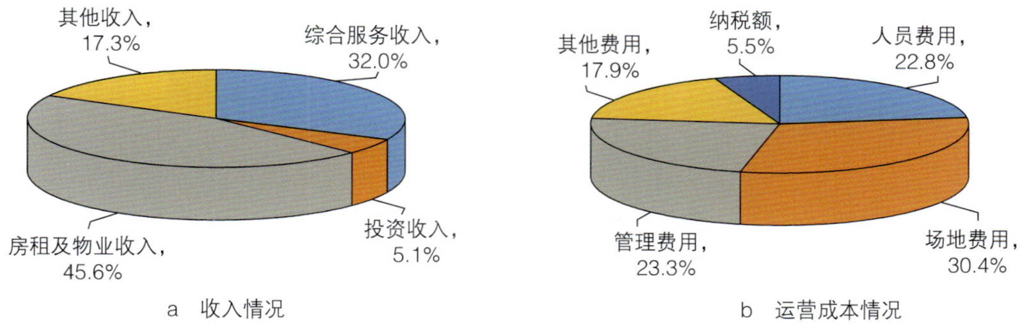

图 4－70　湖南省创业孵化机构收入和运营成本情况

2019 年，湖南省创业孵化机构纳税额达 0.6 亿元，较 2018 年减少 14.3%。其中，孵化器纳税额 0.5 亿元，众创空间纳税额 0.1 亿元。

2. 服务人员情况

2019 年，湖南省创业孵化机构共有管理服务人员 3799 人，较 2018 年减少了 56.8%。

2019 年，湖南省创业孵化机构共有创业导师 6284 人，较 2018 年增长率达 15.2%（图 4－71）。

3. 创业辅导情况

2019 年，湖南省创业孵化机构共举办创新创业活动 6281 场，较 2018 年增加了 3.2%（图 4－72）。

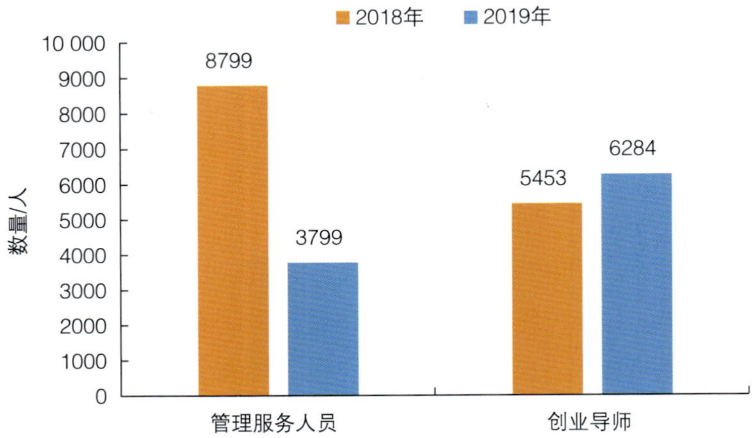

图 4－71　湖南省创业孵化机构服务人员情况

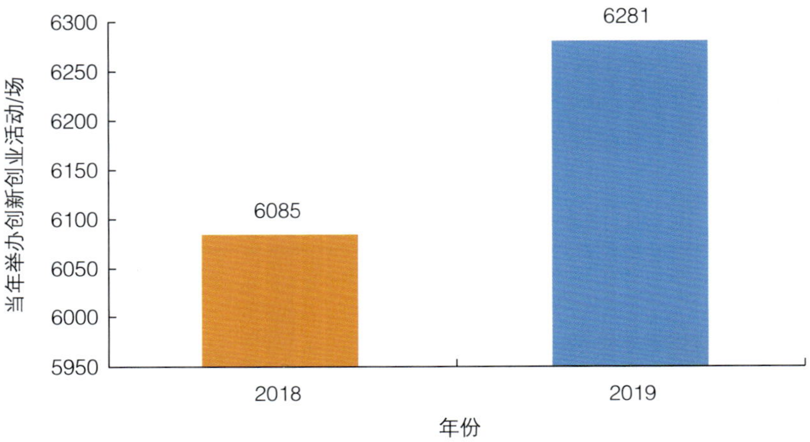

图 4－72　湖南省创业孵化机构创业辅导情况

十九、广东省创业孵化发展情况

（一）总体情况

2019 年，广东省共有创业孵化机构 1965 家，较 2018 年增加了 17.1%。其中，孵化器 1013 家，较 2018 年增加了 51 家，国家级孵化器 150 家，占比为 14.8%；众创空间 952 家，较 2018 年增加了 236 家，在国家备案的众创空间 222 家，占比为 23.3%。

2019 年，广东省创业孵化机构面积达 21.2 百万平方米，较 2018 年减少了 0.9%。其中，孵化器面积 18.7 百万平方米，较 2018 年减少了 4.1%；众创空间面积 2.5 百万平方米，较 2018 年增加了 31.6%（表 4－109）。

表 4－109　广东省创业孵化机构数量及面积情况

分类	2018 年	2019 年
创业孵化机构数量/家	1678	1965
孵化器数量	962	1013
其中：国家级孵化器	108	150
众创空间数量	716	952
其中：在国家备案的众创空间	228	222
创业孵化机构面积/百万平方米	21. 4	21. 2
孵化器面积	19. 5	18. 7
众创空间面积	1. 9	2. 5

2019 年，广东省创业孵化机构内在孵企业数量达 76 279 家，较 2018 年增加了 20. 2%。其中，孵化器当年在孵企业数量 32 918 家，较 2018 年增加了 6. 4%；众创空间当年在孵企业数量 43 361 家，较 2018 年增加了 33. 4%。

2019 年，广东省创业孵化机构内当年上市（挂牌）企业总数为 177 家，较 2018 年增加了 23 家。其中，孵化器内当年上市（挂牌）的企业有 126 家，众创空间内当年上市（挂牌）的企业有 51 家（表 4－110）。

表 4－110　广东省创业孵化机构在孵企业情况　　单位：家

年份	在孵企业数量			当年上市（挂牌）企业数量		
	总数	孵化器	众创空间	总数	孵化器	众创空间
2018	63 443	30 928	32 515	154	124	30
2019	76 279	32 918	43 361	177	126	51

（二）绩效情况

1. 投融资情况

2019 年，广东省创业孵化机构内当年获得投融资的企业数量为 3919 家，较 2018 年增长了 7. 1%；当年获得投资额达 151. 9 亿元，较 2018 年减少 32. 7%（表 4－111）。

表 4－111　广东省创业孵化机构内获得投融资情况

获得投融资情况	2018 年	2019 年
当年获得投融资的企业数量/家	3658	3919
其中：孵化器	1753	1722
众创空间	1905	2197
当年获得投资额/亿元	225. 6	151. 9
其中：孵化器	134. 7	105. 6
众创空间	90. 9	46. 3

2. 知识产权情况

截至 2019 年年底，广东省创业孵化机构内在孵企业拥有有效知识产权数达 138 861 件，较 2018 年增长了 33.6%。其中，孵化器内在孵企业拥有有效知识产权数达 104 325 件，较 2018 年增长了 22.3%。拥有有效发明专利数为 24 215 件，较 2018 年增长了 24.9%（表 4－112）。

表 4－112　广东省创业孵化机构知识产权情况

单位：件

知识产权情况	2018 年	2019 年
拥有有效知识产权数	103 919	138 861
其中：孵化器	85 275	104 325
众创空间	18 644	34 536
拥有有效发明专利数	19 386	24 215
其中：孵化器	15 446	18 419
众创空间	3940	5796

3. 吸纳就业情况

2019 年，广东省创业孵化机构内在孵企业共吸纳就业 536 193 人，较 2018 年增加了 6.0%。其中，在孵化器和众创空间中应届毕业大学生创业就业共 57 445 人，较 2018 年减少了 1.9%（表 4－113）。

表 4－113　广东省创业孵化机构吸纳就业情况

单位：人

年份	在孵企业吸纳就业情况			其中：应届毕业大学生创业就业		
	总数	孵化器	众创空间	总数	孵化器	众创空间
2018	505 878	408 950	96 928	58 549	38 295	20 254
2019	536 193	408 048	128 145	57 445	34 695	22 750

4. 研发投入强度情况

2019 年，广东省孵化器在孵企业研发经费支出 197.4 亿元，占主营业务收入比重为 10.4%，较 2018 年减少了 5.2 个百分点（图 4－73）。

（三）自身建设情况

1. 收入和运营成本情况

2019 年，广东省创业孵化机构总收入 129.1 亿元，较 2018 年减少了 1.7%。其中，房租及物业收入最多，占比超过一半，达 61.5%；其次是综合服务收入，占比为 21.2%。

2019 年，广东省创业孵化机构总成本 113.5 亿元，较 2018 年增长了 20.2%。其中，场地费用占比最高，达 35.9%；其次是管理费用，占比为 21.4%（表 4－114 和图 4－74）。

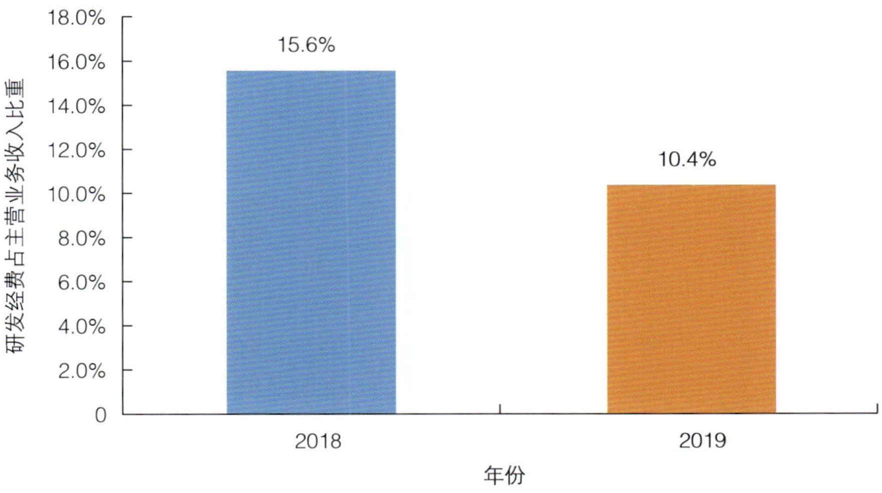

图 4－73　广东省孵化器在孵企业研发投入强度情况

表 4－114　广东省创业孵化机构收入和运营成本情况　　单位：亿元

年份	收入			运营成本		
	总收入	孵化器	众创空间	总成本	孵化器	众创空间
2018	131. 3	118. 1	13. 2	94. 4	79. 6	14. 8
2019	129. 1	107. 5	21. 6	113. 5	87. 9	25. 6

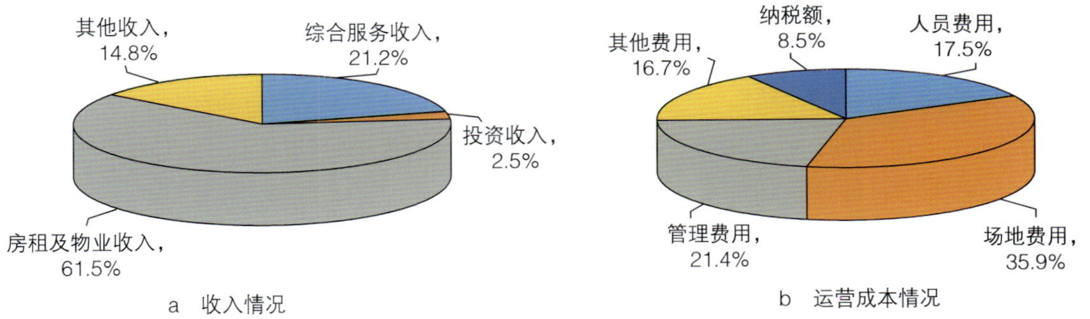

图 4－74　广东省创业孵化机构收入和运营成本情况

2019 年，广东省创业孵化机构纳税额达 9. 7 亿元，较 2018 年增长了 26. 0%。其中，孵化器纳税额 8. 8 亿元，众创空间纳税额 0. 9 亿元。

2. 服务人员情况

2019 年，广东省创业孵化机构共有管理服务人员 19 701 人，较 2018 年减少了 29. 6%。

2019 年，广东省创业孵化机构共有创业导师 22 016 人，较 2018 年增加了 18. 3%（图 4－75）。

3. 创业辅导情况

2019 年，广东省创业孵化机构共举办创新创业活动 29 820 场，较 2018 年增加了 23. 5%（图 4－76）。

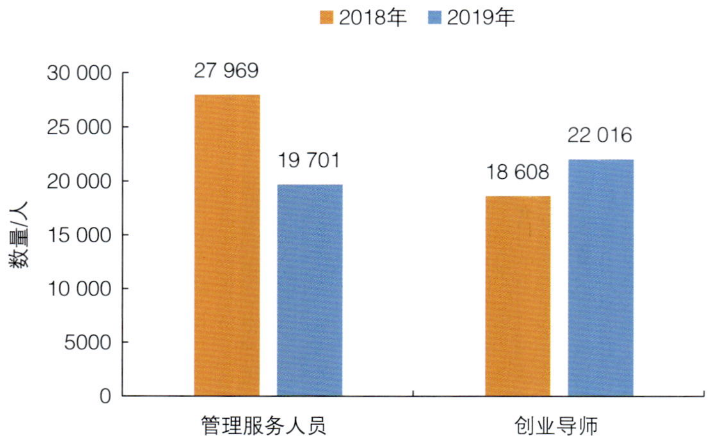

图 4－75　广东省创业孵化机构服务人员情况

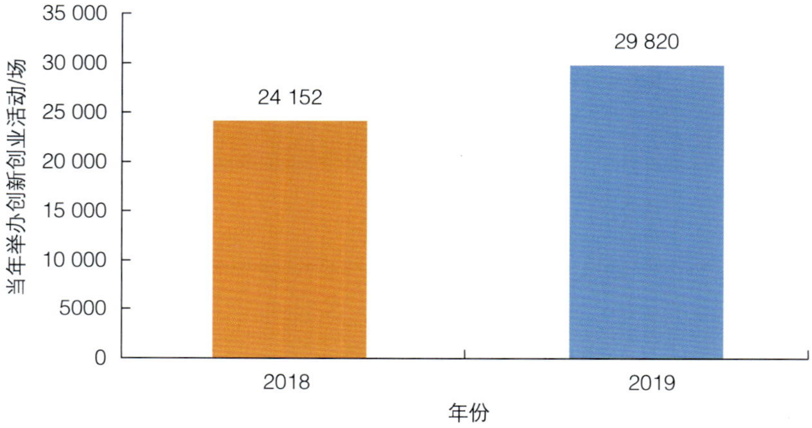

图 4－76　广东省创业孵化机构创业辅导情况

二十、广西壮族自治区创业孵化发展情况

（一）总体情况

2019 年，广西壮族自治区共有创业孵化机构 242 家，较 2018 年增加了 15.2%。其中，孵化器 106 家，较 2018 年增加了 17 家，国家级孵化器 15 家，占比为 14.2%；众创空间 136 家，较 2018 年增加了 15 家，在国家备案的众创空间 20 家，占比为 14.7%。

2019 年，广西壮族自治区创业孵化机构面积达 2.4 百万平方米，较 2018 年减少了 4.0%。其中，孵化器面积 2.0 百万平方米，较 2018 年减少 4.8%；众创空间面积 0.4 百万平方米，较 2018 年基本持平（表 4－115）。

表 4－115　广西壮族自治区创业孵化机构数量及面积情况

分类	2018 年	2019 年
创业孵化机构数量/家	210	242
孵化器数量	89	106
其中：国家级孵化器	10	15
众创空间数量	121	136
其中：在国家备案的众创空间	20	20
创业孵化机构面积/百万平方米	2. 5	2. 4
孵化器面积	2. 1	2. 0
众创空间面积	0. 4	0. 4

2019 年，广西壮族自治区创业孵化机构内在孵企业数量达 8600 家，较 2018 年增加了 17. 9%。其中，孵化器当年在孵企业数量 3417 家，较 2018 年增加了 20. 2%；众创空间当年在孵企业数量 5183 家，较 2018 年增加了 728 家。

2019 年，广西壮族自治区创业孵化机构内当年上市（挂牌）企业总数为 12 家，较 2018 年减少 9 家。其中，孵化器内当年上市（挂牌）的企业有 10 家，众创空间内当年上市（挂牌）的企业有 2 家（表 4－116）。

表 4－116　广西壮族自治区创业孵化机构在孵企业情况　　单位：家

年份	在孵企业数量			当年上市（挂牌）企业数量		
	总数	孵化器	众创空间	总数	孵化器	众创空间
2018	7297	2842	4455	21	19	2
2019	8600	3417	5183	12	10	2

（二）绩效情况

1. 投融资情况

2019 年，广西壮族自治区创业孵化机构内当年获得投融资的企业数量为 486 家，较 2018 年增加了 140. 6%；当年获得投资额达 3. 0 亿元，较 2018 年减少了 50. 0%（表 4－117）。

表 4－117　广西壮族自治区创业孵化机构内获得投融资情况

获得投融资情况	2018 年	2019 年
当年获得投融资的企业数量/家	202	486
其中：孵化器	84	123
众创空间	118	363
当年获得投资额/亿元	6. 0	3. 0
其中：孵化器	5. 5	2. 2
众创空间	0. 5	0. 8

2. 知识产权情况

截至 2019 年年底，广西壮族自治区创业孵化机构内在孵企业拥有有效知识产权数达 6655 件，较 2018 年增长了 1689 件，增长率达 34.0%。其中，众创空间内在孵企业拥有有效知识产权数达 1446 件，较 2018 年增加 664 件。拥有有效发明专利数为 1294 件，比 2018 年少 207 件（表 4－118）。

表 4－118　广西壮族自治区创业孵化机构知识产权情况　单位：件

知识产权情况	2018 年	2019 年
拥有有效知识产权数	4966	6655
其中：孵化器	4184	5209
众创空间	782	1446
拥有有效发明专利数	1501	1294
其中：孵化器	1229	909
众创空间	272	385

3. 吸纳就业情况

2019 年，广西壮族自治区创业孵化机构内在孵企业共吸纳就业 49 735 人，较 2018 年增长了 18.5%。其中，在孵化器和众创空间中应届毕业大学生创业就业共 5147 人，较 2018 年增加了 19.5%（表 4－119）。

表 4－119　广西壮族自治区创业孵化机构吸纳就业情况　单位：人

年份	在孵企业吸纳就业情况			其中：应届毕业大学生创业就业		
	总数	孵化器	众创空间	总数	孵化器	众创空间
2018	41 983	32 765	9218	4308	2712	1596
2019	49 735	36 796	12 939	5147	2872	2275

4. 研发投入强度情况

2019 年，广西壮族自治区孵化器在孵企业研发经费支出 5.3 亿元，占主营业务收入比重为 6.5%，较 2018 年减少了 0.7 个百分点（图 4－77）。

（三）自身建设情况

1. 收入和运营成本情况

2019 年，广西壮族自治区创业孵化机构总收入 5.1 亿元，较 2018 年增长了 64.5%。其中，综合服务收入最多，达 38.3%；其次是房租及物业收入，达 33.7%。

2019 年，广西壮族自治区创业孵化机构总成本 4.5 亿元，较 2018 年增长了 36.4%。其中，管理费用占比最高，达 26.9%；其次是人员费用，达 25.8%（表 4－120 和图 4－78）。

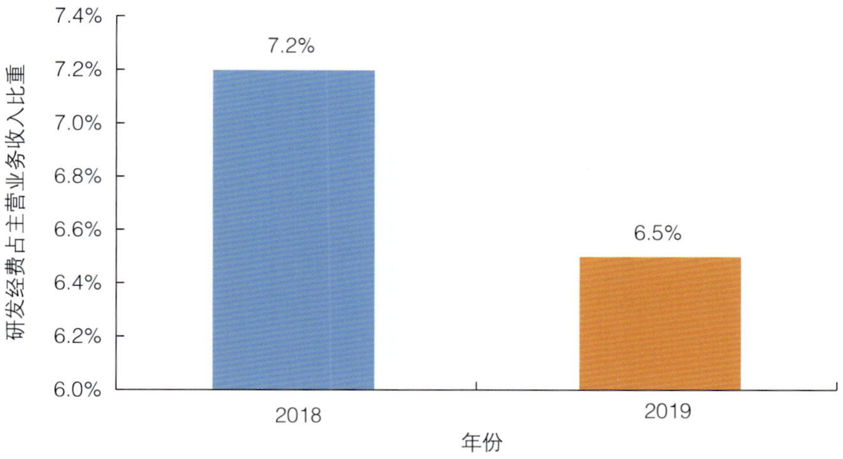

图 4－77　广西壮族自治区孵化器在孵企业研发投入强度情况

表 4－120　广西壮族自治区创业孵化机构收入和运营成本情况　　单位：亿元

年份	收入			运营成本		
	总收入	孵化器	众创空间	总成本	孵化器	众创空间
2018	3.1	2.2	0.9	3.3	2.4	0.9
2019	5.1	3.9	1.2	4.5	3.2	1.3

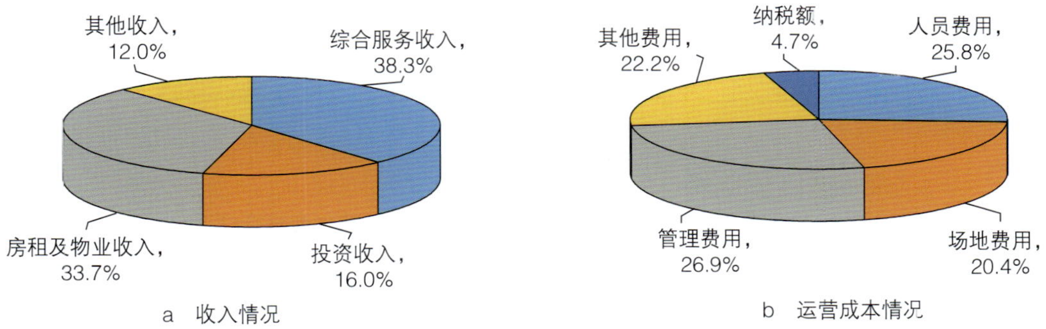

图 4－78　广西壮族自治区创业孵化机构收入和运营成本情况

2019 年，广西壮族自治区创业孵化机构纳税额达 0.3 亿元，较 2018 年增长了 50.0%。其中，孵化器纳税额 0.2 亿元，众创空间纳税额 0.1 亿元。

2. 服务人员情况

2019 年，广西壮族自治区创业孵化机构共有管理服务人员 2951 人，较 2018 年增长了 3.3%。

2019 年，广西壮族自治区创业孵化机构共有创业导师 3797 人，比 2018 年多 485 人，增长率达 14.6%（图 4－79）。

3. 创业辅导情况

2019 年，广西壮族自治区创业孵化机构共举办创新创业活动 3741 场，较 2018 年增加了 50.2%（图 4－80）。

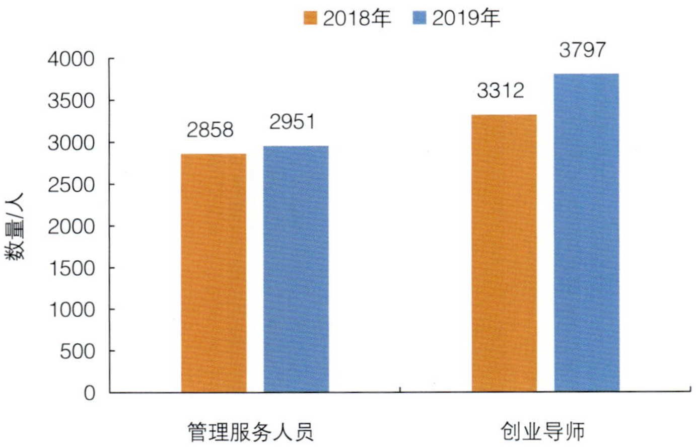

图 4-79　广西壮族自治区创业孵化机构服务人员情况

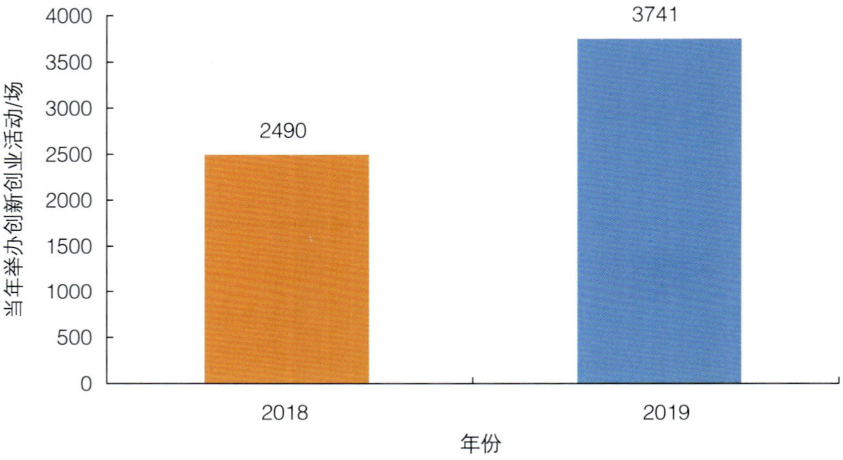

图 4-80　广西壮族自治区创业孵化机构创业辅导情况

二十一、海南省创业孵化发展情况

（一）总体情况

2019 年，海南省共有创业孵化机构 32 家，较 2018 年持平。其中，孵化器 8 家，较 2018 年增加了 2 家，国家级孵化器 2 家，占比为 25.0%；众创空间 24 家，较 2018 年减少了 2 家，在国家备案的众创空间 5 家，占比为 20.8%。

2019 年，海南省创业孵化机构面积达 0.3 百万平方米，较 2018 年增加了 50.0%。其中，孵化器面积 0.2 百万平方米，较 2018 年翻一番；众创空间面积 0.1 百万平方米，较 2018 年基本持平（表 4-121）。

表4－121　海南省创业孵化机构数量及面积情况

分类	2018年	2019年
创业孵化机构数量/家	32	32
孵化器数量	6	8
其中：国家级孵化器	1	2
众创空间数量	26	24
其中：在国家备案的众创空间	6	5
创业孵化机构面积/百万平方米	0.2	0.3
孵化器面积	0.1	0.2
众创空间面积	0.1	0.1

2019年，海南省创业孵化机构内在孵企业数量达2906家，较2018年减少了3.9%。其中，孵化器当年在孵企业数量754家，较2018年减少了43.5%；众创空间当年在孵企业数量2152家，较2018年增加了27.5%。

2019年，海南省创业孵化机构内当年上市（挂牌）企业总数2家，较2018年减少了4家。其中，孵化期内当年上市（挂牌）的企业有0家，众创空间内当年上市（挂牌）的企业有2家（表4－122）。

表4－122　海南省创业孵化机构在孵企业情况　　单位：家

年份	在孵企业数量			当年上市（挂牌）企业数量		
	总数	孵化器	众创空间	总数	孵化器	众创空间
2018	3023	1335	1688	6	5	1
2019	2906	754	2152	2	0	2

（二）绩效情况

1. 投融资情况

2019年，海南省创业孵化机构内当年获得投融资的企业数量为46家，较2018年减少26家；当年获得投资额达0.4亿元，较2018年减少0.6亿元（表4－123）。

表4－123　海南省创业孵化机构内获得投融资情况

获得投融资情况	2018年	2019年
当年获得投融资的企业数量/家	72	46
其中：孵化器	13	8
众创空间	59	38
当年获得投资额/亿元	1.0	0.4
其中：孵化器	0.6	0.1
众创空间	0.4	0.3

2. 知识产权情况

截至 2019 年年底，海南省创业孵化机构内在孵企业拥有有效知识产权数达 2559 件，较 2018 年增长了 8.3%。其中，众创空间内在孵企业拥有有效知识产权数达 1598 件，比 2018 年增加 337 件。拥有有效发明专利数为 321 件，比 2018 年增加 32 件（表 4－124）。

表 4－124　海南省创业孵化机构知识产权情况　　单位：件

知识产权情况	2018 年	2019 年
拥有有效知识产权数	2363	2559
其中：孵化器	1102	961
众创空间	1261	1598
拥有有效发明专利数	289	321
其中：孵化器	137	124
众创空间	152	197

3. 吸纳就业情况

2019 年，海南省创业孵化机构内在孵企业共吸纳就业 12 927 人，较 2018 年减少了 13.1%。其中，在孵化器和众创空间中应届毕业大学生创业就业共 1176 人，较 2018 年减少了 16.0%（表 4－125）。

表 4－125　海南省创业孵化机构吸纳就业情况　　单位：人

年份	在孵企业吸纳就业情况			其中：应届毕业大学生创业就业		
	总数	孵化器	众创空间	总数	孵化器	众创空间
2018	14 869	8646	6223	1400	414	986
2019	12 927	7261	5666	1176	476	700

4. 研发投入强度情况

2019 年，海南省孵化器在孵企业研发经费支出 1.1 亿元，占主营业务收入比重为 0.9%，较 2018 年减少了 7.0 个百分点（图 4－81）。

（三）自身建设情况

1. 收入和运营成本情况

2019 年，海南省创业孵化机构总收入 102.6 百万元，较 2018 年增长了 67.4%。其中，房租及物业收入最多，占比达 42.3%；其次是其他收入，占比为 32.6%。

2019 年，海南省创业孵化机构总成本 153.4 百万元，是 2018 年的近 2 倍。其中，场地费用占比最高，达 32.7%；其次是管理费用，占比为 28.1%（表 4－126 和图 4－82）。

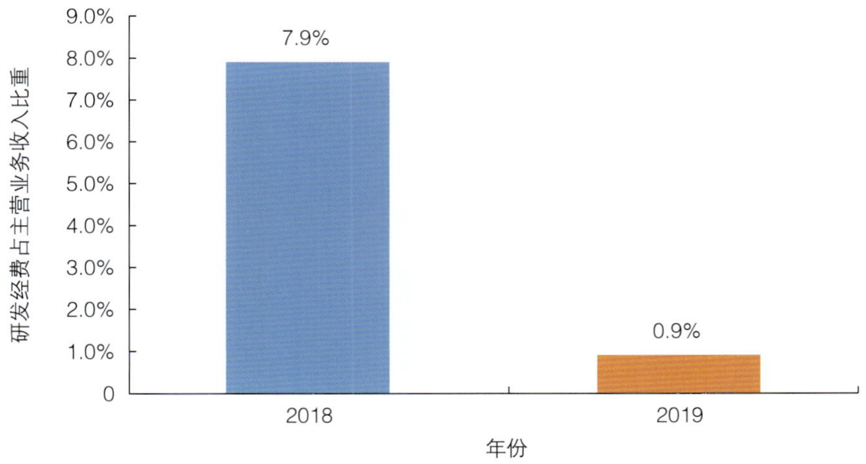

图 4－81　海南省孵化器研发投入强度情况

表 4－126　海南省创业孵化机构收入和运营成本情况　　单位：百万元

年份	收入			运营成本		
	总收入	孵化器	众创空间	总成本	孵化器	众创空间
2018	61. 3	16. 8	44. 5	82. 8	30. 4	52. 4
2019	102. 6	68. 2	34. 4	153. 4	100. 4	53. 0

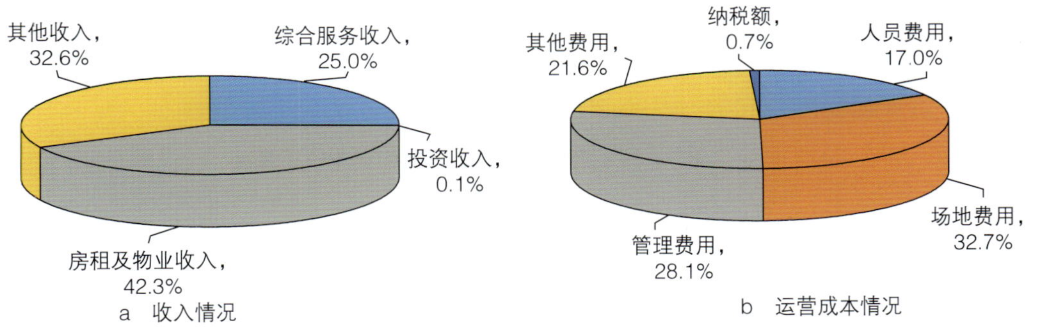

图 4－82　海南省创业孵化机构收入和运营成本情况

2019 年，海南省创业孵化机构纳税额达 1. 1 百万元。其中，众创空间纳税额 1. 0 百万元。

2. 服务人员情况

2019 年，海南省创业孵化机构共有管理服务人员 452 人，较 2018 年减少了 23. 9%。

2019 年，海南省创业孵化机构共有创业导师 688 人，较 2018 年减少了 2 人（图 4－83）。

3. 创业辅导情况

2019 年，海南省创业孵化机构共举办创新创业活动 1290 场，较 2018 年增长了 45. 1%（图 4－84）。

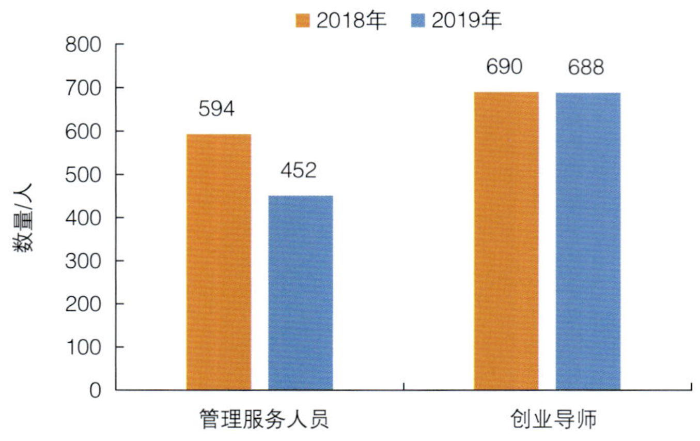

图 4-83　海南省创业孵化机构服务人员情况

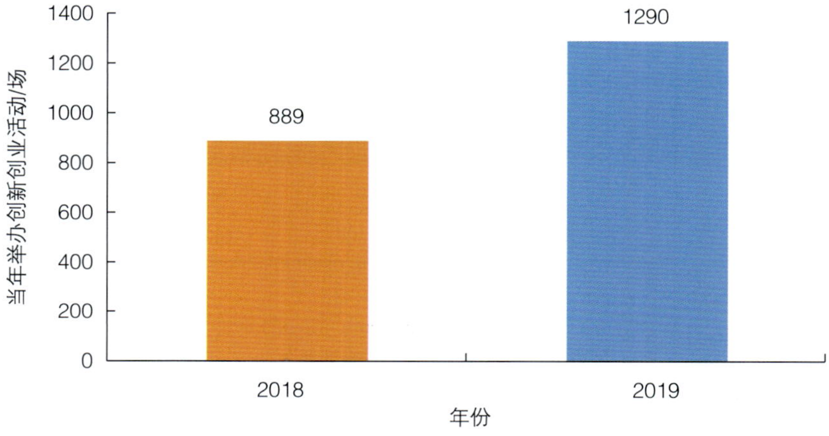

图 4-84　海南省创业孵化机构创业辅导情况

二十二、重庆市创业孵化发展情况

（一）总体情况

2019 年，重庆市共有创业孵化机构 291 家，较 2018 年增加了 11 家。其中，孵化器 77 家，较 2018 年增加了 12 家，国家级孵化器 19 家，占比为 24.7%；众创空间 214 家，较 2018 年减少了 1 家，在国家备案的众创空间 42 家，占比为 19.6%。

2019 年，重庆市创业孵化机构面积达 2.1 百万平方米，较 2018 年增加了 16.7%。其中，孵化器面积 1.2 百万平方米，较 2018 年增加了 33.3%；众创空间面积 0.9 百万平方米，较 2018 年基本持平（表 4-127）。

表 4－127　重庆市创业孵化机构数量及面积情况

分类	2018 年	2019 年
创业孵化机构数量/家	280	291
孵化器数量	65	77
其中：国家级孵化器	16	19
众创空间数量	215	214
其中：在国家备案的众创空间	42	42
创业孵化机构面积/百万平方米	1.8	2.1
孵化器面积	0.9	1.2
众创空间面积	0.9	0.9

2019 年，重庆市创业孵化机构内在孵企业数量达 15 351 家，较 2018 年增加了 9.9%。其中，孵化器当年在孵企业数量 2733 家，较 2018 年增加了 148 家；众创空间当年在孵企业数量 12 618 家，较 2018 年增加了 1239 家。

2019 年，重庆市创业孵化机构内当年上市（挂牌）企业总数为 47 家，较 2018 年增加了 28 家。其中，孵化器内当年上市（挂牌）的企业有 13 家，众创空间内当年上市（挂牌）的企业有 34 家（表 4－128）。

表 4－128　重庆市创业孵化机构在孵企业情况　　单位：家

年份	在孵企业数量			当年上市（挂牌）企业数量		
	总数	孵化器	众创空间	总数	孵化器	众创空间
2018	13 964	2585	11 379	19	11	8
2019	15 351	2733	12 618	47	13	34

（二）绩效情况

1. 投融资情况

2019 年，重庆市创业孵化机构内当年获得投融资的企业数量为 614 家，较 2018 年减少了 42.9%；当年获得投资额达 6.5 亿元，较 2018 年减少了 57.8%（表 4－129）。

表 4－129　重庆市创业孵化机构内获得投融资情况

获得投融资情况	2018 年	2019 年
当年获得投融资的企业数量/家	1075	614
其中：孵化器	103	99
众创空间	972	515

续表

获得投融资情况	2018 年	2019 年
当年获得投资额/亿元	15.4	6.5
其中：孵化器	1.9	2.0
众创空间	13.5	4.5

2. 知识产权情况

截至 2019 年年底，重庆市创业孵化机构内在孵企业拥有有效知识产权数达 14 382 件，较 2018 年增长了 1348 件，增长率达 10.3%。其中，众创空间内在孵企业拥有有效知识产权数达 8785 件，较 2018 年增长了 28.2%。拥有有效发明专利数为 2392 件，比 2018 年多 368 件，增长率为 18.2%（表 4－130）。

表 4－130　重庆市创业孵化机构知识产权情况　单位：件

知识产权情况	2018 年	2019 年
拥有有效知识产权数	13 034	14 382
其中：孵化器	6180	5597
众创空间	6854	8785
拥有有效发明专利数	2024	2392
其中：孵化器	696	882
众创空间	1328	1510

3. 吸纳就业情况

2019 年，重庆市创业孵化机构内在孵企业共吸纳就业 85 096 人，较 2018 年增加了 9.0%。其中，在孵化器和众创空间中应届毕业大学生创业就业共 11 293 人，较 2018 年减少了 3.1%（表 4－131）。

表 4－131　重庆市创业孵化机构吸纳就业情况　单位：人

年份	在孵企业吸纳就业情况			其中：应届毕业大学生创业就业		
	总数	孵化器	众创空间	总数	孵化器	众创空间
2018	78 090	33 487	44 603	11 659	3875	7784
2019	85 096	36 000	49 096	11 293	3499	7794

4. 研发投入强度情况

2019 年，重庆市孵化器在孵企业研发经费支出 3.0 亿元，占主营业务收入比重为 7.9%，较 2018 年增加了 2.1 个百分点（图 4－85）。

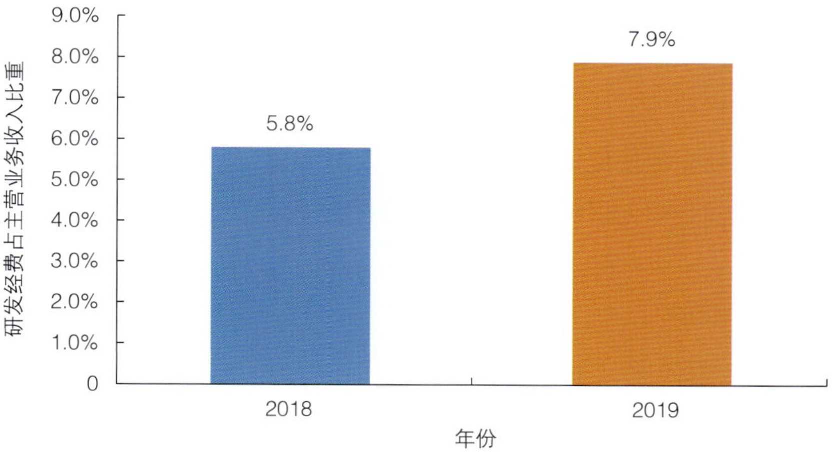

图 4－85　重庆市孵化器在孵企业研发投入强度情况

（三）自身建设情况

1. 收入和运营成本情况

2019 年，重庆市创业孵化机构总收入 7.3 亿元，较 2018 年增加了 4.3%。其中，房租及物业收入最多，占比达 41.0%；其次是综合服务收入，占比为 39.7%。

2019 年，重庆市创业孵化机构总成本 7.2 亿元，较 2018 年增长了 2.9%。其中，场地费用占比最高，达 30.8%；其次是人员费用，占比为 30.6%（表 4－132 和图 4－86）。

表 4－132　重庆市创业孵化机构收入和运营成本情况　　单位：亿元

年份	收入			运营成本		
	总收入	孵化器	众创空间	总成本	孵化器	众创空间
2018	7.0	2.6	4.4	7.0	2.5	4.5
2019	7.3	3.1	4.2	7.2	3.0	4.2

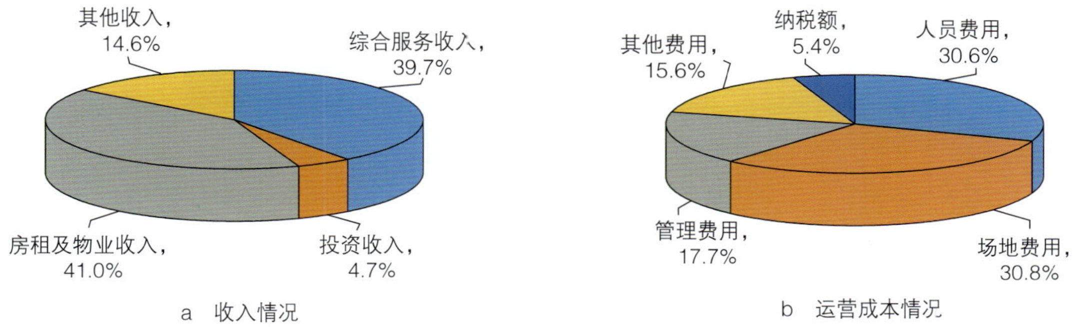

图 4－86　重庆市创业孵化机构收入和运营成本情况

2019 年，重庆市创业孵化机构纳税额达 0.4 亿元，较 2018 年增加了 33.3%。其中，孵化器纳税额 0.2 亿元，众创空间纳税额 0.2 亿元。

2. 服务人员情况

2019 年，重庆市创业孵化机构共有管理服务人员 3461 人，较 2018 年减少了 68.1%。

2019 年，重庆市创业孵化机构共有创业导师 6023 人，较 2018 年减少了 14.1%（图 4－87）。

图 4－87　重庆市创业孵化机构服务人员情况

3. 创业辅导情况

2019 年，重庆市创业孵化机构共举办创新创业活动 6236 场，较 2018 年增加了 13.8%（图 4－88）。

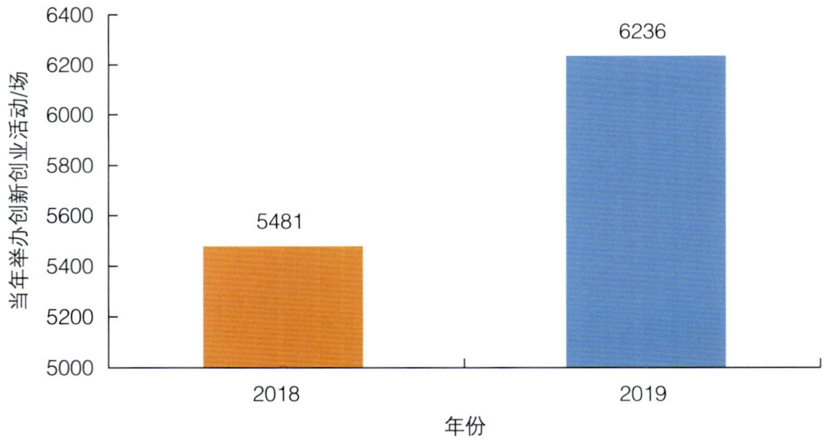

图 4－88　重庆市创业孵化机构创业辅导情况

二十三、四川省创业孵化发展情况

（一）总体情况

2019 年，四川省共有创业孵化机构 343 家，较 2018 年增加了 13.2%。其中，孵化器 168 家，较 2018 年增加了 21 家，国家级孵化器 34 家，占比为 20.2%；众创空间 175 家，较 2018 年增加了 19 家，在国家备案的众创空间 62 家，占比为 35.4%。

2019 年，四川省创业孵化机构面积达 4.2 百万平方米，较 2018 基本持平。其中，孵化器面积 3.4 百万平方米，较 2018 年基本持平；众创空间面积 0.8 百万平方米，较 2018 年基本持平（表 4－133）。

表 4－133　四川省创业孵化机构数量及面积情况

分类	2018 年	2019 年
创业孵化机构数量/家	303	343
孵化器数量	147	168
其中：国家级孵化器	28	34
众创空间数量	156	175
其中：在国家备案的众创空间	63	62
创业孵化机构面积/百万平方米	4.2	4.2
孵化器面积	3.4	3.4
众创空间面积	0.8	0.8

2019 年，四川省创业孵化机构内在孵企业数量达 18 351 家，较 2018 年增加了 8.7%。其中，孵化器当年在孵企业数量 8190 家，较 2018 年增加了 7.9%；众创空间当年在孵企业数量 10 161 家，较 2018 年增加了 864 家。

2019 年，四川省创业孵化机构内当年上市（挂牌）企业总数为 124 家，较 2018 年减少了 11 家。其中，孵化器内当年上市（挂牌）的企业有 77 家，众创空间内当年上市（挂牌）的企业有 47 家（表 4－134）。

表 4－134　四川省创业孵化机构在孵企业情况　　单位：家

年份	在孵企业数量			当年上市（挂牌）企业数量		
	总数	孵化器	众创空间	总数	孵化器	众创空间
2018	16 887	7590	9297	135	94	41
2019	18 351	8190	10 161	124	77	47

（二）绩效情况

1. 投融资情况

2019 年，四川省创业孵化机构内当年获得投融资的企业数量为 696 家，较 2018 年增加了 1.6%；当年获得投资额达 26.9 亿元，较 2018 年增加了 15.0%（表 4－135）。

表 4－135 四川省创业孵化机构内获得投融资情况

获得投融资情况	2018 年	2019 年
当年获得投融资的企业数量/家	685	696
其中：孵化器	371	354
众创空间	314	342
当年获得投资额/亿元	23.4	26.9
其中：孵化器	14.4	21.0
众创空间	9.0	5.9

2. 知识产权情况

截至 2019 年年底，四川省创业孵化机构内在孵企业拥有有效知识产权数达 21 519 件，较 2018 年增加了 2558 件，增长率为 13.5%。其中，众创空间内在孵企业拥有有效知识产权数达 4981 件，比 2018 年减少了 8.5%。拥有有效发明专利数为 3773 件，比 2018 年少 640 件（表 4－136）。

表 4－136 四川省创业孵化机构知识产权情况 单位：件

知识产权情况	2018 年	2019 年
拥有有效知识产权数	18 961	21 519
其中：孵化器	13 517	16 538
众创空间	5444	4981
拥有有效发明专利数	4413	3773
其中：孵化器	2544	2711
众创空间	1869	1062

3. 吸纳就业情况

2019 年，四川省创业孵化机构内在孵企业共吸纳就业 153 796 人，较 2018 年增长了 10.5%。其中，在孵化器和众创空间中应届毕业大学生创业就业共 14 460 人，较 2018 年减少了 0.7%（表 4－137）。

表 4－137　四川省创业孵化机构吸纳就业情况　　单位：人

年份	在孵企业吸纳就业情况			其中：应届毕业大学生创业就业		
	总数	孵化器	众创空间	总数	孵化器	众创空间
2018	139 207	100 874	38 333	14 561	8414	6147
2019	153 796	111 337	42 459	14 460	8919	5541

4. 研发投入强度情况

2019 年，四川省孵化器在孵企业研发经费支出 18.0 亿元，占主营业务收入比重为 6.4%，较 2018 年持平（图 4－89）。

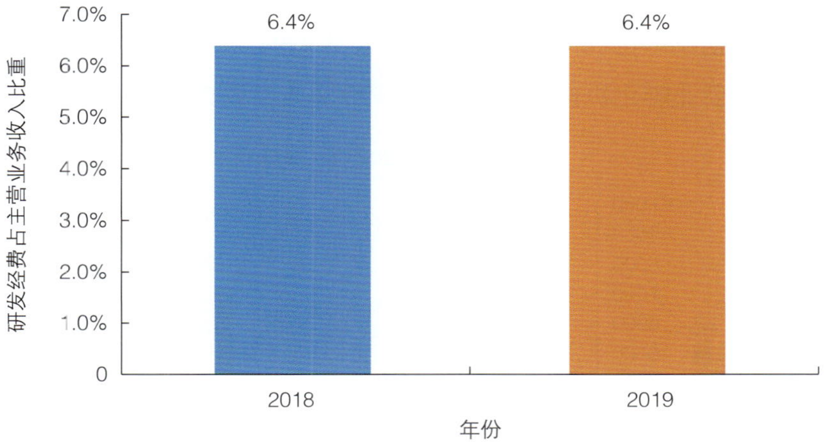

图 4－89　四川省孵化器在孵企业研发投入强度情况

（三）自身建设情况

1. 收入和运营成本情况

2019 年，四川省创业孵化机构总收入 18.0 亿元，较 2018 年增长了 6.5%。其中，综合服务收入最多，占比达 40.2%；其次是其他收入，占比为 33.1%。

2019 年，四川省创业孵化机构总成本 15.3 亿元，较 2018 年增长了 0.7%。其中，其他费用占比最多，达 33.5%；其次是场地费用，占比为 23.3%（表 4－138 和图 4－90）。

表 4－138　四川省创业孵化机构收入和运营成本情况　　单位：亿元

年份	收入			运营成本		
	总收入	孵化器	众创空间	总成本	孵化器	众创空间
2018	16.9	13.0	3.9	15.2	11.6	3.6
2019	18.0	14.3	3.7	15.3	12.0	3.3

2019 年，四川省创业孵化机构纳税额达 1.0 亿元，较 2018 年减少了 9.1%。其中，孵化器纳税额 0.9 亿元，众创空间纳税额 0.1 亿元。

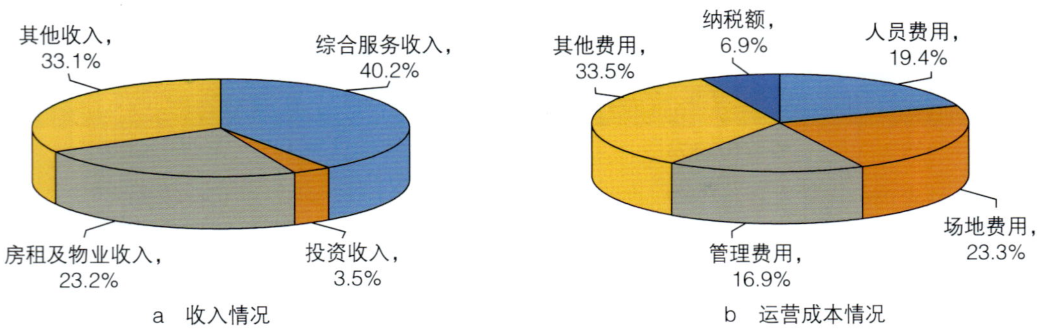

图 4－90 四川省创业孵化机构收入和运营成本情况

2. 服务人员情况

2019 年，四川省创业孵化机构共有管理服务人员 4294 人，较 2018 年增长了 8.8%。

2019 年，四川省创业孵化机构共有创业导师 9202 人，较 2018 年增长了 27.0%（图 4－91）。

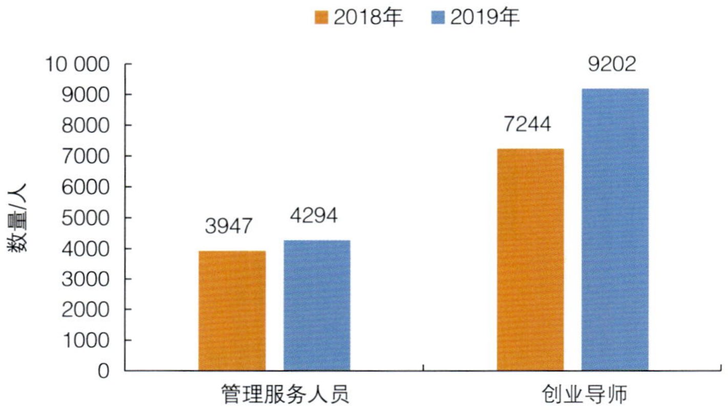

图 4－91 四川省创业孵化机构服务人员情况

3. 创业辅导情况

2019 年，四川省创业孵化机构共举办创新创业活动 8827 场，较 2018 年增长了 10.0%（图 4－92）。

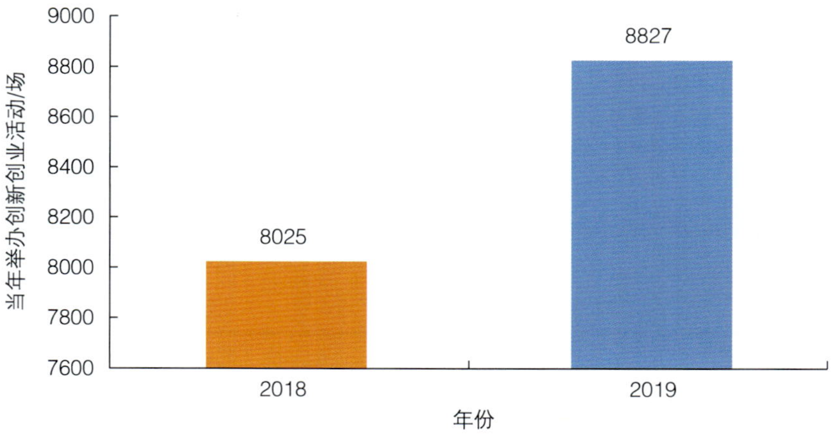

图 4－92 四川省创业孵化机构创业辅导情况

二十四、贵州省创业孵化发展情况

（一）总体情况

2019 年，贵州省共有创业孵化机构 124 家，较 2018 年增加了 13.8%。其中，孵化器 42 家，较 2018 年增加了 11 家，国家级孵化器 8 家，占比为 19.0%；众创空间 82 家，较 2018 年增加了 4 家，在国家备案的众创空间 23 家，占比为 28.0%。

2019 年，贵州省创业孵化机构面积达 3.8 百万平方米，较 2018 年减少了 5.0%。其中，孵化器面积 3.5 百万平方米，较 2018 年减少了 5.4%；众创空间面积 0.3 百万平方米，较 2018 年基本持平（表 4 – 139）。

表 4 – 139　贵州省创业孵化机构数量及面积情况

分类	2018 年	2019 年
创业孵化机构数量/家	109	124
孵化器数量	31	42
其中：国家级孵化器	6	8
众创空间数量	78	82
其中：在国家备案的众创空间	25	23
创业孵化机构面积/百万平方米	4.0	3.8
孵化器面积	3.7	3.5
众创空间面积	0.3	0.3

2019 年，贵州省创业孵化机构内在孵企业数量达 4992 家，较 2018 年减少 5.4%。其中，孵化器当年在孵企业数量 1251 家，较 2018 年增加了 19.5%；众创空间当年在孵企业数量 3741 家，较 2018 年减少了 488 家。

2019 年，贵州省创业孵化机构内当年上市（挂牌）企业总数为 1 家，较 2018 年持平。其中，孵化器内当年上市（挂牌）的企业有 0 家，众创空间内当年上市（挂牌）的企业有 1 家（表 4 – 140）。

表 4 – 140　贵州省创业孵化机构在孵企业情况　　单位：家

年份	在孵企业数量			当年上市（挂牌）企业数量		
	总数	孵化器	众创空间	总数	孵化器	众创空间
2018	5276	1047	4229	1	0	1
2019	4992	1251	3741	1	0	1

（二）绩效情况

1. 投融资情况

2019 年，贵州省创业孵化机构内当年获得投融资的企业数量为 241 家，较 2018 增长了 21.1%；当年获得投资额达 1.7 亿元，较 2018 年减少了 29.2%（表 4－141）。

表 4－141　贵州省创业孵化机构内获得投融资情况

获得投融资情况	2018 年	2019 年
当年获得投融资的企业数量/家	199	241
其中：孵化器	48	33
众创空间	151	208
当年获得投资额/亿元	2.4	1.7
其中：孵化器	1.1	1.4
众创空间	1.3	0.3

2. 知识产权情况

截至 2019 年年底，贵州省孵化器内在孵企业拥有有效知识产权数达 4714 件，较 2018 年增长了 1254 件，增长率为 36.2%。其中，众创空间内在孵企业拥有有效发明产权数达 1667 件，较 2018 年增加了 76.4%。拥有有效发明专利数为 657 件，比 2018 年多 140 件，增长率为 27.1%（表 4－142）。

表 4－142　贵州省创业孵化机构知识产权情况　　单位：件

知识产权情况	2018 年	2019 年
拥有有效知识产权数	3460	4714
其中：孵化器	2515	3047
众创空间	945	1667
拥有有效发明专利数	517	657
其中：孵化器	392	446
众创空间	125	211

3. 吸纳就业情况

2019 年，贵州省创业孵化机构内在孵企业共吸纳就业 35 858 人，较 2018 年减少了 13.5%。其中，在孵化器和众创空间中应届毕业大学生创业就业共 4363 人，较 2018 年增加了 15.5%（表 4－143）。

表 4－143　贵州省创业孵化机构吸纳就业情况　　单位：人

年份	在孵企业吸纳就业情况			其中：应届毕业大学生创业就业		
	总数	孵化器	众创空间	总数	孵化器	众创空间
2018	41 458	28 198	13 260	3778	1994	1784
2019	35 858	22 950	12 908	4363	2328	2035

4. 研发投入强度情况

2019 年，贵州省孵化器在孵企业研发经费支出 8.6 亿元，占主营业务收入比重为 5.8%，较 2018 年减少了 5.1 个百分点（图 4－93）。

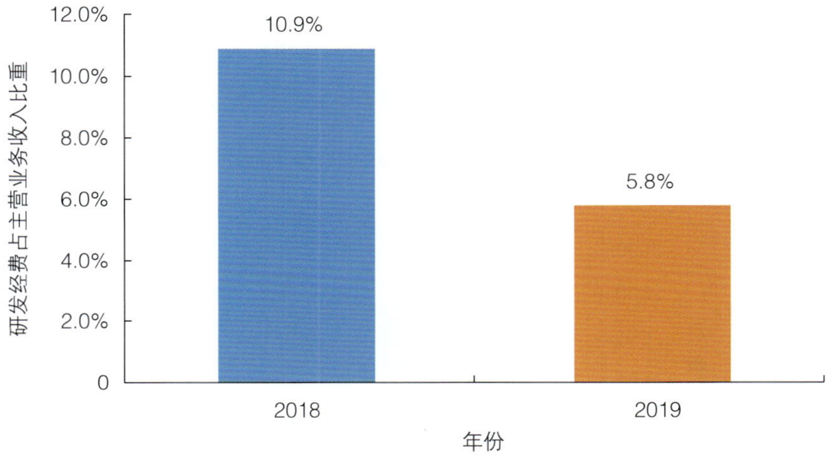

图 4－93　贵州省孵化器在孵企业研发投入强度情况

（三）自身建设情况

1. 收入和运营成本情况

2019 年，贵州省创业孵化机构总收入 10.6 亿元，较 2018 年减少了 22.1%。其中，其他收入最多，占比达 33.9%；其次是综合服务收入，占比为 31.2%。

2019 年，贵州省创业孵化机构总成本 3.0 亿元，较 2018 年增加了 3.4%。其中，人员费用占比最高，达 35.9%；其次是管理费用，占比为 21.4%（表 4－144 和图 4－94）。

表 4－144　贵州省创业孵化机构收入和运营成本情况　　单位：亿元

年份	收入			运营成本		
	总收入	孵化器	众创空间	总成本	孵化器	众创空间
2018	13.6	11.7	1.9	2.9	1.2	1.7
2019	10.6	9.1	1.5	3.0	1.2	1.8

2019 年，贵州省创业孵化机构纳税额达 0.3 亿元，较 2018 年增加了 50.0%。其中，孵化器纳税额 0.1 亿元，众创空间纳税额 0.2 亿元。

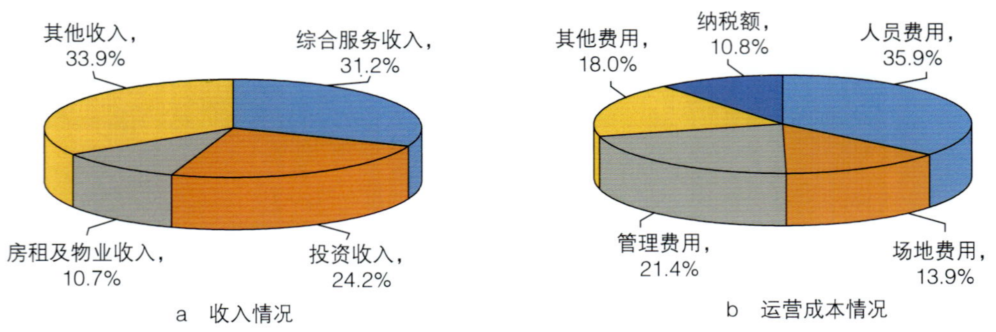

图 4－94 贵州省创业孵化机构收入和运营成本情况

2. 服务人员情况

2019 年，贵州省创业孵化机构共有管理服务人员 2383 人，较 2018 年减少了 24.0%。

2019 年，贵州省创业孵化机构共有创业导师 1855 人，较 2018 年增长了 26.7%（图 4－95）。

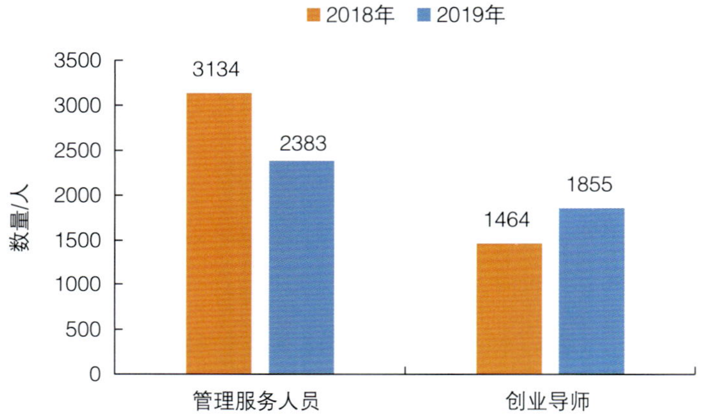

图 4－95 贵州省创业孵化机构服务人员情况

3. 创业辅导情况

2019 年，贵州省创业孵化机构共举办创新创业活动 1771 场，较 2018 年增加了 16.0%（图 4－96）。

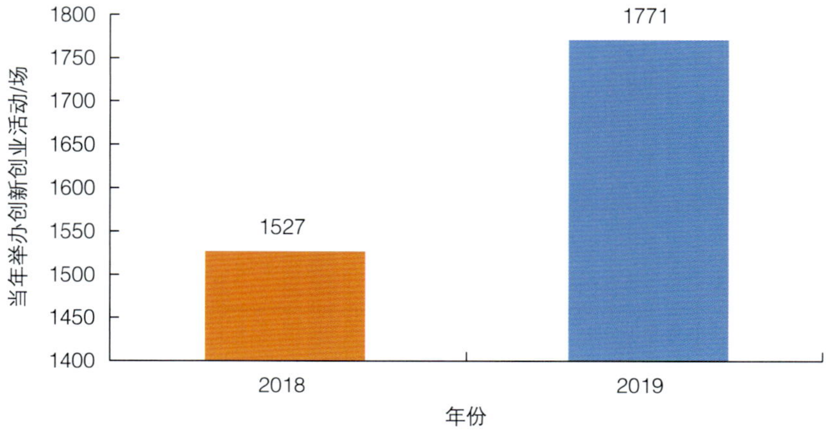

图 4－96 贵州省创业孵化机构创业辅导情况

二十五、云南省创业孵化发展情况

（一）总体情况

2019 年，云南省共有创业孵化机构 162 家，较 2018 年减少了 1.8%。其中，孵化器 40 家，较 2018 年增加了 7 家，国家级孵化器 13 家，占比为 32.5%；众创空间 122 家，较 2018 年减少了 10 家，在国家备案的众创空间 33 家，占比为 27.0%。

2019 年，云南省创业孵化机构面积达 3.0 百万平方米，较 2018 年减少了 3.2%。其中，孵化器面积 0.8 百万平方米，较 2018 年增加了 14.3%；众创空间面积 2.2 百万平方米，较 2018 年减少了 8.3%（表 4－145）。

表 4－145　云南省创业孵化机构数量及面积情况

分类	2018 年	2019 年
创业孵化机构数量/家	165	162
孵化器数量	33	40
其中：国家级孵化器	11	13
众创空间数量	132	122
其中：在国家备案的众创空间	35	33
创业孵化机构面积/百万平方米	3.1	3.0
孵化器面积	0.7	0.8
众创空间面积	2.4	2.2

2019 年，云南省创业孵化机构内在孵企业数量达 10 065 家，较 2018 年减少了 16.2%。其中，孵化器当年在孵企业数量 2280 家，较 2018 年增加了 10.0%；众创空间当年在孵企业数量 7785 家，较 2018 年减少了 2156 家。

2019 年，云南省创业孵化机构内当年上市（挂牌）企业总数为 0 家，较 2018 年减少了 2 家。其中，孵化器内当年上市（挂牌）的企业有 0 家，众创空间内当年上市（挂牌）的企业有 0 家（表 4－146）。

表 4－146　云南省创业孵化机构在孵企业情况　　单位：家

年份	在孵企业数量			当年上市（挂牌）企业数量		
	总数	孵化器	众创空间	总数	孵化器	众创空间
2018	12 014	2073	9941	2	1	1
2019	10 065	2280	7785	0	0	0

（二）绩效情况

1. 投融资情况

2019 年，云南省创业孵化机构内当年获得投融资的企业数量为 218 家，较 2018 年减少了 19.9%；当年获得投资额达 2.3 亿元，较 2018 年减少了 8.0%（表 4－147）。

表 4－147　云南省创业孵化机构内获得投融资情况

获得投融资情况	2018 年	2019 年
当年获得投融资的企业数量/家	272	218
其中：孵化器	26	24
众创空间	246	194
当年获得投资额/亿元	2.5	2.3
其中：孵化器	0.2	0.3
众创空间	2.3	2.0

2. 知识产权情况

截至 2019 年年底，云南省创业孵化机构内在孵企业拥有有效知识产权数达 7025 件，较 2018 年减少了 243 件。其中，众创空间内在孵企业拥有有效知识产权数达 2987 件，较 2018 年减少 16.4%。拥有有效发明专利数为 795 件，比 2018 年增加 40 件，增长率为 5.3%（表 4－148）。

表 4－148　云南省创业孵化机构知识产权情况　　单位：件

知识产权情况	2018 年	2019 年
拥有有效知识产权数	7268	7025
其中：孵化器	3695	4038
众创空间	3573	2987
拥有有效发明专利数	755	795
其中：孵化器	343	337
众创空间	412	458

3. 吸纳就业情况

2019 年，云南省创业孵化机构内在孵企业共吸纳就业 52 291 人，较 2018 年增加了 5.6%。其中，在孵化器和众创空间中应届毕业大学生创业就业共 7232 人，较 2018 年减少了 3.1%（表 4－149）。

表 4－149　云南省创业孵化机构吸纳就业情况　　单位：人

年份	在孵企业吸纳就业情况			其中：应届毕业大学生创业就业		
	总数	孵化器	众创空间	总数	孵化器	众创空间
2018	49 536	22 958	26 578	7460	2744	4716
2019	52 291	25 313	26 978	7232	2316	4916

4. 研发投入强度情况

2019 年，云南省孵化器在孵企业研发经费支出 2.3 亿元，占主营业务收入比重为 4.8%，较 2018 年持平（图 4－97）。

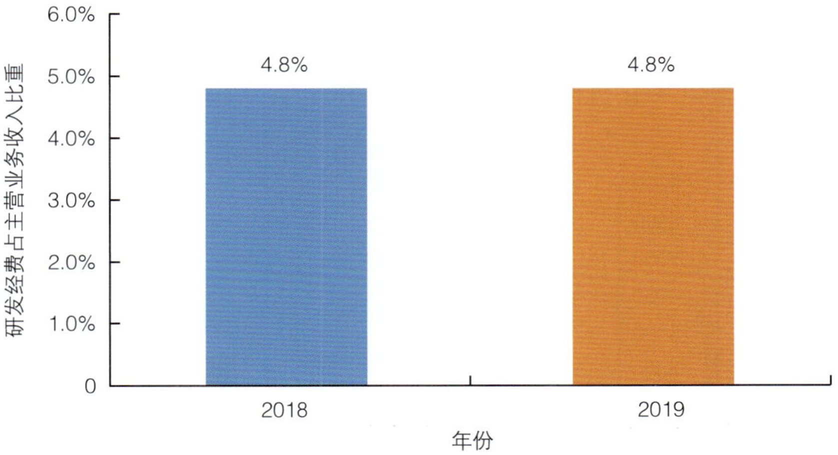

图 4－97　云南省孵化器在孵企业研发投入强度情况

（三）自身建设情况

1. 收入和运营成本情况

2019 年，云南省创业孵化机构总收入 4.0 亿元，较 2018 年减少了 2.4%。其中，综合服务收入最多，占比达 36.2%；其次是房租及物业收入，占比为 33.0%。

2019 年，云南省创业孵化机构总成本 3.8 亿元，较 2018 年减少了 11.6%。其中，场地费用占比最高，达 28.6%；其次是人员费用，占比为 22.3%（表 4－150 和图 4－98）。

表 4－150　云南省创业孵化机构收入和运营成本情况　　单位：亿元

年份	收入			运营成本		
	总收入	孵化器	众创空间	总成本	孵化器	众创空间
2018	4.1	1.4	2.7	4.3	1.6	2.7
2019	4.0	1.7	2.3	3.8	1.9	1.9

2019 年，云南省创业孵化机构纳税额达 0.4 亿元，较 2018 年增长了 33.3%。其中，孵化器纳税额 0.3 亿元，众创空间纳税额 0.1 亿元。

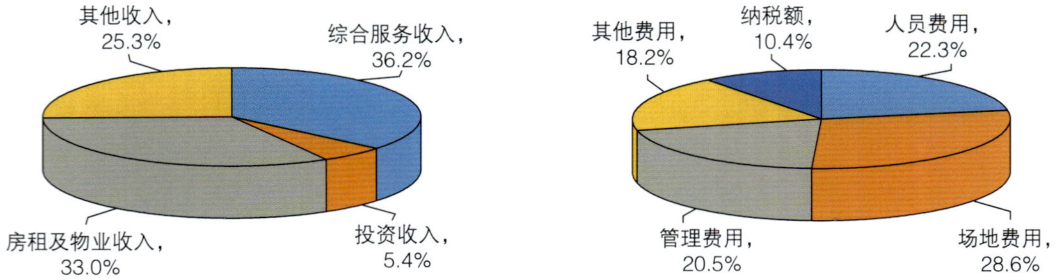

a　收入情况　　　　b　运营成本情况

图 4－98　云南省创业孵化机构收入和运营成本情况

2. 服务人员情况

2019 年，云南省创业孵化机构共有管理服务人员 2525 人，较 2018 年减少了 68.3%。

2019 年，云南省创业孵化机构共有创业导师 4553 人，较 2018 年增长了 1.2%（图 4－99）。

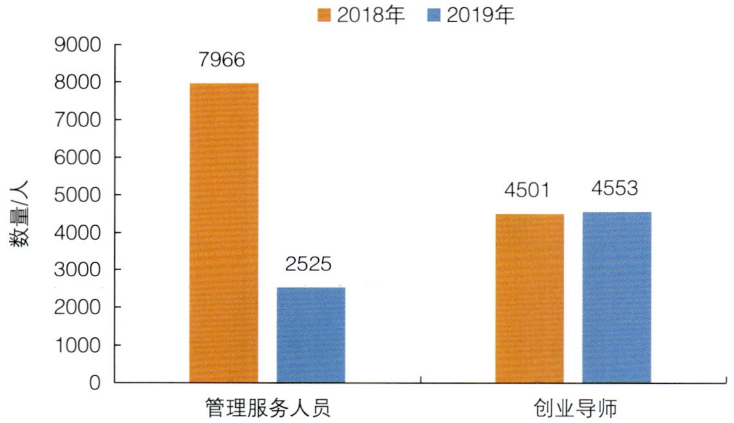

图 4－99　云南省创业孵化机构服务人员情况

3. 创业辅导情况

2019 年，云南省创业孵化机构共举办创新创业活动 3092 场，较 2018 年增加了 7.4%（图 4－100）。

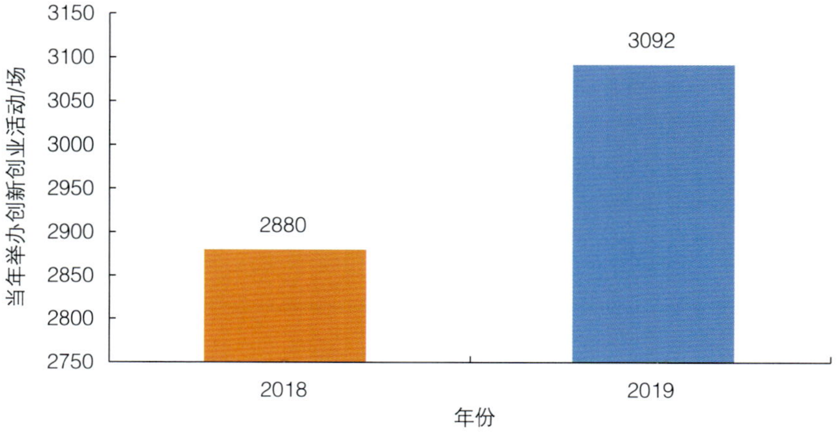

图 4－100　云南省创业孵化机构创业辅导情况

二十六、西藏自治区创业孵化发展情况

（一）总体情况

2019 年，西藏自治区共有创业孵化机构 3 家，较 2018 年增加 2 家。其中，孵化器 1 家，为国家级孵化器；众创空间 2 家，均为在国家备案的众创空间。

2019 年，西藏自治区创业孵化机构面积为 27 284.9 平方米，较 2018 年减少了 76.0%。其中，孵化器面积 2394.9 平方米，众创空间 24 890.0 平方米。

2019 年，西藏自治区创业孵化机构内在孵企业数量达 182 家，较 2018 年减少了 85.2%。其中，孵化器当年在孵企业数量 17 家，众创空间当年在孵企业数量 165 家。当年上市（挂牌）企业有 0 家。

（二）绩效情况

1. 投融资情况

2019 年，西藏自治区创业孵化机构内当年获得投融资的企业数量为 1 家。

2. 知识产权情况

截至 2019 年年底，西藏自治区创业孵化机构内在孵企业拥有有效知识产权数为 131 件，较 2018 年减少了 104 件。拥有有效发明专利数为 21 件，比 2018 年减少 20 件（表 4－151）。

表 4－151　西藏自治区创业孵化机构知识产权情况　　单位：件

知识产权情况	2018 年	2019 年
拥有有效知识产权数	235	131
拥有有效发明专利数	41	21

3. 吸纳就业情况

2019 年，西藏自治区创业孵化机构内在孵企业共吸纳就业 966 人，其中，在孵化器和众创空间中应届毕业大学生创业就业共 117 人。

4. 研发投入强度情况

2019 年，西藏自治区孵化器在孵企业研发经费支出 982.8 万元，占主营业务收入比重为 9.4%，较 2018 年减少了 6.5 个百分点（图 4－101）。

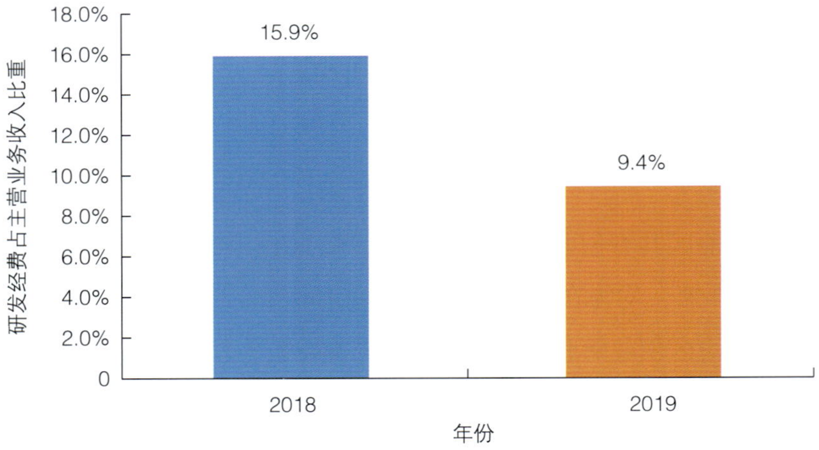

图 4－101　西藏自治区孵化器在孵企业研发投入强度情况

（三）自身建设情况

1. 收入和运营成本情况

2019 年，西藏自治区创业孵化机构总收入为 0。创业孵化机构总成本为 0.1 亿元，其中，人员费用和场地费用占比均高达 40.0%（图 4－102）。

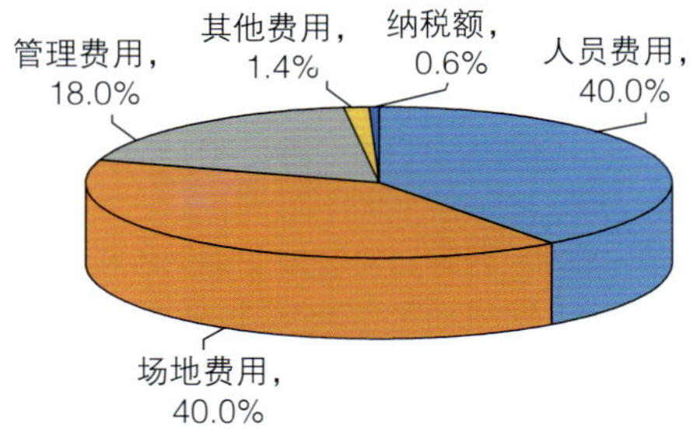

图 4－102　西藏自治区创业孵化机构运营成本情况

2. 服务人员情况

2019 年，西藏自治区创业孵化机构共有管理服务人员 21 人，与 2018 年相比有较大变动。

2019 年，西藏自治区创业孵化机构共有创业导师 52 人，较 2018 年减少 602 人（图 4－103）。

3. 创业辅导情况

2019 年，西藏自治区创业孵化机构共举办创新创业活动 53 场，较 2018 年减少了 189 场（图 4－104）。

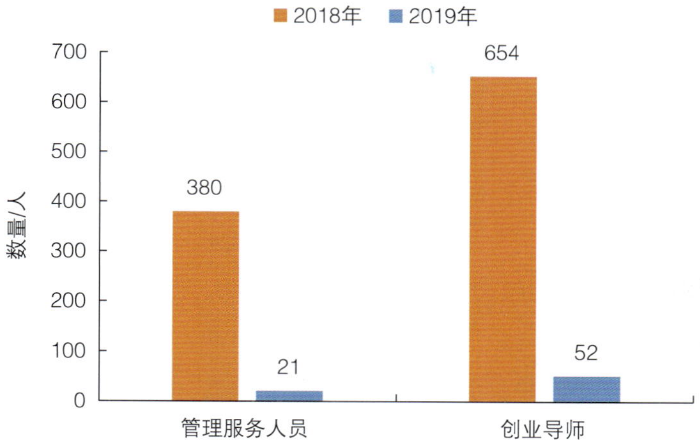

图 4－103　西藏自治区创业孵化机构服务人员情况

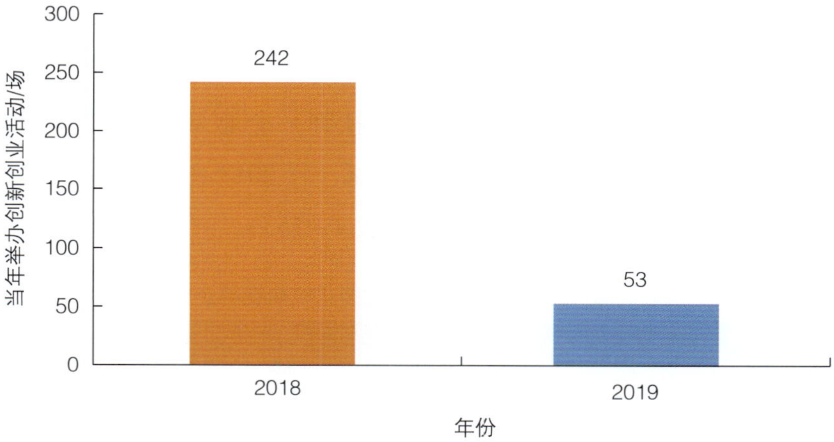

图 4－104　西藏自治区创业孵化机构创业辅导情况

二十七、陕西省创业孵化发展情况

（一）总体情况

2019 年，陕西省共有创业孵化机构 406 家，较 2018 年增加了 38.6%。其中，孵化器 122 家，较 2018 年增加了 53 家，国家级孵化器 33 家，占比为 27.0%；众创空间 284 家，较 2018 年增加了 60 家，在国家备案的众创空间 71 家，占比为 25.0%。

2019 年，陕西省创业孵化机构面积达 4.8 百万平方米，较 2018 年增加了 23.1%。其中，孵化器面积 3.3 百万平方米，较 2018 年增加了 32.0%；众创空间面积 1.5 百万平方米，较 2018 年增加了 7.1%（表 4－152）。

表 4－152　陕西省创业孵化机构数量及面积情况

分类	2018 年	2019 年
创业孵化机构数量/家	293	406
孵化器数量	69	122
其中：国家级孵化器	30	33
众创空间数量	224	284
其中：在国家备案的众创空间	71	71
创业孵化机构面积/百万平方米	3.9	4.8
孵化器面积	2.5	3.3
众创空间面积	1.4	1.5

2019 年，陕西省创业孵化机构内在孵企业数量达 19 590 家，较 2018 年增加了 23.8%。其中，孵化器当年在孵企业数量 4730 家，较 2018 年增加了 29.8%；众创空间当年在孵企业数量 14 860 家，较 2018 年增加了 2681 家。

2019 年，陕西省创业孵化机构内当年上市（挂牌）企业总数为 51 家，较 2018 年增加 37 家。其中，孵化器内当年上市（挂牌）的企业有 24 家，较 2018 年增加 18 家，众创空间内当年上市（挂牌）的企业有 27 家，较 2018 年增加 19 家（表 4－153）。

表 4－153　陕西省创业孵化机构在孵企业情况　　单位：家

年份	在孵企业数量			当年上市（挂牌）企业数量		
	总数	孵化器	众创空间	总数	孵化器	众创空间
2018	15 823	3644	12 179	14	6	8
2019	19 590	4730	14 860	51	24	27

（二）绩效情况

1. 投融资情况

2019 年，陕西省创业孵化机构内当年获得投融资的企业数量为 1056 家，较 2018 年增加了 1.3%；当年获得投资额达 40.7 亿元，较 2018 年减少了 5.1%（表 4－154）。

表 4－154　陕西省创业孵化机构内获得投融资情况

获得投融资情况	2018 年	2019 年
当年获得投融资的企业数量/家	1042	1056
其中：孵化器	360	372
众创空间	682	684

续表

获得投融资情况	2018 年	2019 年
当年获得投资额/亿元	42.9	40.7
其中：孵化器	15.1	15.8
众创空间	27.8	24.9

2. 知识产权情况

截至 2019 年年底，陕西省创业孵化机构内在孵企业拥有有效知识产权数达 32 495 件，较 2018 年增长了 99.7%。其中，众创空间内在孵企业拥有有效知识产权数达 13 680 件，较 2018 年增加了 86.8%。拥有有效发明专利数为 5153 件，较 2018 年增长了 58.9%（表 4－155）。

表 4－155　陕西省创业孵化机构知识产权情况　单位：件

知识产权情况	2018 年	2019 年
拥有有效知识产权数	16 270	32 495
其中：孵化器	8946	18 815
众创空间	7324	13 680
拥有有效发明专利数	3242	5153
其中：孵化器	1984	3521
众创空间	1258	1632

3. 吸纳就业情况

2019 年，陕西省创业孵化机构内在孵企业共吸纳就业 146 353 人，较 2018 年增长了 23.8%。其中，在孵化器和众创空间中应届毕业大学生创业就业共 17 213 人，较 2018 年增加了 16.4%（表 4－156）。

表 4－156　陕西省创业孵化机构吸纳就业情况　单位：人

年份	在孵企业吸纳就业情况			其中：应届毕业大学生创业就业		
	总数	孵化器	众创空间	总数	孵化器	众创空间
2018	118 243	73 304	44 939	14 784	6953	7831
2019	146 353	90 395	55 958	17 213	7631	9582

4. 研发投入强度情况

2019 年，陕西省孵化器在孵企业研发经费支出 14.7 亿元，占主营业务收入比重为 19.2%，较 2018 年增加了 10.3 个百分点（图 4－105）。

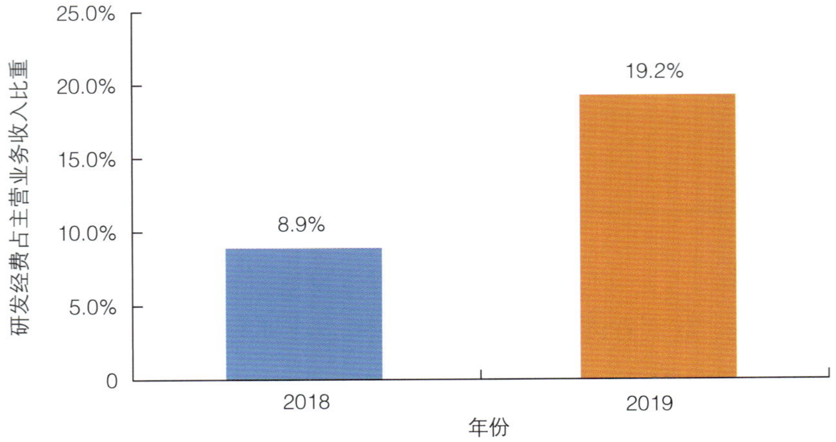

图 4－105　陕西省孵化器在孵企业研发投入强度情况

（三）自身建设情况

1. 收入和运营成本情况

2019 年，陕西省创业孵化机构总收入 26.1 亿元，较 2018 年增长了 58.2%。其中，综合服务收入最多，占比达 47.1%；其次是房租及物业收入，占比为 28.7%。

2019 年，陕西省创业孵化机构总成本 28.1 亿元，较 2018 年增长了 130.3%。其中，管理费用占比最高，达 45.8%；其次是场地费用，占比为 17.4%（表 4－157 和图 4－106）。

表 4－157　陕西省创业孵化机构收入和运营成本情况　　单位：亿元

年份	收入			运营成本		
	总收入	孵化器	众创空间	总成本	孵化器	众创空间
2018	16.5	11.1	5.4	12.2	7.1	5.1
2019	26.1	14.6	11.5	28.1	11.1	17.0

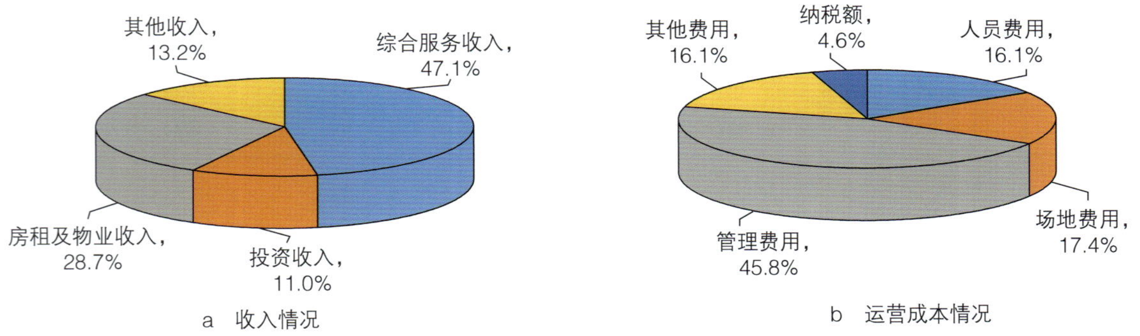

图 4－106　陕西省创业孵化机构收入和运营成本情况

2019 年，陕西省创业孵化机构纳税额达 1.3 亿元，较 2018 年增长了 30.0%。其中，孵化器纳税额 1.0 亿元，众创空间纳税额 0.3 亿元。

2. 服务人员情况

2019 年，陕西省创业孵化机构共有管理服务人员 5819 人，较 2018 年增加了 33.6%。

2019 年，陕西省创业孵化机构共有创业导师 9550 人，比 2018 年多 1149 人，增长率达 13.7%（图 4－107）。

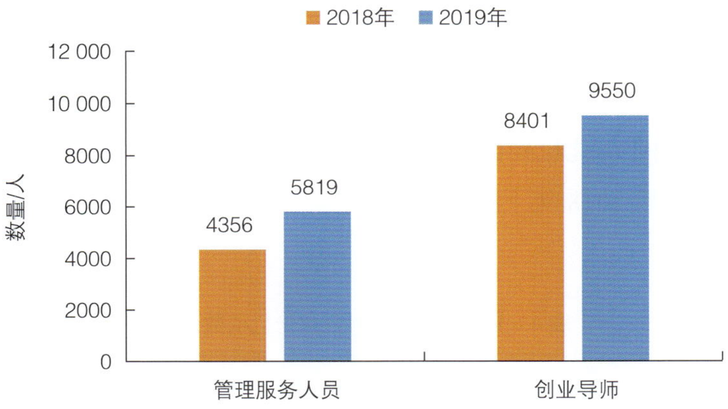

图 4－107　陕西省创业孵化机构服务人员情况

3. 创业辅导情况

2019 年，陕西省创业孵化机构共举办创新创业活动 10 965 场，较 2018 年增加了 33.0%（图 4－108）。

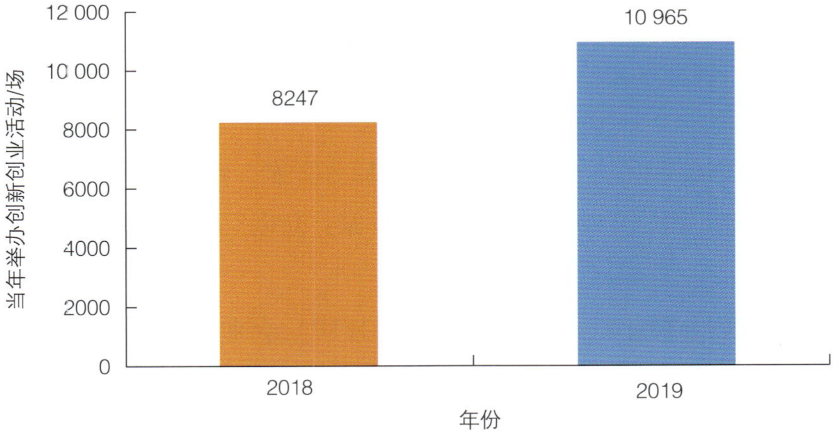

图 4－108　陕西省创业孵化机构创业辅导情况

二十八、甘肃省创业孵化发展情况

（一）总体情况

2019 年，甘肃省共有创业孵化机构 286 家，较 2018 年减少了 5.0%。其中，孵化器 79 家，较 2018 年减少了 7 家，国家级孵化器 10 家，占比 12.7%；众创空间 207 家，较 2018 年减少 8 家，在国家备案的众创空间仍然为 29 家，占比为 14.0%。

2019 年，甘肃省创业孵化机构面积达 3.9 百万平方米，较 2018 年减少了 2.5%。其中，孵化器面积 3.0 百万平方米，较 2018 年下降了 3.2%；众创空间面积 0.9 百万平方米，较 2018 年基本持平（表 4－158）。

表 4－158　甘肃省创业孵化机构数量及面积情况

分类	2018 年	2019 年
创业孵化机构数量/家	301	286
孵化器数量	86	79
其中：国家级孵化器	8	10
众创空间数量	215	207
其中：在国家备案的众创空间	29	29
创业孵化机构面积/百万平方米	4.0	3.9
孵化器面积	3.1	3.0
众创空间面积	0.9	0.9

2019 年，甘肃省创业孵化机构内在孵企业达 12 372 家，较 2018 年增加了 7.4%。其中，孵化器当年在孵企业数量 2570 家，较 2018 年减少了 250 家；众创空间当年在孵企业数量 9802 家，较 2018 年增加了 1098 家。

2019 年，甘肃省创业孵化机构内当年上市（挂牌）企业总数为 0 家，较 2018 年减少了 2 家。其中，孵化器内当年上市（挂牌）的企业有 0 家，众创空间内当年上市（挂牌）的企业有 0 家（表 4－159）。

表 4－159　甘肃省创业孵化机构在孵企业情况　　单位：家

年份	在孵企业数量			当年上市（挂牌）企业数量		
	总数	孵化器	众创空间	总数	孵化器	众创空间
2018	11 524	2820	8704	2	0	2
2019	12 372	2570	9802	0	0	0

（二）绩效情况

1. 投融资情况

2019 年，甘肃省创业孵化机构内当年获得投融资的企业数量为 653 家，较 2018 年增加了 2.8%；当年获得投资额达 3.5 亿元，较 2018 年减少了 45.3%（表 4－160）。

表 4－160　甘肃省创业孵化机构内获得投融资情况

获得投融资情况	2018 年	2019 年
当年获得投融资的企业数量/家	635	653
其中：孵化器	88	55
众创空间	547	598
当年获得投资额/亿元	6.4	3.5
其中：孵化器	1.7	2.1
众创空间	4.7	1.4

2. 知识产权情况

截至 2019 年年底，甘肃省创业孵化机构内在孵企业拥有有效知识产权数达 6248 件，较 2018 年增加了 12.2%。其中，孵化器内在孵企业拥有有效知识产权数达 1913 件，较 2018 年增长了 3.0%。拥有有效发明专利数为 1302 件，比 2018 年增加 101 件（表 4－161）。

表 4－161　甘肃省创业孵化机构知识产权情况　　单位：件

知识产权情况	2018 年	2019 年
拥有有效知识产权数	5569	6248
其中：孵化器	1857	1913
众创空间	3712	4335
拥有有效发明专利数	1201	1302
其中：孵化器	534	465
众创空间	667	837

3. 吸纳就业情况

2019 年，甘肃省创业孵化机构内在孵企业共吸纳就业 57 655 人，较 2018 年减少了 2.2%。其中，在孵化器和众创空间中应届毕业大学生创业就业共 8518 人，较 2018 年减少了 10.4%（表 4－162）。

表 4－162　甘肃省创业孵化机构吸纳就业情况　　单位：人

年份	在孵企业吸纳就业情况			其中：应届毕业大学生创业就业		
	总数	孵化器	众创空间	总数	孵化器	众创空间
2018	58 956	34 407	24 549	9503	4811	4692
2019	57 655	30 023	27 632	8518	4262	4256

4. 研发投入强度情况

2019 年，甘肃省孵化器在孵企业研发经费支出 4.0 亿元，占主营业务收入比重为 6.4%，较 2018 年减少了 0.9 个百分点（图 4－109）。

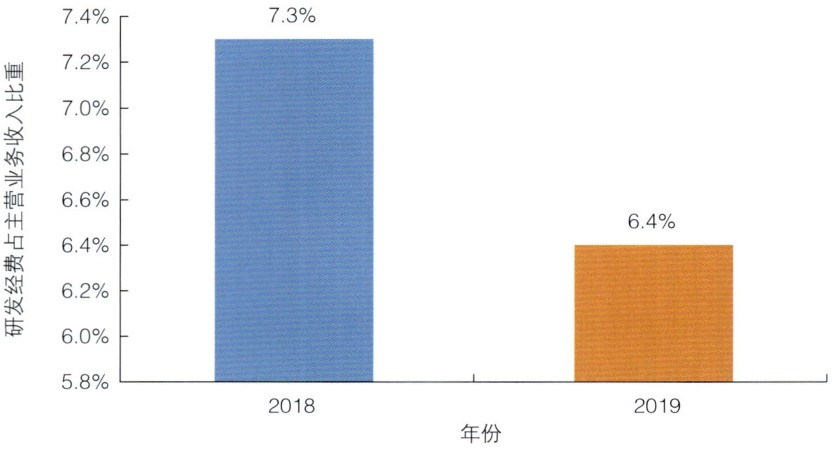

图 4－109　甘肃省孵化器在孵企业研发投入强度情况

（三）自身建设情况

1. 收入和运营成本情况

2019 年，甘肃省创业孵化机构总收入 8.1 亿元，较 2018 年减少了 13.8%。其中，综合服务收入最多，占比 37.9%；其次是其他收入，占比为 23.1%。

2019 年，甘肃省创业孵化机构总成本 7.3 亿元，较 2018 年减少了 12.0%。其中，场地费用占比最高，达 26.3%；其次是管理费用，占比为 23.7%（表 4－163 和图 4－110）。

表 4－163　甘肃省创业孵化机构收入和运营成本情况　　单位：亿元

年份	收入			运营成本		
	总收入	孵化器	众创空间	总成本	孵化器	众创空间
2018	9.4	5.5	3.9	8.3	5.3	3.0
2019	8.1	4.8	3.3	7.3	4.5	2.8

2019 年，甘肃省创业孵化机构纳税额达 0.4 亿元，较 2018 年减少了 20.0%。其中，孵化器纳税额 0.3 亿元，众创空间纳税额 0.1 亿元。

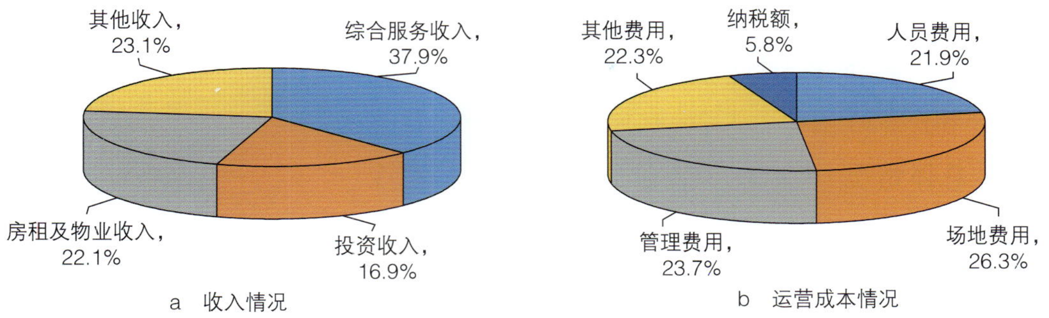

图 4－110　甘肃省创业孵化机构收入和运营成本情况

2. 服务人员情况

2019 年，甘肃省创业孵化机构共有管理服务人员 5374 人，较 2018 年减少了 19.2%。

2019 年，甘肃省创业孵化机构共有创业导师 4404 人，比 2018 年多 122 人，增长率达 2.8%（图 4－111）。

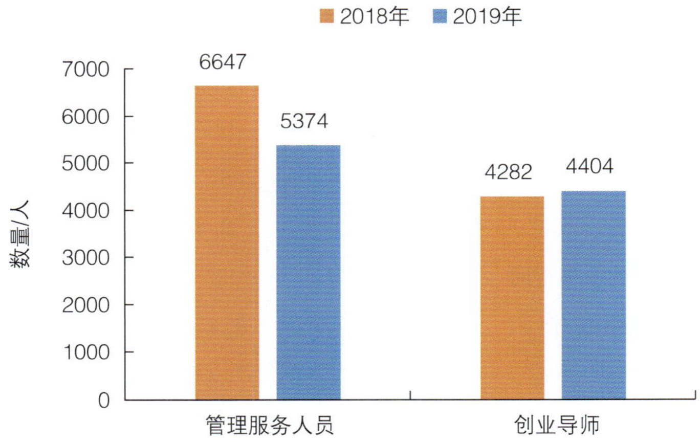

图 4－111　甘肃省创业孵化机构服务人员情况

3. 创业辅导情况

2019 年，甘肃省创业孵化机构共举办创新创业活动 4821 场，较 2018 年增加了 17.5%（图 4－112）。

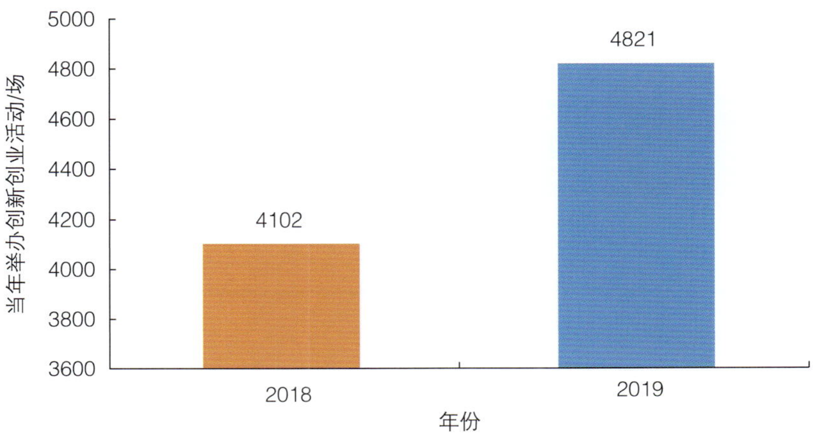

图 4－112　甘肃省创业孵化机构创业辅导情况

二十九、青海省创业孵化发展情况

（一）总体情况

2019 年，青海省共有创业孵化机构 60 家，较 2018 年增加 10 家。其中，孵化器 14 家，与 2018 年持平，国家级孵化器 6 家，占比为 42.9%；众创空间 46 家，在国家备案的众创空间 11 家，与 2018 年持平。

2019 年，青海省创业孵化机构面积为 1.4 百万平方米，较 2018 年基本持平。其中，孵化器面积 1.2 百万平方米，与 2018 年持平；众创空间面积 0.2 百万平方米，较 2018 年基本持平（表 4－164）。

表 4－164　青海省创业孵化机构数量及面积情况

分类	2018 年	2019 年
创业孵化机构数量/家	50	60
孵化器数量	14	14
其中：国家级孵化器	5	6
众创空间数量	36	46
其中：在国家备案的众创空间	11	11
创业孵化机构面积/百万平方米	1.4	1.4
孵化器面积	1.2	1.2
众创空间面积	0.2	0.2

2019 年，青海省创业孵化机构内在孵企业数量达 2718 家，较 2018 年增加了 1.6%。其中，孵化器当年在孵企业数量 471 家，较 2018 年增加了 3.1%；众创空间当年在孵企业数量 2247 家，较 2018 年增加了 1.3%。

2019 年，青海省创业孵化机构内当年上市（挂牌）企业总数为 0 家（表 4－165）。

表 4－165　青海省创业孵化机构在孵企业情况　　单位：家

年份	在孵企业数量			当年上市（挂牌）企业数量		
	总数	孵化器	众创空间	总数	孵化器	众创空间
2018	2676	457	2219	2	0	2
2019	2718	471	2247	0	0	0

（二）绩效情况

1. 投融资情况

2019 年，青海省创业孵化机构内当年获得投融资的企业数量为 112 家，较 2018 年减少了 6.7%；当年获得投资额达 2.29 亿元，较 2018 年增加了 104.5%（表 4－166）。

表 4－166　青海省创业孵化机构内获得投融资情况

获得投融资情况	2018 年	2019 年
当年获得投融资的企业数量/家	120	112
其中：孵化器	3	5
众创空间	117	107
当年获得投资额/亿元	1.12	2.29
其中：孵化器	0.04	0.15
众创空间	1.08	2.14

2. 知识产权情况

截至 2019 年年底，青海省创业孵化机构内在孵企业拥有有效知识产权数达 1005 件，较 2018 年增加 4.1%。其中，孵化器内在孵企业拥有有效知识产权数达 542 件，较 2018 年减少 6 件。拥有有效发明专利数为 290 件，比 2018 年少 130 件（表 4－167）。

表 4－167　青海省创业孵化机构知识产权情况　　单位：件

知识产权情况	2018 年	2019 年
拥有有效知识产权数	965	1005
其中：孵化器	548	542
众创空间	417	463
拥有有效发明专利数	420	290
其中：孵化器	273	199
众创空间	147	91

3. 吸纳就业情况

2019 年，青海省创业孵化机构内在孵企业共吸纳就业 14 762 人，较 2018 年减少 24.5%。其中，在孵化器和众创空间中应届毕业大学生创业就业共 1044 人，较 2018 年减少 25.1%（表 4－168）。

表 4－168　青海省创业孵化机构吸纳就业情况　　单位：人

年份	在孵企业吸纳就业情况			其中：应届毕业大学生创业就业		
	总数	孵化器	众创空间	总数	孵化器	众创空间
2018	19 545	6969	12 576	1393	492	901
2019	14 762	6575	8187	1044	329	715

4. 研发投入强度情况

2019 年，青海省孵化器在孵企业研发经费支出 0.5 亿元，占主营业务收入比重为 1.6%，较 2018 年减少了 1.0 个百分点（图 4－113）。

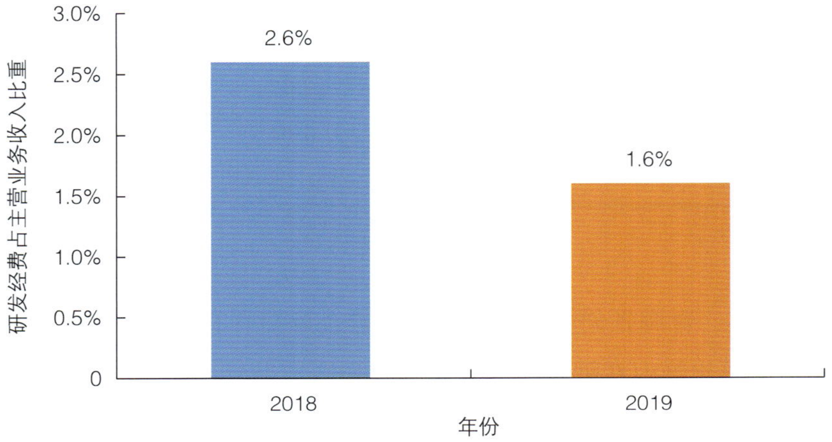

图 4－113　青海省孵化器在孵企业研发投入强度情况

（三）自身建设情况

1. 收入和运营成本情况

2019 年，青海省创业孵化机构总收入 2.7 亿元，较 2018 年增长了 8.0%。其中，其他收入最多，占比为 37.6%；其次是房租及物业收入，占比为 31.8%。

2019 年，青海省创业孵化机构总成本 2.1 亿元，较 2018 年增长了 5.0%。其中，其他费用占比最高，达 41.5%；其次是人员费用，占比为 20.3%（表 4－169 和图 4－114）。

表 4－169　青海省创业孵化机构收入和运营成本情况　　单位：亿元

年份	收入			运营成本		
	总收入	孵化器	众创空间	总成本	孵化器	众创空间
2018	2.5	2.0	0.5	2.0	1.5	0.5
2019	2.7	2.1	0.6	2.1	1.5	0.6

2019 年，青海省创业孵化机构纳税额达 0.2 亿元。其中，孵化器纳税额 0.2 亿元。

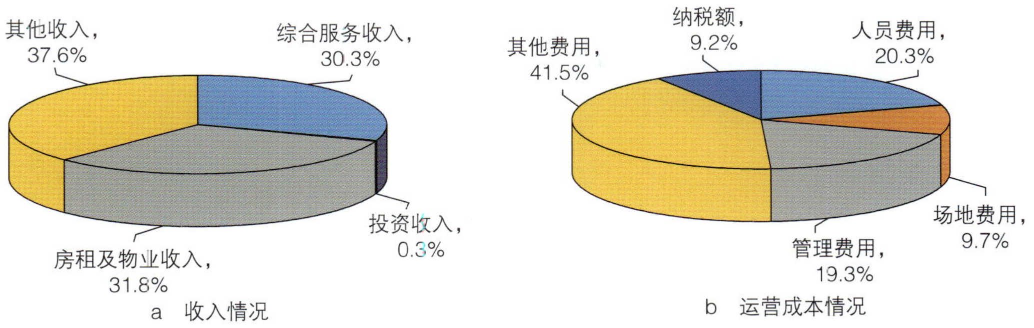

图 4－114　青海省创业孵化机构收入和运营成本情况

2. 服务人员情况

2019 年，青海省创业孵化机构共有管理服务人员 792 人，较 2018 年减少了 40.1%。

2019 年，青海省创业孵化机构共有创业导师 1712 人，较 2018 年增加了 66 人（图 4－115）。

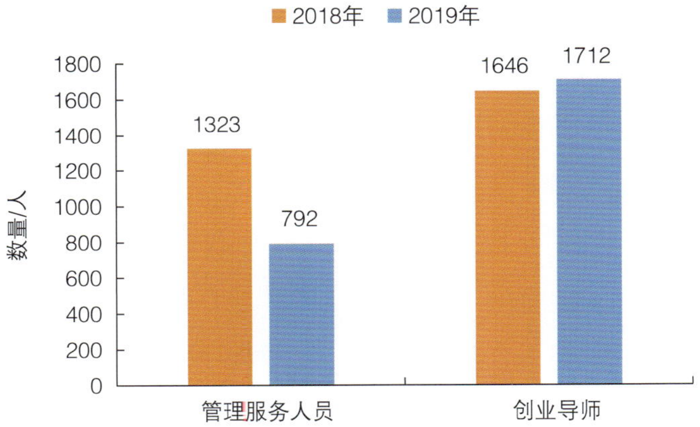

图 4－115　青海省创业孵化机构服务人员情况

3. 创业辅导情况

2019 年，青海省创业孵化机构共举办创新创业活动 811 场，较 2018 年增加 17.4%（图 4－116）。

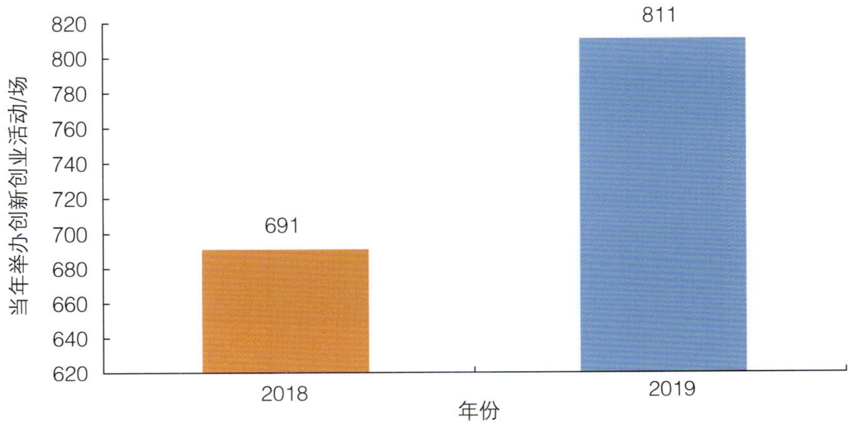

图 4－116　青海省创业孵化机构创业辅导情况

三十、宁夏回族自治区创业孵化发展情况

（一）总体情况

2019 年，宁夏回族自治区共有创业孵化机构 21 家，较 2018 年减少了 29 家。其中，孵化器 15 家，较 2018 年减少了 3 家，国家级孵化器 4 家，占比为 26.7%；众创空间 6 家，较 2018 年减少了 26 家，均为在国家备案的众创空间。

2019 年，宁夏回族自治区创业孵化机构面积为 427 755.4 平方米，较 2018 年减少了 39.3%。其中，孵化器面积 413 151.8 平方米，较 2018 年减少了 18.2%；众创空间面积 14 603.6 平方米，较 2018 年减少 92.7%（表 4－170）。

表 4－170　宁夏回族自治区创业孵化机构数量及面积情况

分类	2018 年	2019 年
创业孵化机构数量/家	50	21
孵化器数量	18	15
其中：国家级孵化器	4	4
众创空间数量	32	6
其中：在国家备案的众创空间	7	6
创业孵化机构面积/平方米	705 230.0	427 755.4
孵化器面积	504 847.0	413 151.8
众创空间面积	200 383.0	14 603.6

2019 年，宁夏回族自治区创业孵化机构内在孵企业数量达 934 家，较 2018 年减少了 66.9%。其中，孵化器当年在孵企业数量 558 家，较 2018 年减少了 11.3%；众创空间当年在孵企业数量 376 家，较 2018 年减少了 82.8%。

2019 年，宁夏回族自治区创业孵化机构内当年上市（挂牌）企业总数为 13 家，较 2018 年减少了 1 家。其中，孵化器内当年上市（挂牌）的企业有 10 家，众创空间内当年上市（挂牌）的企业有 3 家（表 4－171）。

表 4－171　宁夏回族自治区创业孵化机构在孵企业情况　　单位：家

年份	在孵企业数量			当年上市（挂牌）企业数量		
	总数	孵化器	众创空间	总数	孵化器	众创空间
2018	2821	629	2192	14	10	4
2019	934	558	376	13	10	3

（二）绩效情况

1. 投融资情况

2019 年，宁夏回族自治区创业孵化机构内当年获得投融资的企业数量为 19 家；当年获得投资额为 0.08 亿元，较 2018 年减少 94.9%（表 4－172）。

表 4－172　宁夏回族自治区创业孵化机构内获得投融资情况

获得投融资情况	2018 年	2019 年
当年获得投融资的企业数量/家	115	19
其中：孵化器	7	4
众创空间	108	15
当年获得投资额/亿元	1.58	0.08
其中：孵化器	0.15	0.04
众创空间	1.43	0.04

2. 知识产权情况

截至 2019 年年底，宁夏回族自治区创业孵化机构内在孵企业拥有有效知识产权数达 1147 件，较 2018 年减少 29.5%。其中，孵化器内在孵企业拥有有效知识产权数达 953 件，较 2018 年减少 11.1%。拥有有效发明专利数为 89 件，比 2018 年减少 48.3%。其中，众创空间拥有有效发明专利数为 11 件，较 2018 年少 106 件（表 4－173）。

表 4－173　宁夏回族自治区创业孵化机构知识产权情况　　单位：件

知识产权情况	2018 年	2019 年
拥有有效知识产权数	1626	1147
其中：孵化器	1072	953
众创空间	554	194
拥有有效发明专利数	172	89
其中：孵化器	55	78
众创空间	117	11

3. 吸纳就业情况

2019 年，宁夏回族自治区创业孵化机构内在孵企业共吸纳就业 6008 人，较 2018 年减少 45.0%。其中，在孵化器和众创空间中应届毕业大学生创业就业共 413 人，较 2018 年减少 63.9%（表 4－174）。

表 4－174　宁夏回族自治区创业孵化机构吸纳就业情况　　单位：人

年份	在孵企业吸纳就业情况			其中：应届毕业大学生创业就业		
	总数	孵化器	众创空间	总数	孵化器	众创空间
2018	10 924	6329	4595	1145	443	702
2019	6008	4955	1053	413	253	160

4. 研发投入强度情况

2019 年，宁夏回族自治区孵化器在孵企业研发经费支出 0.5 亿元，占主营业务收入比重为 5.3%，较 2018 年增加了 1.9 个百分点（图 4－117）。

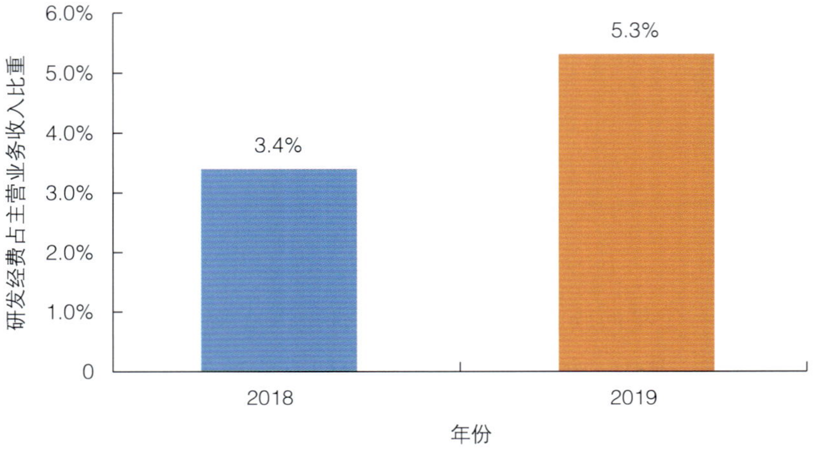

图 4－117　宁夏回族自治区孵化器在孵企业研发投入强度情况

（三）自身建设情况

1. 收入和运营成本情况

2019 年，宁夏回族自治区创业孵化机构总收入 55.9 百万元，较 2018 年减少 57.7%。其中，综合服务收入最多，占比为 49.1%；其次是其他收入和房租及物业收入，占比为 23.6%。

2019 年，宁夏回族自治区创业孵化机构总成本 69.3 百万元，较 2018 年减少 56.4%。其中，管理费用占比最高，达 35.3%；其次是人员费用，占比为 22.1%（表 4－175 和图 4－118）。

表 4－175　宁夏回族自治区创业孵化机构收入和运营成本情况　　单位：百万元

年份	收入			运营成本		
	总收入	孵化器	众创空间	总成本	孵化器	众创空间
2018	132.0	75.0	57.0	158.9	98.4	60.5
2019	55.9	51.1	4.8	69.3	63.3	6.0

2019 年，宁夏回族自治区创业孵化机构纳税额达 7.2 百万元，较 2018 年减少 41.0%。其中，孵化器纳税额 7.1 百万元，众创空间纳税额 0.1 百万元。

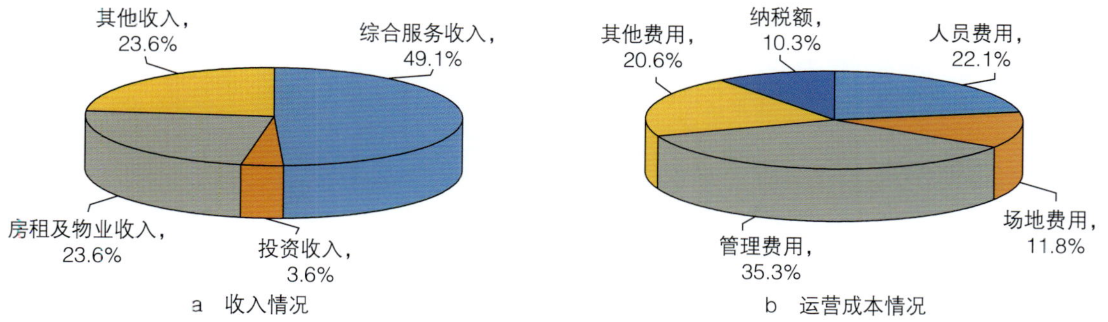

图 4－118　宁夏回族自治区创业孵化机构收入和运营成本情况

2. 服务人员情况

2019 年，宁夏回族自治区创业孵化机构共有管理服务人员 294 人，较 2018 年减少 76.6%。

2019 年，宁夏回族自治区创业孵化机构共有创业导师 318 人，比 2018 年少 434 人（图 4－119）。

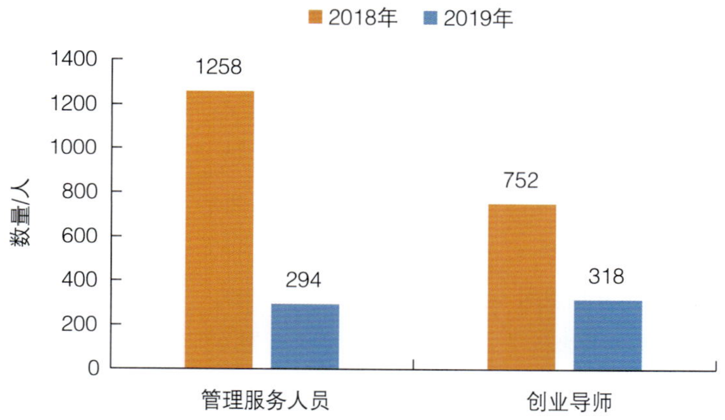

图 4－119　宁夏回族自治区创业孵化机构服务人员情况

3. 创业辅导情况

2019 年，宁夏回族自治区创业孵化机构共举办创新创业活动 315 场，较 2018 年较少 52.2%（图 4－120）。

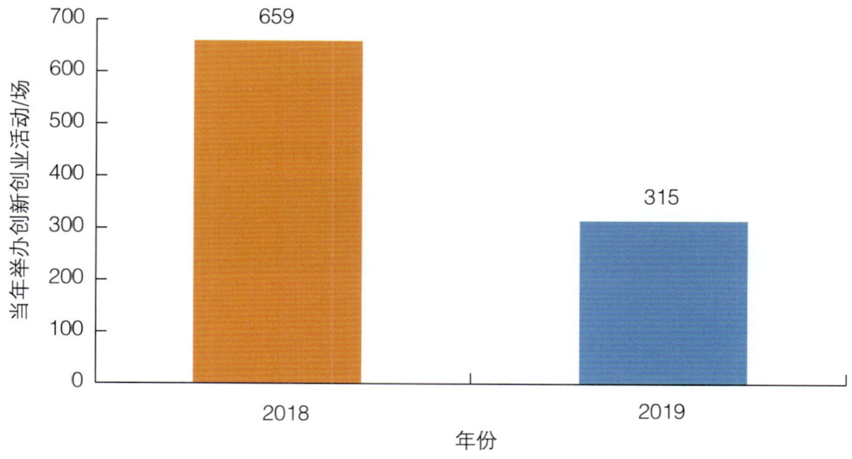

图 4－120　宁夏回族自治区创业孵化机构创业辅导情况

三十一、新疆维吾尔自治区创业孵化发展情况

（一）总体情况

2019 年，新疆维吾尔自治区共有创业孵化机构 92 家，较 2018 年增加了 19 家。其中，孵化器 29 家，较 2018 年增加 5 家，国家级孵化器 9 家，占比为 31.0%；众创空间 63 家，较 2018 年增加了 14 家，在国家备案的众创空间 23 家，占比为 36.5%。

2019 年，新疆维吾尔自治区创业孵化机构面积达 1.1 百万平方米，较 2018 年增加了 22.2%。其中，孵化器面积 0.9 百万平方米，较 2018 年增加了 12.5%；众创空间面积 0.2 百万平方米，较 2018 年增加 100.0%（表 4－176）。

表 4－176　新疆维吾尔自治区创业孵化机构数量及面积情况

分类	2018 年	2019 年
创业孵化机构数量/家	73	92
孵化器数量	24	29
其中：国家级孵化器	9	9
众创空间数量	49	63
其中：在国家备案的众创空间	23	23
创业孵化机构面积/百万平方米	0.9	1.1
孵化器面积	0.8	0.9
众创空间面积	0.1	0.2

2019 年，新疆维吾尔自治区创业孵化机构内在孵企业数量达 6073 家，较 2018 年增加 11.8%。其中，孵化器当年在孵企业数量 1690 家，较 2018 年增加了 50 家；众创空间当年在孵企业数量 4383 家，较 2018 年增加了 592 家。

2019 年，新疆维吾尔自治区创业孵化机构内当年上市（挂牌）企业总数为 9 家，较 2018 年增加了 5 家，其中，孵化器 4 家，众创空间 5 家（表 4－177）。

表 4－177　新疆维吾尔自治区创业孵化机构在孵企业情况　　单位：家

年份	在孵企业数量			当年上市（挂牌）企业数量		
	总数	孵化器	众创空间	总数	孵化器	众创空间
2018	5431	1640	3791	4	4	0
2019	6073	1690	4383	9	4	5

（二）绩效情况

1. 投融资情况

2019 年，新疆维吾尔自治区创业孵化机构内当年获得投融资的企业数量为 115 家，较 2018 年减少了 14.2%；当年获得投资额达 1.3 亿元，较 2018 年减少了 13.3%（表 4－178）。

表 4－178　新疆维吾尔自治区创业孵化机构内获得投融资情况

获得投融资情况	2018 年	2019 年
当年获得投融资的企业数量/家	134	115
其中：孵化器	60	43
众创空间	74	72
当年获得投资额/亿元	1.5	1.3
其中：孵化器	1.3	1.0
众创空间	0.2	0.3

2. 知识产权情况

截至 2019 年年底，新疆维吾尔自治区创业孵化机构内在孵企业拥有有效知识产权数达 2523 件，较 2018 年减少了 647 件。其中，孵化器内在孵企业拥有有效知识产权数达 815 件，较 2018 年减少 34.0%。拥有有效发明专利数为 295 件，比 2018 年少 49 件（表 4－179）。

表 4－179　新疆维吾尔自治区创业孵化机构知识产权情况　　单位：件

知识产权情况	2018 年	2019 年
拥有有效知识产权数	3170	2523
其中：孵化器	2562	1708
众创空间	608	815
拥有有效发明专利数	344	295
其中：孵化器	256	201
众创空间	88	94

3. 吸纳就业情况

2019 年，新疆维吾尔自治区创业孵化机构内在孵企业共吸纳就业 29 901 人，较 2018 年增长 24.6%。其中，在孵化器和众创空间中应届毕业大学生创业就业共 4212 人，较 2018 年增加 39.2%（表 4－180）。

表 4－180　新疆维吾尔自治区创业孵化机构吸纳就业情况　　单位：人

年份	在孵企业吸纳就业情况			其中：应届毕业大学生创业就业		
	总数	孵化器	众创空间	总数	孵化器	众创空间
2018	23 993	15 506	8487	3026	1992	1034
2019	29 901	17 884	12 017	4212	1940	2272

4. 研发投入强度情况

2019 年，新疆维吾尔自治区孵化器在孵企业研发经费支出 1.0 亿元，占主营业务收入比重为 3.1%，较 2018 年减少了 0.1 个百分点（图 4－121）。

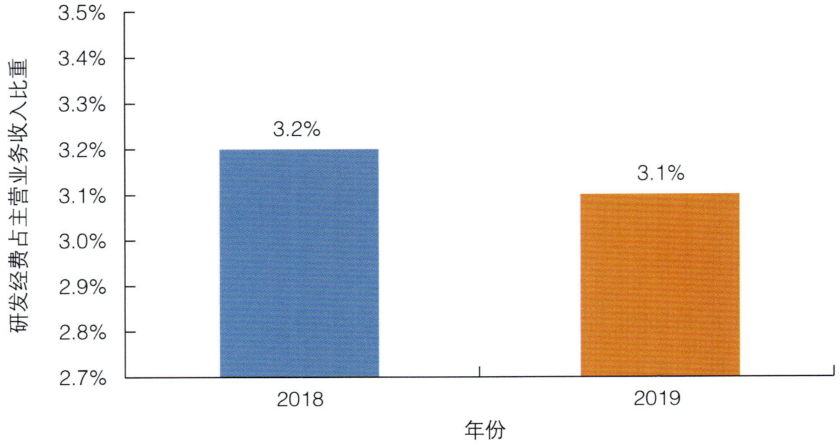

图 4－121　新疆维吾尔自治区孵化器在孵企业研发投入强度情况

（三）自身建设情况

1. 收入和运营成本情况

2019 年，新疆维吾尔自治区创业孵化机构总收入 3.34 亿元，较 2018 年增加了 27.0%。其中，房租及物业收入和其他收入较多，占比分别为 52.5% 和 26.6%。

2019 年，新疆维吾尔自治区创业孵化机构总成本 3.30 亿元，较 2018 年增长了 18.6%。其中，管理费用占比最高，达 30.3%；其次是人员费用，占比达 24.7%（表 4－181 和图 4－122）。

表 4－181　新疆维吾尔自治区创业孵化机构收入和运营成本情况　　单位：亿元

年份	收入			运营成本		
	总收入	孵化器	众创空间	总成本	孵化器	众创空间
2018	2.63	2.00	0.63	2.53	1.95	0.58
2019	3.34	2.51	0.83	3.00	2.26	0.74

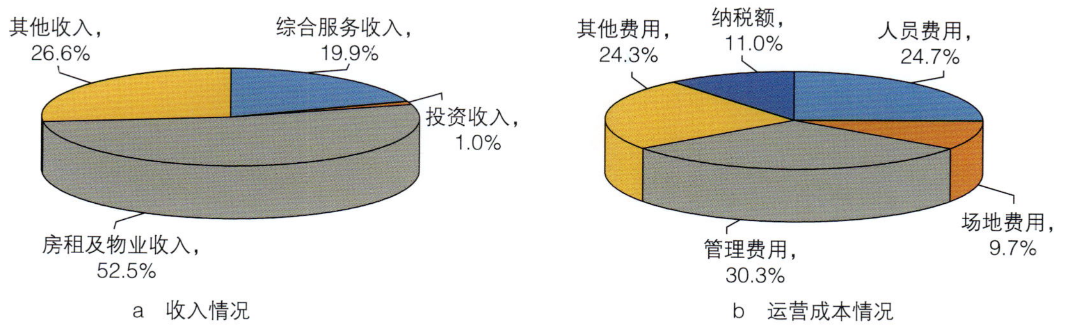

图4－122 新疆维吾尔自治区创业孵化机构收入和运营成本情况

2019年，新疆维吾尔自治区创业孵化机构纳税额达0.33亿元，较2018年增长22.2%。其中，孵化器纳税额0.31亿元，众创空间纳税额0.02亿元。

2. 服务人员情况

2019年，新疆维吾尔自治区创业孵化机构共有管理服务人员1223人，较2018年少了29.3%。

2019年，新疆维吾尔自治区创业孵化机构共有创业导师1813人，较2018年多326人，增长率达21.9%（图4－123）。

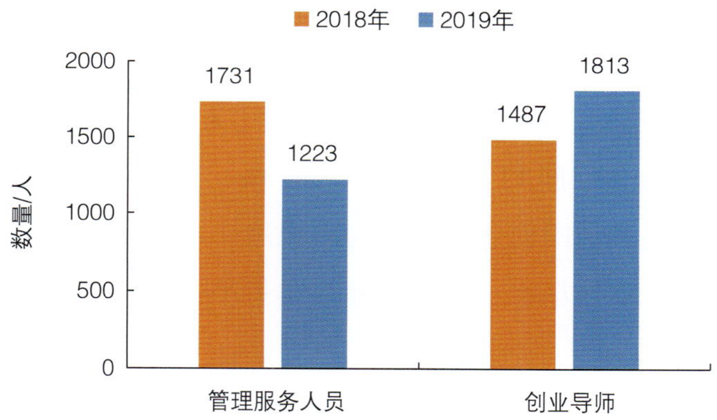

图4－123 新疆维吾尔自治区创业孵化机构服务人员情况

3. 创业辅导情况

2019年，新疆维吾尔自治区创业孵化机构共举办创新创业活动1555场，较2018年减少了1.0%（图4－124）。

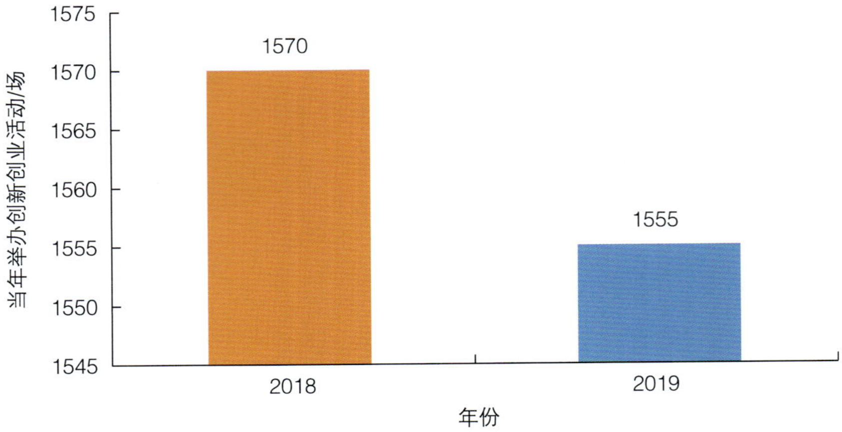

图 4－124　新疆维吾尔自治区创业孵化机构创业辅导情况

三十二、新疆生产建设兵团创业孵化发展情况

（一）总体情况

2019 年，新疆生产建设兵团共有创业孵化机构 42 家，较 2018 年减少了 31.1%。其中，孵化器 9 家，较 2018 年减少了 1 家，国家级孵化器 4 家，占比为 44.4%；众创空间 33 家，较 2018 年减少了 18 家，在国家备案的众创空间 12 家，占比为 36.4%。

2019 年，新疆生产建设兵团创业孵化机构面积达 0.6 百万平方米，较 2018 年减少了 25.0%。其中，孵化器面积 0.5 百万平方米，较 2018 年基本持平；众创空间面积 0.1 百万平方米，较 2018 年减少了 66.7%（表 4－182）。

表 4－182　新疆生产建设兵团创业孵化机构数量及面积情况

分类	2018 年	2019 年
创业孵化机构数量/家	61	42
孵化器数量	10	9
其中：国家级孵化器	5	4
众创空间数量	51	33
其中：在国家备案的众创空间	12	12
创业孵化机构面积/百万平方米	0.8	0.6
孵化器面积	0.5	0.5
众创空间面积	0.3	0.1

2019 年，新疆生产建设兵团创业孵化机构内在孵企业数量达 1667 家，较 2018 年减少 45.0%。

其中，孵化器当年在孵企业数量 542 家，较 2018 年增加了 2.7%；众创空间当年在孵企业数量 1125 家，较 2018 年减少了 55.1%。

2019 年，新疆生产建设兵团创业孵化机构内当年上市（挂牌）企业总数 0 家（表 4－183）。

表 4－183　新疆生产建设兵团创业孵化机构在孵企业情况　　单位：家

年份	在孵企业数量			当年上市（挂牌）企业数量		
	总数	孵化器	众创空间	总数	孵化器	众创空间
2018	3033	528	2505	0	0	0
2019	1667	542	1125	0	0	0

（二）绩效情况

1. 投融资情况

2019 年，新疆生产建设兵团创业孵化机构内当年获得投融资的企业数量为 70 家，较 2018 年减少了 28.6%。其中，孵化器内当年获得投融资的企业数量为 16 家，较 2018 年减少了 3 家；当年获得投资额达 0.5 亿元，较 2018 年减少 50.0%（表 4－184）。

表 4－184　新疆生产建设兵团创业孵化机构内获得投融资情况

获得投融资情况	2018 年	2019 年
当年获得投融资的企业数量/家	98	70
其中：孵化器	19	16
众创空间	79	54
当年获得投资额/亿元	1.0	0.5
其中：孵化器	0.1	0.2
众创空间	0.9	0.3

2. 知识产权情况

截至 2019 年年底，新疆生产建设兵团创业孵化机构内在孵企业拥有有效知识产权数达 396 件，较 2018 年减少 9.8%。其中，孵化器内在孵企业拥有有效知识产权数达 146 件，较 2018 年减少了 8.8%。拥有有效发明专利数为 129 件，比 2018 年少 26 件（表 4－185）。

表 4－185　新疆生产建设兵团创业孵化机构知识产权情况　　单位：件

知识产权情况	2018 年	2019 年
拥有有效知识产权数	439	396
其中：孵化器	160	146
众创空间	279	250

续表

知识产权情况	2018 年	2019 年
拥有有效发明专利数	103	129
其中：孵化器	45	20
众创空间	58	109

3. 吸纳就业情况

2019 年，新疆生产建设兵团创业孵化机构内在孵企业共吸纳就业 9427 人，较 2018 年减少 0.6%。其中，在孵化器和众创空间中应届毕业大学生创业就业共 664 人，较 2018 年减少 9.2%（表 4－186）。

表 4－186　新疆生产建设兵团创业孵化机构吸纳就业情况　　单位：人

年份	在孵企业吸纳就业情况			其中：应届毕业大学生创业就业		
	总数	孵化器	众创空间	总数	孵化器	众创空间
2018	9483	6822	2661	731	291	440
2019	9427	7328	2099	664	392	272

4. 研发投入强度情况

2019 年，新疆生产建设兵团孵化器在孵企业研发经费支出 0.4 亿元，占主营业务收入比重为 1.5%，较 2018 年增加了 0.3 个百分点（图 4－125）。

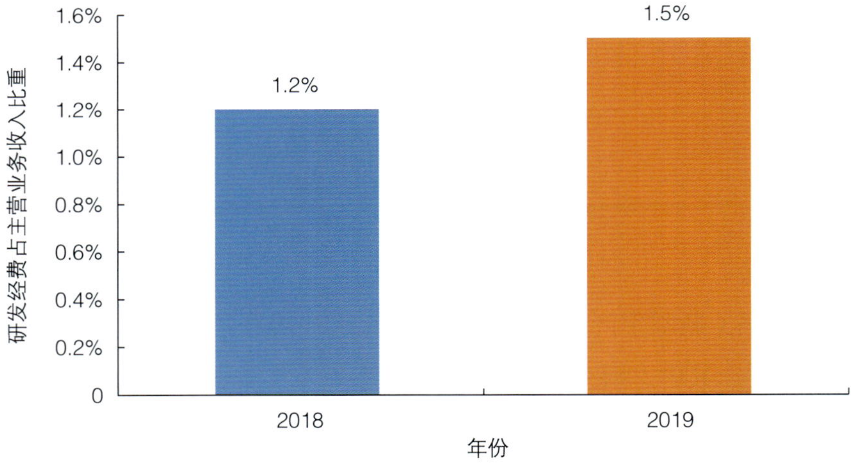

图 4－125　新疆生产建设兵团孵化器在孵企业研发投入强度情况

（三）自身建设情况

1. 收入和运营成本情况

2019 年，新疆生产建设兵团创业孵化机构总收入 1.95 亿元，较 2018 年减少 37.1%。其中，其他收入最多，占比为 78.6%；其次是综合服务收入，占比为 9.7%。

2019 年，新疆生产建设兵团创业孵化机构总成本 0.98 亿元，较 2018 年减少 49.7%。其中，其他费用占比最高，达 30.6%；其次是场地费用，占比 25.5%（表 4－187 和图 4－126）。

表 4－187　新疆生产建设兵团创业孵化机构收入和运营成本情况　　单位：亿元

年份	收入			运营成本		
	总收入	孵化器	众创空间	总成本	孵化器	众创空间
2018	3.10	1.75	1.35	1.95	0.62	1.33
2019	1.95	1.71	0.24	0.98	0.79	0.19

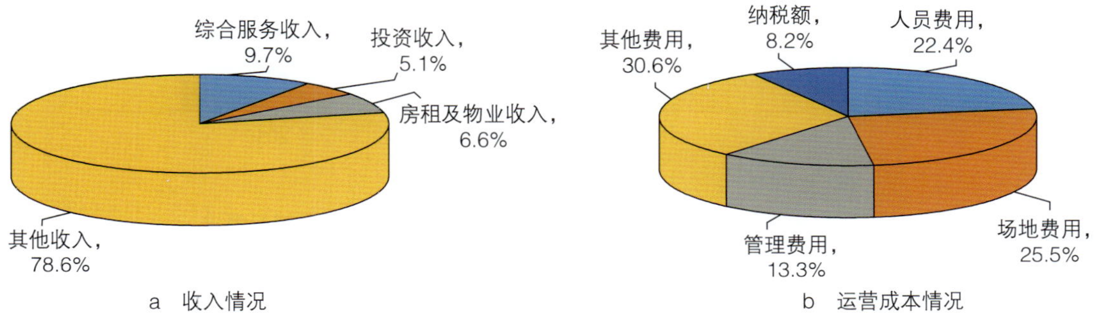

图 4－126　新疆生产建设兵团创业孵化机构收入和运营成本情况

2019 年，新疆生产建设兵团创业孵化机构纳税额 0.08 亿元，较 2018 年基本持平。其中，孵化器纳税额 0.07 亿元，众创空间纳税额 0.01 亿元。

2. 服务人员情况

2019 年，新疆生产建设兵团创业孵化机构共有管理服务人员 507 人，较 2018 年减少 36.5%。

2019 年，新疆生产建设兵团创业孵化机构共有创业导师 414 人，比 2018 年少 132 人（图 4－127）。

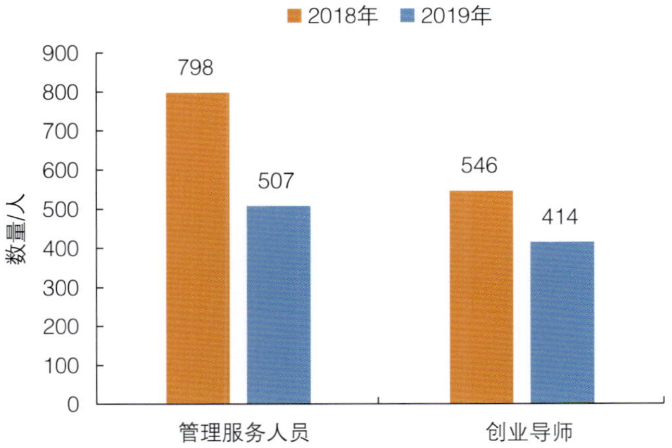

图 4－127　新疆生产建设兵团创业孵化机构服务人员情况

3. 创业辅导情况

2019 年，新疆生产建设兵团创业孵化机构共举办创新创业活动 823 场，较 2018 年增加了 11.5%（图 4－128）。

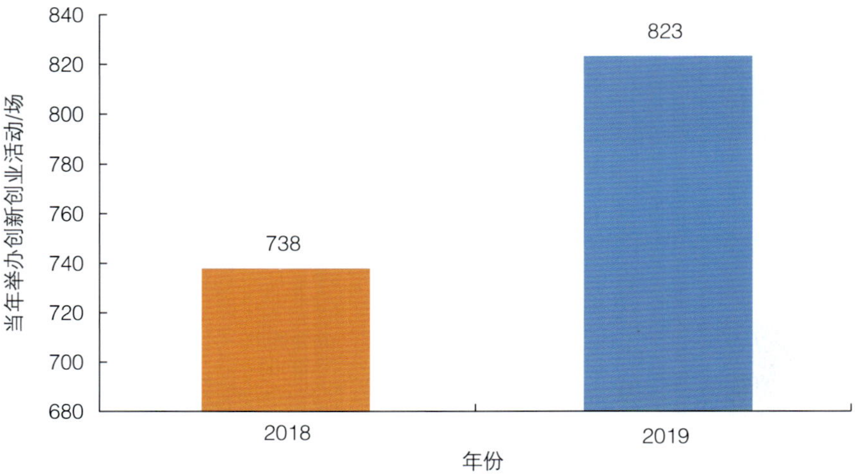

图 4－128　新疆生产建设兵团创业孵化机构创业辅导情况

中国创业孵化发展报告2020

专题篇

第五章　中国专业孵化器发展情况分析

本章从总体情况、孵化绩效情况、孵化器运营情况和全国新材料产业孵化共同体四大板块，详细介绍了2019年中国专业孵化器的发展状况。其中，总体情况分专业孵化器数量、孵化面积、在孵企业情况、毕业企业情况和计划单列市专业孵化器整体情况5个部分；孵化绩效情况分在孵企业经营情况、技术创新情况和创造的就业机会、获得的投融资情况4个部分；孵化器运营情况分孵化器孵化基金情况、获得财税支持情况、收支情况、管理人员情况和专业孵化器开展孵化服务情况5个部分；全国新材料产业孵化共同体主要介绍全国首个“新材料产业孵化共同体”的基本情况。

一、总体情况

整体来看，2019年，专业孵化器的数量有所增加，但是专业孵化器占全国比重较2018年有所下降。从部分核心指标来看，专业孵化器的面积、累计毕业企业数量、当年上市（挂牌）企业数量、在孵企业总收入、在孵企业当年获得风险投资额等指标的全国占比高于2018年；专业孵化器的在孵企业数量、在孵企业从业人员数量、当年获得投融资的企业数量、孵化器孵化基金总额、孵化器总收入、孵化器管理人员数量、开展创新创业活动场次等指标的全国占比较2018年有所下降（表5－1）。

表5－1　专业孵化器核心指标与全国孵化器对比情况

指标	2018年			2019年		
	专业孵化器	全国孵化器	专业孵化器占全国比重	专业孵化器	全国孵化器	专业孵化器占全国比重
数量/个	1429	4849	29.5%	1479	5206	28.4%
面积/万平方米	3426.9	13 192.9	26.0%	3435.0	12 927.9	26.6%
在孵企业数量/个	54 442	205 972	26.4%	56 155	216 828	25.9%
累计毕业企业数量/个	27 641	139 395	19.8%	33 402	160 850	20.8%
当年上市（挂牌）企业数量/个	227	848	26.8%	257	827	31.1%
在孵企业总收入/亿元	2039.6	8340.6	24.5%	2268.5	8218.9	27.6%
在孵企业从业人员数量/人	767 048	2 901 118	26.4%	777 132	2 948 707	26.4%

续表

指标	2018 年			2019 年		
	专业孵化器	全国孵化器	专业孵化器占全国比重	专业孵化器	全国孵化器	专业孵化器占全国比重
在孵企业当年获得风险投资额/亿元	241.0	629.8	38.3%	232.8	545.5	42.7%
当年获得投融资的企业数量/个	3490	11 198	31.2%	3339	10 770	31.0%
孵化器孵化基金总额/亿元	755.6	1071.5	70.5%	380.2	1264.3	30.1%
孵化器总收入/亿元	154.6	463.3	33.4%	147.8	449.9	32.9%
孵化器物业以外收入占比	59.8%	59.2%	—	52.3%	50.3%	—
孵化器管理人员数量/人	20 937	72 953	28.7%	20 683	73 432	28.2%
开展创新创业活动场次/次	26 874	87 651	30.7%	29 398	105 070	28.0%

2019 年，专业孵化器数量排名居前 5 位的领域分别为电子信息、生物医药与医疗器械、先进制造、文化创意和新材料，与 2018 年排名居前 5 位的领域保持一致。

2019 年，不同领域专业孵化器数量增加最多的专业领域为电子信息，较 2018 年增加 22 家。占比提升幅度最大的专业领域为先进制造，较 2018 年增加 20 家，整体占比提高 0.8 个百分点。与之相反，专业孵化器数量及占比下降幅度最大的专业领域为文化创意，较 2018 年减少 3 家，整体占比下降 0.5 个百分点（表 5-2）。

表 5-2　不同领域专业孵化器数量及占比情况　　单位：家

代码	专业领域	2018 年		2019 年	
		数量	占比	数量	占比
1	电子信息	526	37.6%	548	37.3%
2	先进制造	170	12.1%	190	12.9%
3	航空航天	8	0.6%	9	0.6%
4	现代交通	13	0.9%	13	0.9%
5	生物医药与医疗器械	189	13.5%	203	13.8%
6	新材料	84	6.0%	85	5.8%
7	新能源与节能	36	2.6%	40	2.7%
8	环境保护	24	1.7%	23	1.6%
9	地球、空间与海洋	6	0.4%	5	0.3%
10	核应用技术	0	0	0	0
11	现代农业	51	3.6%	53	3.6%
12	文化创意	90	6.4%	87	5.9%
13	其他	203	14.5%	212	14.4%

（一）专业孵化器数量

2019 年，上报有效年报数据的专业孵化器数量为 1477 家，较 2018 年增长了 3.4%。其中，国家级专业孵化器 428 家，占比为 29.0%；非国家级专业孵化器 1049 家，占比为 71.0%（表 5－3 和图 5－1）。

表 5－3 全国及各地区专业孵化器数量情况 单位：家

地区	2018 年			2019 年		
	专业孵化器总数	国家级专业孵化器数量	非国家级专业孵化器数量	专业孵化器总数	国家级专业孵化器数量	非国家级专业孵化器数量
合计	1429	352	1077	1477	428	1049
北京	52	26	26	53	31	22
天津	22	10	12	19	10	9
河北	46	2	44	46	2	44
山西	9	4	5	11	5	6
内蒙古	16	4	12	16	5	11
辽宁	23	12	11	22	12	10
吉林	39	7	32	35	8	27
黑龙江	34	4	30	34	3	31
上海	130	33	97	126	39	87
江苏	157	48	109	183	54	129
浙江	87	15	72	95	22	73
安徽	41	6	35	45	7	38
福建	43	4	39	35	5	30
江西	14	5	9	15	5	10
山东	148	34	114	135	42	93
河南	32	9	23	33	11	22
湖北	61	17	44	72	19	53
湖南	15	4	11	11	5	6
广东	313	59	254	314	87	227
广西	26	2	24	33	3	30
海南	1	1	0	2	1	1
重庆	16	7	9	23	10	13
四川	30	7	23	30	11	19
贵州	9	3	6	14	3	11

续表

地区	2018 年			2019 年		
	专业孵化器总数	国家级专业孵化器数量	非国家级专业孵化器数量	专业孵化器总数	国家级专业孵化器数量	非国家级专业孵化器数量
云南	5	3	2	5	3	2
西藏	0	0	0	0	0	0
陕西	36	19	17	47	18	29
甘肃	13	2	11	12	2	10
青海	0	0	0	0	0	0
宁夏	3	1	2	2	1	1
新疆	7	4	3	8	4	4
新疆生产建设兵团	1	0	1	1	0	1

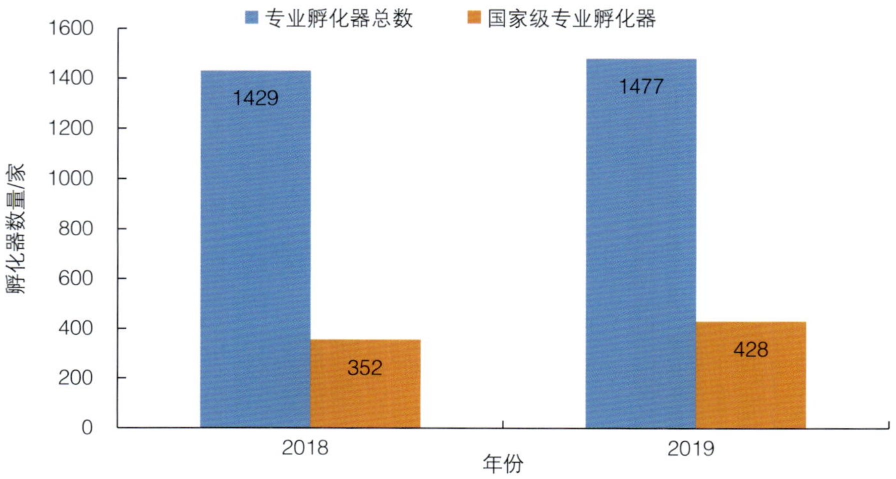

图 5－1　专业孵化器数量情况

2019 年，专业孵化器数量相对较多的 5 个地区分别是广东、江苏、山东、上海和浙江，这 5 个地区专业孵化器占比之和达到 57.7%，与 2018 年相比，广东和上海占比均下降 0.6 个百分点，山东占比下降 1.3 个百分点，江苏占比上升 1.4 个百分点，浙江占比上升 0.3 个百分点（图 5－2 和图 5－3）。

2019 年，东部地区共有专业孵化器 1008 家，较 2018 年增长 0.9 个百分点；中部地区共有专业孵化器 187 家，较 2018 年增长 8.7 个百分点；西部地区共有专业孵化器 191 家，较 2018 年增长 17.9 个百分点；东北地区共有专业孵化器 91 家，较 2018 年下降 5.2 个百分点。整体来看，东部地区专业孵化器数量占比达 68.2%，虽然较 2018 年下降了 1.7 个百分点，但依旧是全国专业孵化器的主要聚集地（图 5－4）。

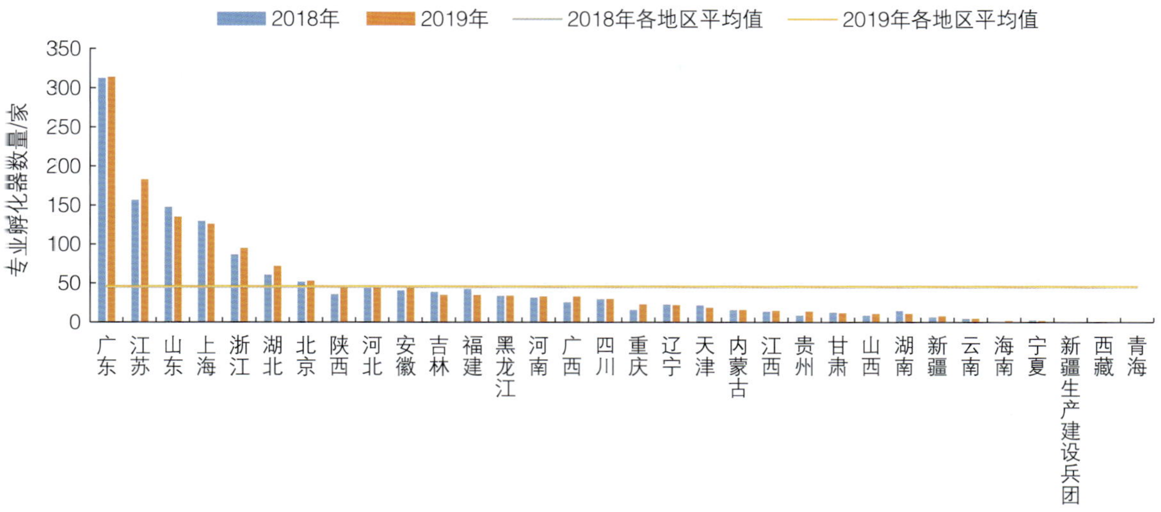

图5－2　各地区专业孵化器数量情况

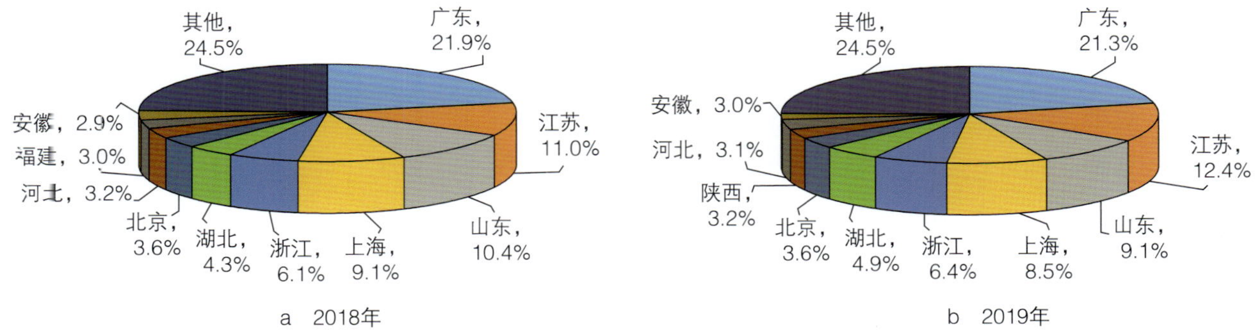

图5－3　各地区专业孵化器数量占比情况

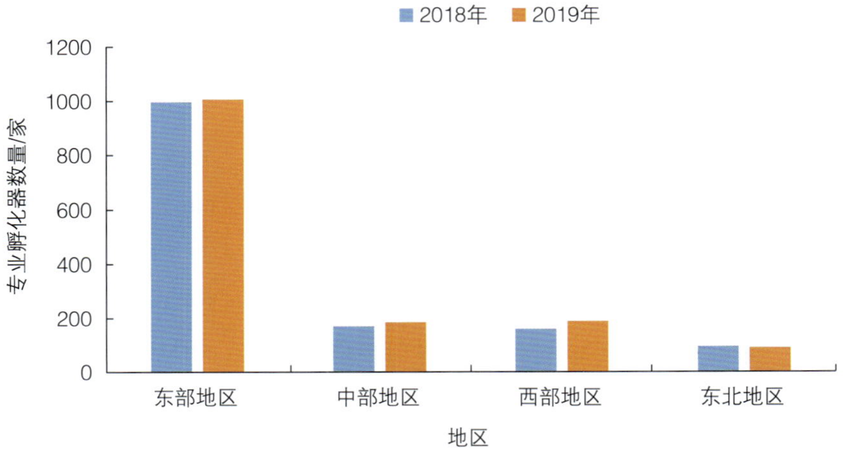

图5－4　各地区专业孵化器数量情况

（二）孵化面积

2019 年，全国专业孵化器使用总面积为 3435.2 万平方米，与 2018 年相比，增长了 0.2 个百分点。其中，在孵企业用房面积占到 68.0%，公共服务用房面积占到 13.5%，办公用房面积占到 6.8%，其他用房面积占到 11.7%。较 2018 年，在孵企业用房面积增长 1.1 个百分点（表 5－4 和图 5－5、图 5－6）。

表 5－4　全国及各地区专业孵化器孵化面积情况　　单位：万平方米

地区	2018 年				2019 年			
	孵化器使用总面积	其中：办公用房	在孵企业用房	公共服务用房	孵化器使用总面积	其中：办公用房	在孵企业用房	公共服务用房
北京	100.3	3.3	75.9	17.7	128.3	5.0	96.4	22.5
天津	33.9	1.6	25.7	5.2	28.1	1.1	21.5	4.0
河北	93.3	8.6	60.1	9.3	82.4	6.5	53.8	8.8
山西	26.6	0.6	20.0	3.1	27.5	0.6	20.8	3.5
内蒙古	85.4	9.2	27.3	5.3	93.7	9.4	29.8	5.6
辽宁	40.2	1.5	29.4	6.4	50.8	1.2	38.9	7.7
吉林	85.5	13.2	55.0	10.6	80.3	8.5	54.3	9.7
黑龙江	34.0	1.6	24.3	4.5	27.3	2.7	17.8	3.5
上海	166.6	10.3	123.0	20.4	161.9	8.3	118.7	19.9
江苏	520.2	43.3	364.1	71.8	531.0	44.5	373.0	75.1
浙江	231.9	10.7	175.7	29.9	219.0	10.1	168.9	28.6
安徽	71.5	5.2	54.4	7.1	86.5	5.2	65.1	10.8
福建	79.3	6.1	43.1	11.7	77.4	4.8	43.9	9.4
江西	23.4	5.3	14.8	2.3	46.3	5.2	24.5	5.7
山东	570.6	42.1	352.1	75.1	517.0	38.3	328.3	66.0
河南	75.2	3.7	55.8	12.0	72.5	4.5	50.0	12.2
湖北	109.6	9.3	73.7	16.9	146.7	11.5	100.0	17.8
湖南	40.1	2.4	28.4	6.6	31.7	1.5	22.3	5.2
广东	647.1	40.4	422.1	103.7	589.1	27.0	402.1	85.1
广西	50.5	2.1	40.0	5.1	54.7	3.4	42.2	5.5
海南	2.9	0.0	2.5	0.4	6.1	0.1	5.2	0.8
重庆	24.7	1.3	18.2	3.8	29.6	2.5	21.5	4.7
四川	47.0	1.9	32.3	8.0	44.3	1.9	28.5	9.0
贵州	68.8	3.0	49.6	5.4	84.4	13.3	54.7	12.2

续表

地区	2018 年				2019 年			
	孵化器使用总面积	其中：办公用房	在孵企业用房	公共服务用房	孵化器使用总面积	其中：办公用房	在孵企业用房	公共服务用房
云南	9.8	0.1	7.0	1.8	10.5	0.1	7.2	2.4
西藏	0.0	0.0	0.0	0.0	0.0	0.0	0.0	0.0
陕西	104.5	3.5	80.8	12.2	122.6	4.2	94.0	15.4
甘肃	57.1	9.2	41.6	2.9	56.2	9.2	40.9	3.2
青海	0.0	0.0	0.0	0.0	0.0	0.0	0.0	0.0
宁夏	6.7	0.9	3.4	1.9	2.7	0.1	1.6	0.4
新疆	19.9	1.9	11.5	6.1	26.3	2.0	11.6	8.7
新疆生产建设兵团	0.3	0.0	0.1	0.0	0.3	0.0	0.1	0.0
合计	3426.9	242.3	2311.9	467.2	3435.2	232.7	2337.6	463.4

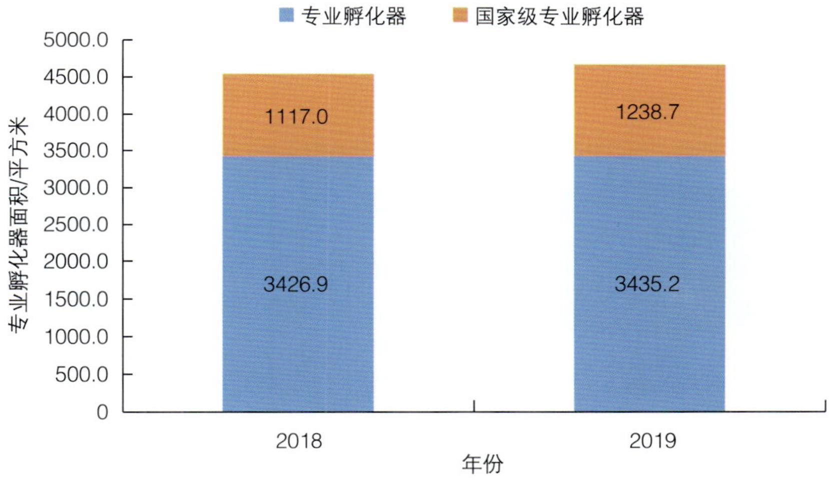

图 5－5　专业孵化器面积情况

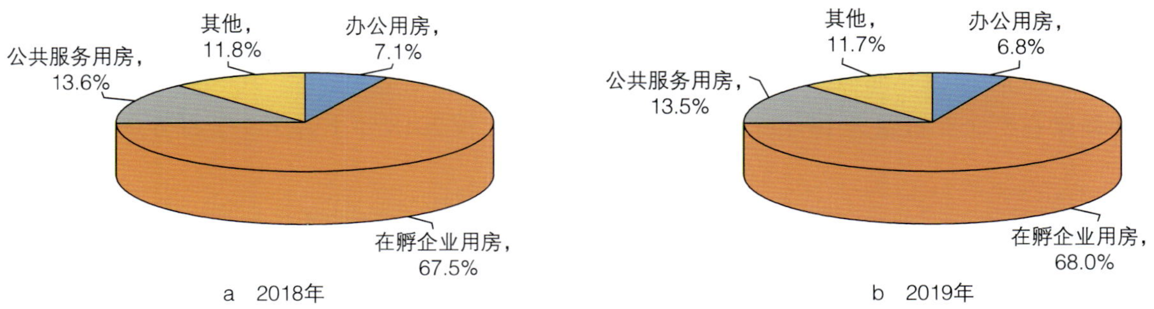

图 5－6　专业孵化器面积用途占比情况

2019 年，专业孵化器使用面积较大的前 5 个地区分别为广东、江苏、山东、浙江和上海。其中，广东的专业孵化器面积占全国的 17.1%，达 589.1 万平方米，较 2018 年有所下降，但仍居第 1 位。山东、浙江和上海的专业孵化器面积较 2018 年也都有所下降（图 5－7、图 5－8）。

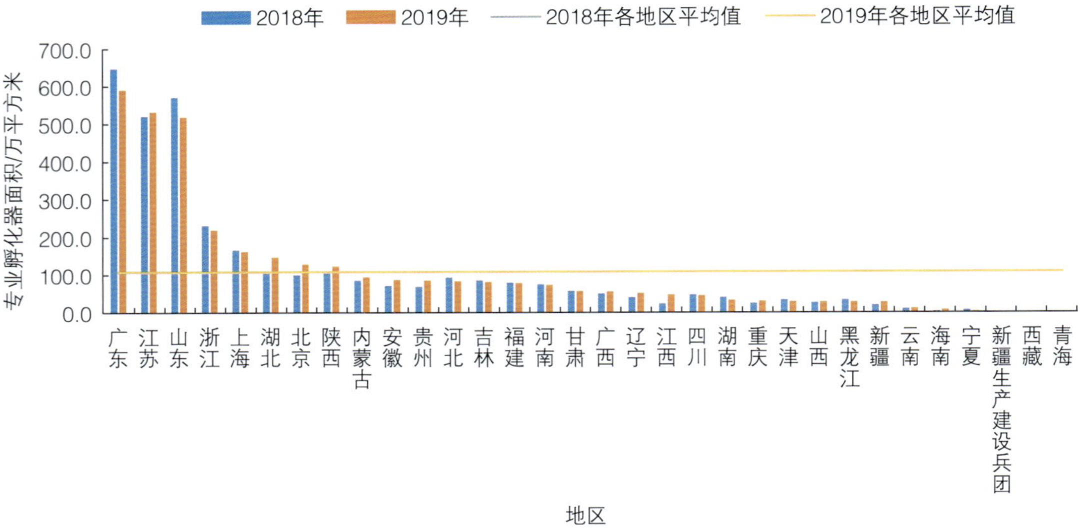

图 5－7　各地区专业孵化器面积情况

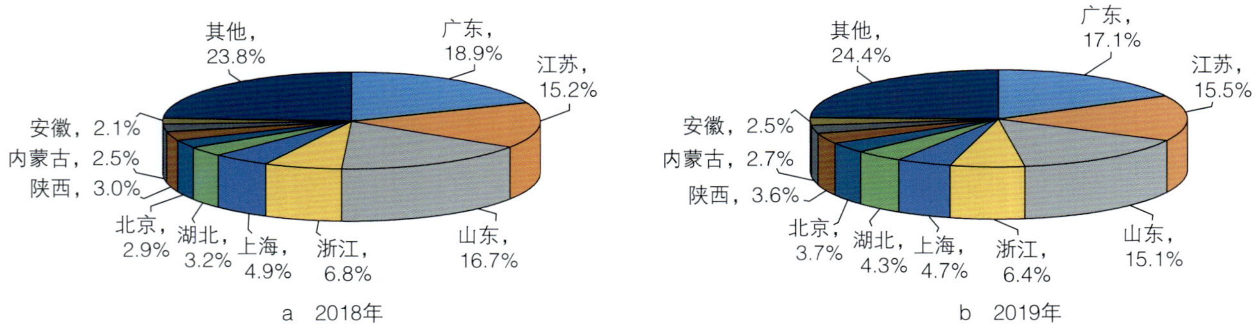

图 5－8　各地区专业孵化器面积占比情况

（三）在孵企业情况

2019 年，全国专业孵化器内共有在孵企业 56 156 家，较 2018 年增长了 3.1 个百分点。其中，当年新增在孵企业数量为 14 496 家，占比为 25.8%，较 2018 年下降 2.9 个百分点（表 5－5）。

表 5-5　全国及各地区专业孵化器在孵企业数量情况　　单位：家

地区	2018 年		2019 年	
	在孵企业总数	当年新增在孵企业数	在孵企业总数	当年新增在孵企业数
北京	3218	810	3560	980
天津	953	265	746	215
河北	916	273	1032	196
山西	339	77	327	104
内蒙古	395	113	393	96
辽宁	1015	231	988	237
吉林	1184	359	1174	277
黑龙江	858	195	860	255
上海	6165	1552	5806	1280
江苏	6546	1626	7027	1490
浙江	3142	1035	3378	1043
安徽	1085	307	1197	394
福建	990	284	944	290
江西	466	90	543	73
山东	5384	1563	5202	1307
河南	1486	521	1467	440
湖北	2811	907	3329	919
湖南	811	229	621	114
广东	10 770	3662	11 021	2996
广西	524	236	672	246
海南	228	37	290	34
重庆	620	132	790	223
四川	1389	421	1328	407
贵州	191	41	347	103
云南	240	35	211	47
西藏	0	0	0	0
陕西	1650	433	1868	488
甘肃	374	54	333	61
青海	0	0	0	0
宁夏	71	4	71	13
新疆	608	159	618	168
新疆生产建设兵团	13	0	13	0
合计	54 442	15 651	56 156	14 496

2019 年，专业孵化器内在孵企业数量较多的前 5 个地区分别为广东、江苏、上海、山东和北京。其中，广东是唯一一个专业孵化器内在孵企业数量过万的地区，达到 11 021 家，占比为 20.0%，较 2018 年增加 251 家。江苏占比增长 0.5 个百分点，上海占比下降 1.0 个百分点，山东占比下降 0.6 个百分点，北京占比上升 0.4 个百分点（图 5－9、图 5－10）。

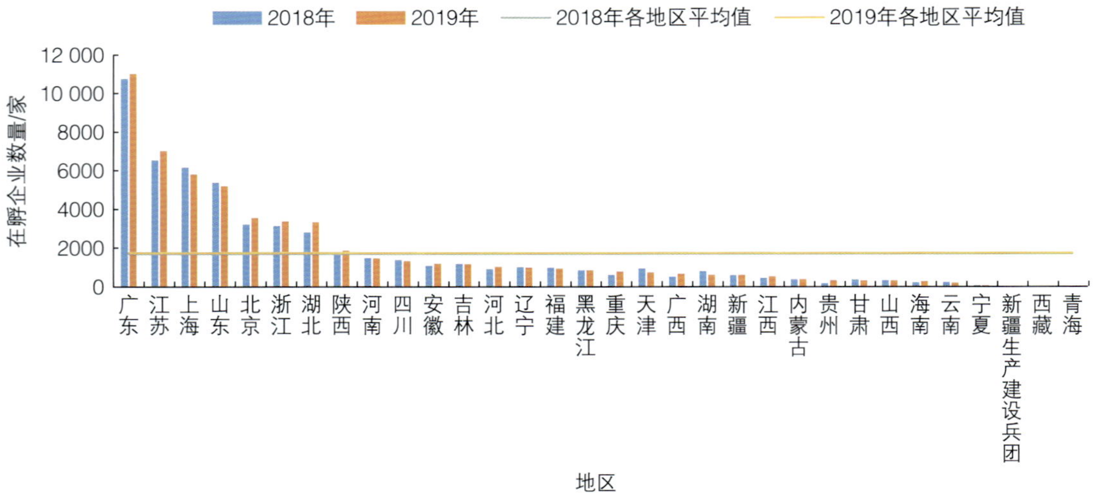

图 5－9　各地区专业孵化器内在孵企业数量情况

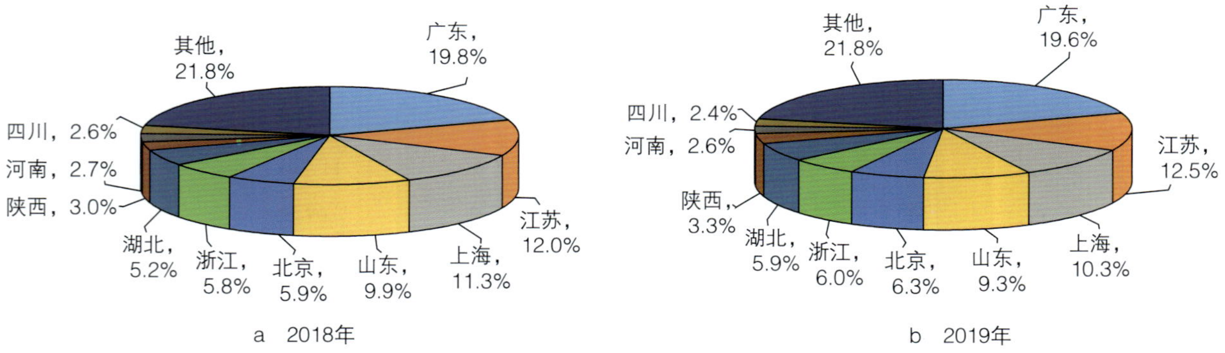

图 5－10　各地区专业孵化器内在孵企业数量占比情况

（四）毕业企业情况

2019 年，全国上报有效数据的专业孵化器内累计毕业企业 33 402 家，较 2018 年增长 20.8%。其中，毕业企业累计上市（挂牌）企业 1261 家，较 2018 年增长 20.6%；当年毕业企业 6188 家，较 2018 年增长 8.5%；当年上市（挂牌）企业 257 家，较 2018 年增长 13.2%；当年被兼并和收购企业 169 家，较 2018 年下降 3.4%；当年营业收入超过 5000 万元企业 1084 家，较 2018 年增长 13.0%（表 5－6、表 5－7）。

表 5－6　全国专业孵化器内毕业企业数量情况　　单位：家

指标	2018 年	2019 年
累计毕业企业	27 642	33 402
毕业企业累计上市（挂牌）企业	1050	1271
当年毕业企业	5702	6267
当年上市（挂牌）企业	227	259
当年被兼并和收购企业	175	179
当年营业收入超过 5000 万元企业	959	1092

表 5－7　全国及各地区专业孵化器内毕业企业数量情况　　单位：家

地区	2018 年						2019 年					
	累计毕业企业	毕业企业累计上市（挂牌）企业	当年毕业企业	当年上市（挂牌）企业	当年被兼并和收购企业	当年营业收入超过5000 万元企业	累计毕业企业	毕业企业累计上市（挂牌）企业	当年毕业企业	当年上市（挂牌）企业	当年被兼并和收购企业	当年营业收入超过5000 万元企业
北京	2587	119	400	12	12	51	3658	129	420	26	16	51
天津	365	4	63	2	6	20	375	6	55	4	4	25
河北	441	23	130	1	0	12	478	24	118	3	0	6
山西	214	8	51	2	7	4	288	10	79	2	10	8
内蒙古	225	3	48	1	0	1	323	6	108	1	0	6
辽宁	837	17	123	1	1	8	903	16	85	2	2	13
吉林	470	6	131	1	3	23	591	6	101	0	0	26
黑龙江	315	5	27	5	0	6	304	3	28	0	0	1
上海	1856	102	315	11	6	91	2088	125	324	17	14	104
江苏	3736	78	737	15	19	167	4595	111	832	29	15	225
浙江	1774	24	392	8	4	30	1998	39	493	14	2	36
安徽	339	5	69	1	3	14	461	7	92	4	4	14
福建	1032	40	140	0	2	50	1100	53	154	2	2	53
江西	271	6	66	2	0	1	434	8	105	3	7	10
山东	2565	96	577	10	14	67	3016	115	656	16	9	71
河南	1004	44	170	17	5	21	1090	55	158	13	5	26
湖北	1544	78	250	17	16	43	1812	81	325	19	16	40
湖南	405	13	99	3	9	39	382	10	86	0	2	40
广东	3981	261	1241	79	56	210	5077	304	1209	70	36	236
广西	111	5	39	8	2	0	187	8	69	1	18	2

续表

地区	2018 年						2019 年					
	累计毕业企业	毕业企业累计上市（挂牌）企业	当年毕业企业	当年上市（挂牌）企业	当年被兼并和收购企业	当年营业收入超过 5000 万元企业	累计毕业企业	毕业企业累计上市（挂牌）企业	当年毕业企业	当年上市（挂牌）企业	当年被兼并和收购企业	当年营业收入超过 5000 万元企业
海南	58	5	16	4	0	0	91	0	30	0	0	0
重庆	463	16	64	2	0	10	564	17	109	4	1	10
四川	775	38	135	18	8	20	968	74	202	23	12	21
贵州	128	2	13	0	0	5	191	4	33	0	1	5
云南	179	1	32	0	0	1	154	1	28	0	0	1
西藏	0	0	0	0	0	0	0	0	0	0	0	0
陕西	1467	46	209	3	1	55	1753	52	238	5	3	51
甘肃	169	1	75	0	1	0	154	2	61	0	0	1
青海	0	0	0	0	0	0	0	0	0	0	0	0
宁夏	92	0	40	0	0	2	59	0	4	0	0	0
新疆	238	4	50	4	0	8	308	5	65	1	0	10
新疆生产建设兵团	1	0	0	0	0	0	0	0	0	0	0	0
合计	27 642	1050	5702	227	175	959	33 402	1271	6267	259	179	1092

2018 年，孵化器内累计毕业企业数量排名居前 5 位的地区分别为广东、江苏、北京、山东和上海。其中，广东较 2018 年增长 0.8 个百分点；北京较 2018 年增长 1.6 个百分点（图 5－11、图 5－12）。

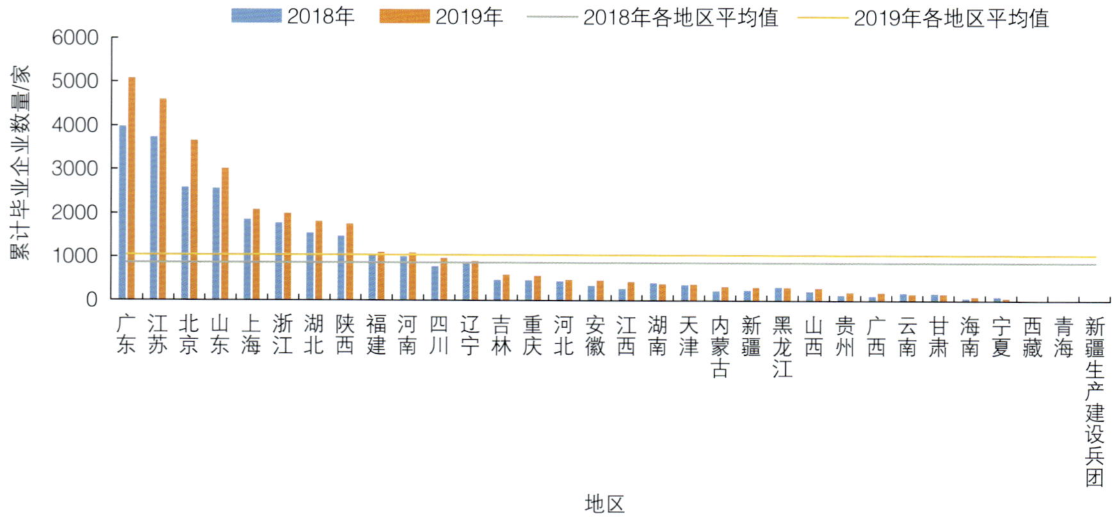

图 5－11　各地区专业孵化器内累计毕业企业数量情况

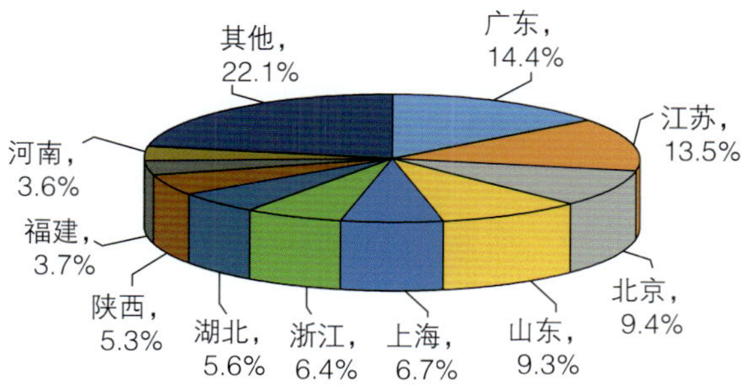

a 2018年

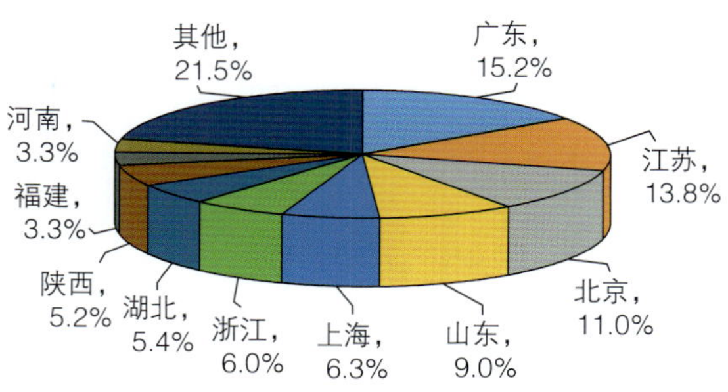

b 2019年

图 5－12 各地区专业孵化器内累计毕业企业数量占比情况

（五）计划单列市专业孵化器整体情况

我国有 5 个计划单列市，分别是大连、青岛、宁波、厦门、深圳。

从专业孵化器主要指标的数量和规模上来看，2019 年，5 个计划单列市中深圳的各项主要指标占据显著优势地位。从各计划单列市指标变动情况来看，厦门有多项指标上升明显，青岛有 3 项指标略有提升，其他几个计划单列市的多项指标均有不同程度的下降（表 5－8）。

表 5－8 计划单列市专业孵化器情况

指标	大连		宁波		厦门		青岛		深圳	
	2018 年	2019 年	2018 年	2019 年	2018 年	2019 年	2018 年	2019 年	2018 年	2019 年
专业孵化器总数/家	14	12	4	4	14	16	10	13	46	46
专业孵化器使用总面积/万平方米	20.0	18.0	7.0	6.0	33.0	35.0	24.0	20.0	95.0	72.0
专业孵化器内企业数/家	514	454	254	222	683	764	858	871	1691	1526
专业孵化器内在孵企业数/家	481	448	162	127	612	632	688	647	1410	1247
当年新增在孵企业数/家	136	76	49	33	189	195	116	104	489	358
当年毕业企业数/家	75	49	10	11	59	86	75	94	182	133

二、孵化绩效情况

（一）在孵企业经营情况

2019 年，全国专业孵化器在孵企业总收入为 2268.5 亿元，各地区平均值为 70.9 亿元，较 2018 年均增长 11.2%。在孵企业总收入排名居前 5 位的地区分别为广东、江苏、上海、山东和北京，这 5 个地区专业孵化器内在孵企业总收入均突破百亿元。其中，广东专业孵化内在孵企业总收入近

415.0 亿元（图 5－13）。

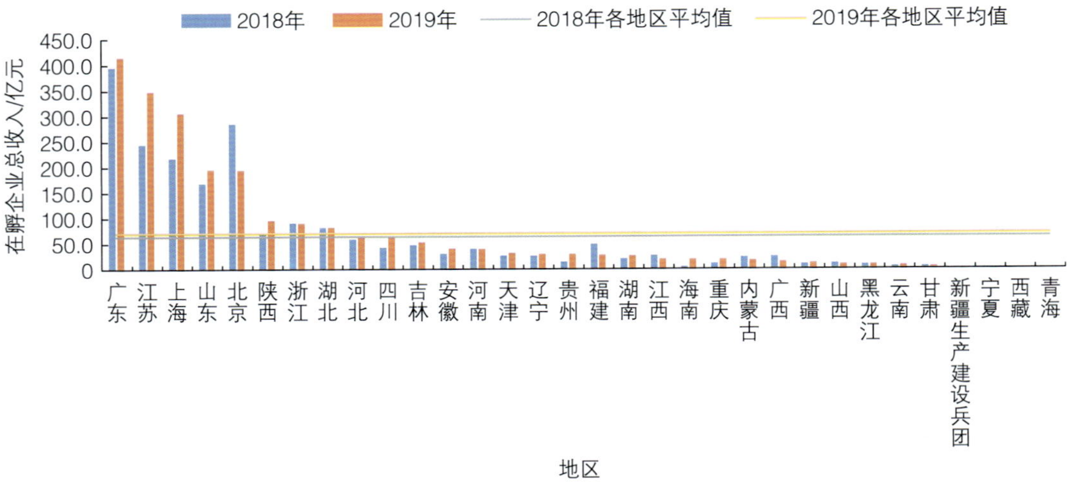

图 5－13　各地区专业孵化器内在孵企业总收入情况

（二）在孵企业技术创新情况

2019 年，全国在孵企业 R&D 支出排名居前 5 位的地区分别为广东、江苏、上海、北京和山东。其中，广东的在孵企业 R&D 支出为 58.4 亿元，虽然较 2018 年支出额有所下降，但在全国在孵企业 R&D 支出中所占比例有所提升，达到 24.1%（图 5－14）。

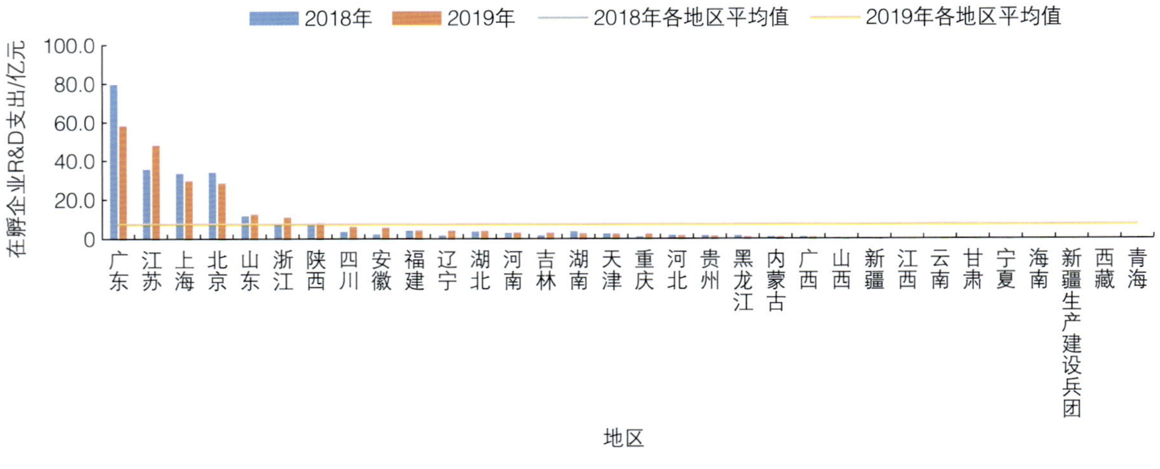

图 5－14　各地区在孵企业 R&D 支出情况

2019 年，各地区专业孵化器内在孵企业平均研发强度为 7.6%，较 2018 年略微有所增长。研发强度排名居前 5 位的地区分别为福建、北京、辽宁、安徽和广东，这 5 个地区专业孵化器内在孵企业研发强度均在 14.0% 以上。其中，福建达到 15.7%，北京达到 14.6%，辽宁达到 14.2%，安徽达到 14.1%，广东达到 14.1%（图 5－15）。

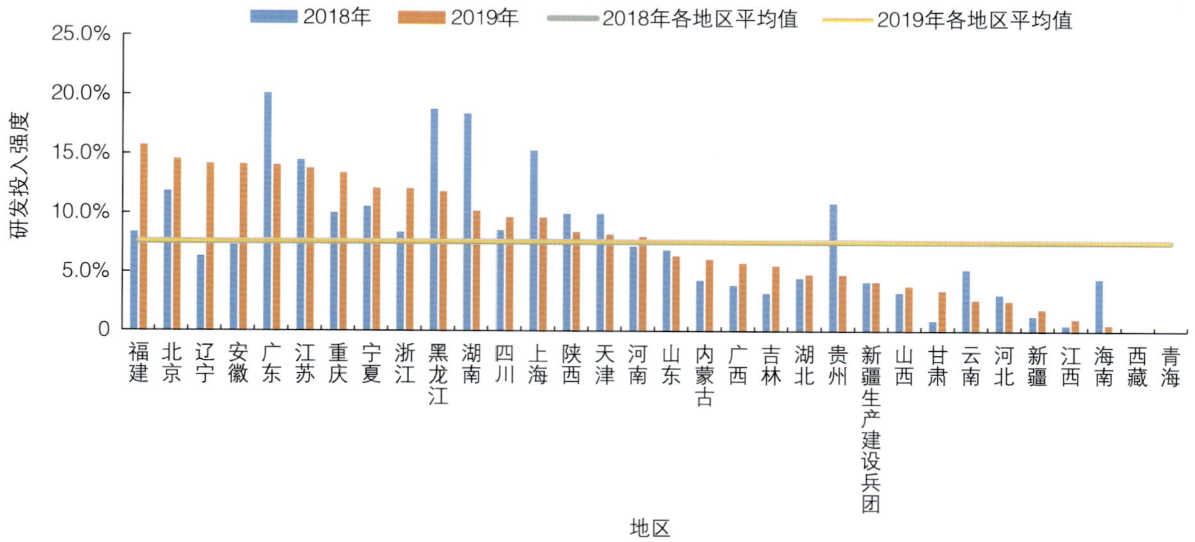

图 5－15　各地区在孵企业研发投入强度情况

（三）在孵企业创造的就业机会

2019 年，专业孵化器内在孵企业从业人员数量较多的地区为广东、江苏、山东、上海和北京。其中，广东在孵企业从业人员数量达到 14.0 万人，较 2018 年略有下降；江苏在孵企业从业人员数量超过 10.0 万人，较 2018 年增长 10.4%（图 5－16）。

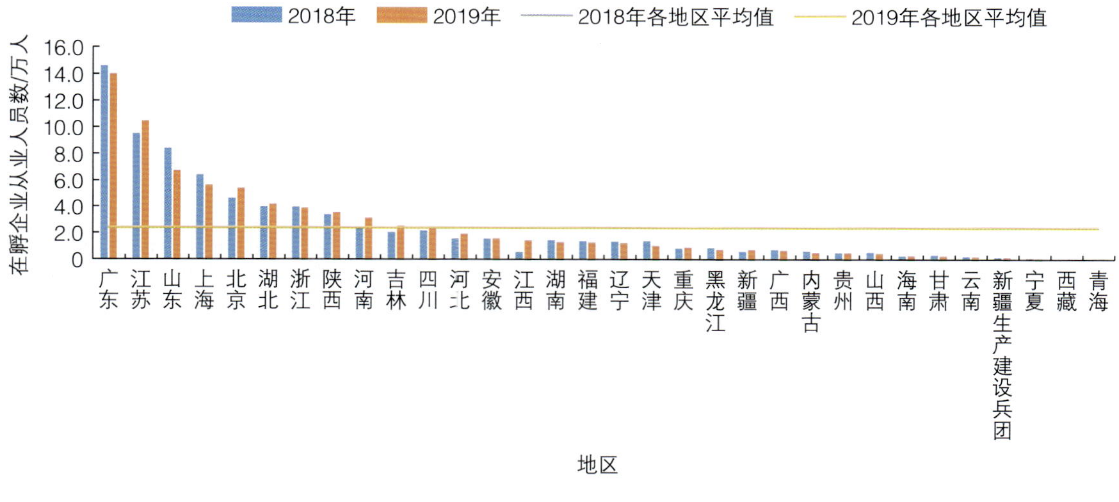

图 5－16　各地区专业孵化器内在孵企业从业人员数情况

2019 年，各地区专业孵化器内在孵企业从业人员中大专以上人员占比平均达 76.7%，较 2018 年增长 1.9 个百分点（图 5－17）。

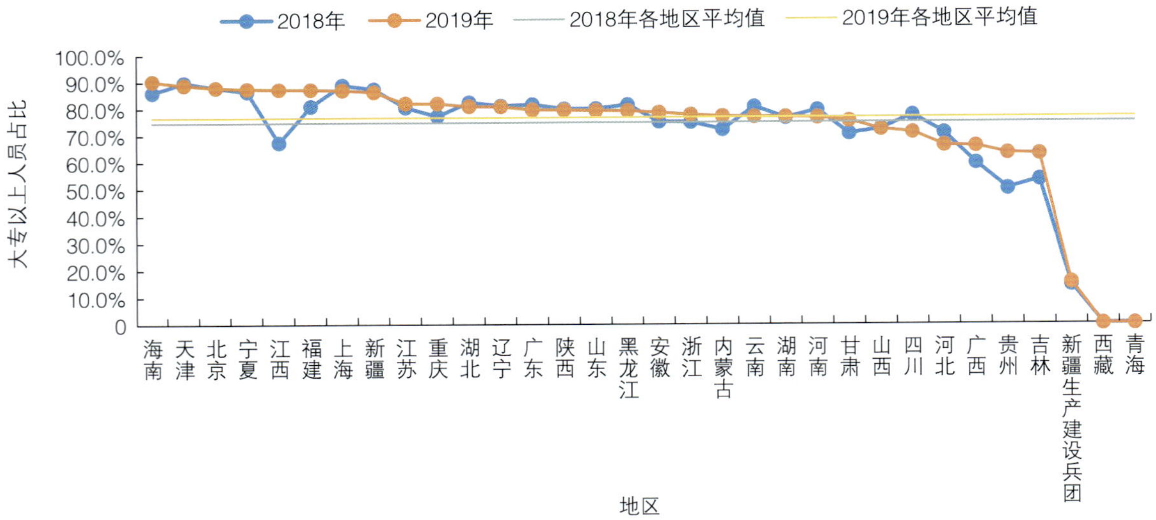

图 5－17　各地区专业孵化器内在孵企业从业人员中大专以上人员占比情况

（四）在孵企业获得的投融资情况

2019 年，全国专业孵化器内当年获得孵化基金投资的在孵企业数量为 2592 家，较 2018 年下降 10. 1%。在孵企业累计获得风险投资额为 1079. 0 亿元，较 2018 年增长 8. 1%，其中，当年获得风险投资额为 232. 8 亿元，较 2018 年下降 3. 4%。累计获得投融资的企业数量为 15 169 家，较 2018 年增长 10. 1%，其中，当年获得投融资的企业数量为 3340 家，较 2018 年下降 4. 2%（表 5－9）。

表 5－9　全国专业孵化器内在孵企业投融资情况

指标	2018 年	2019 年
当年获得孵化基金投资的在孵企业数量/家	2877	2592
在孵企业累计获得风险投资额/亿元	997. 9	1079. 0
其中：当年获得风险投资额/亿元	241. 0	232. 8
累计获得投融资的企业数量/家	13 772	15 169
其中：当年获得投融资的企业数量/家	3486	3340

三、孵化器运营情况

（一）孵化器孵化基金情况

2019 年，全国专业孵化器的孵化基金总额为 380. 2 亿元，较 2018 年增长了 40. 1%。2019 年，孵化器孵化基金总额较多的 5 个地区分别为浙江、江苏、上海、广东和山东，较 2018 年波动比较明显。2019 年，浙江专业孵化器的孵化基金总额达 72. 0 亿元，位居第一，较 2018 年增长 96. 1%（图 5－18）。

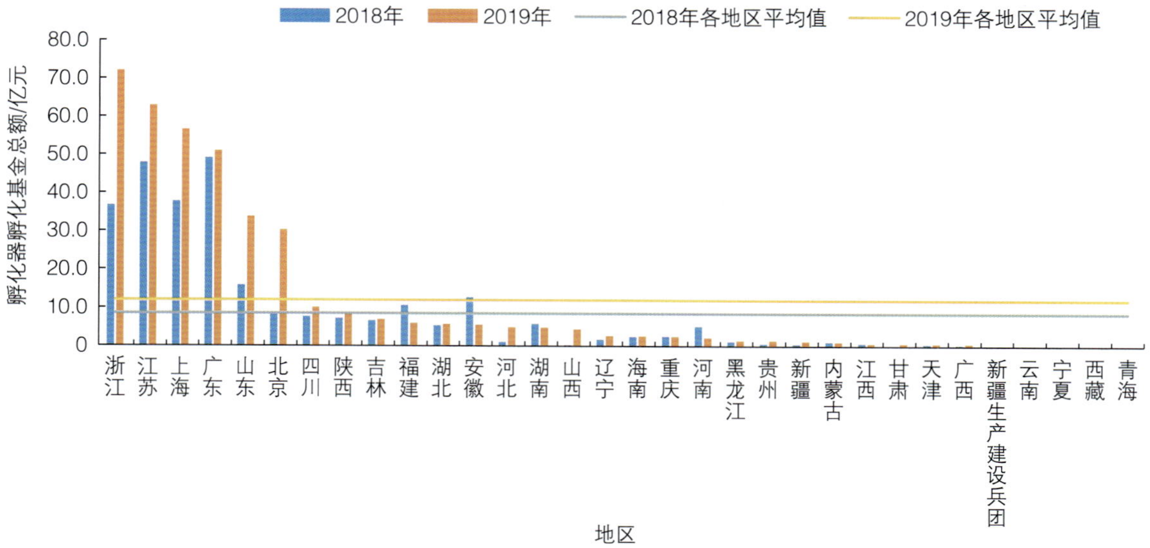

图5-18　各地区专业孵化器孵化基金总额情况

（二）孵化器获得财税支持情况

2018年，全国专业孵化器获得各级财政资助总额为20.2亿元，较2018年下降12.9%。其中，获得各级财政资助额最多的5个地区分别为广东、江苏、山东、上海和浙江（图5-19）。

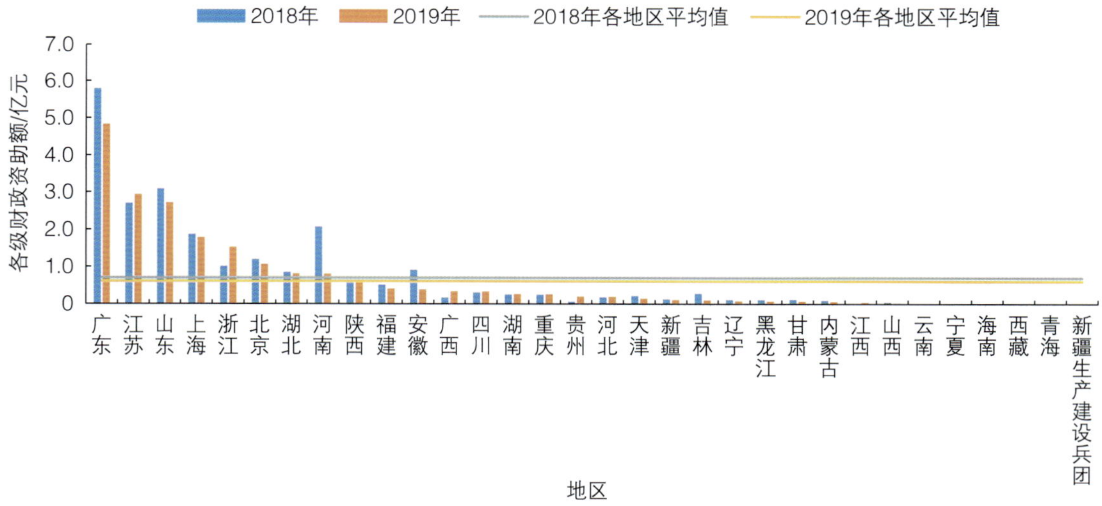

图5-19　各地区专业孵化器获得各级财政资助情况

（三）孵化器收支情况

2019年，全国专业孵化器总收入为147.8亿元，较2018年下降4.4个百分点。专业孵化器总收入较多的5个地区分别为广东、江苏、北京、上海和浙江。其中，广东专业孵化器总收入达到33.9亿元，较2018年有所下降，但依然在全国总排名中位列第一（图5-20）。

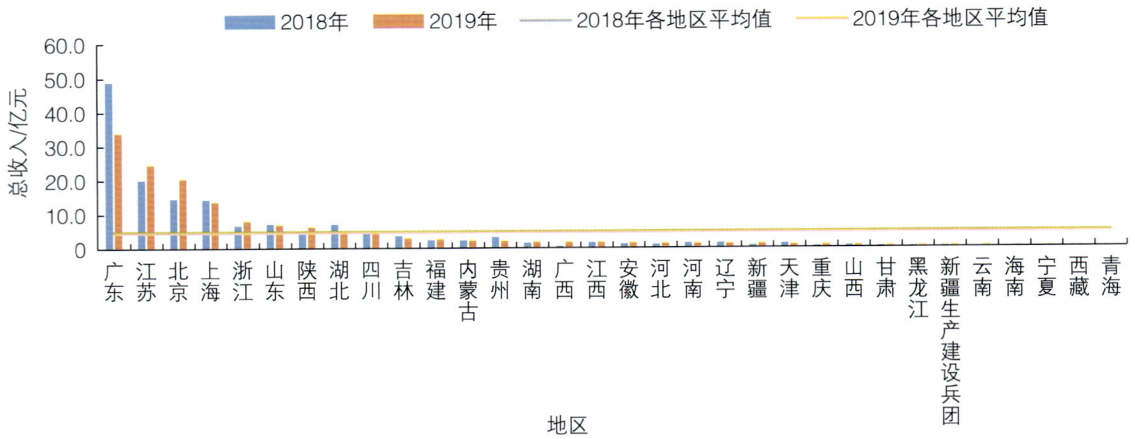

图 5-20 各地区专业孵化器总收入情况

2019 年，专业孵化器运营成本较高的 5 个地区分别为广东、江苏、北京、上海和浙江，这 5 个地区的运营成本均超过 10.0 亿元。其中，广东专业孵化器运营成本达 29.7 亿元，位居全国首位（图 5-21）。

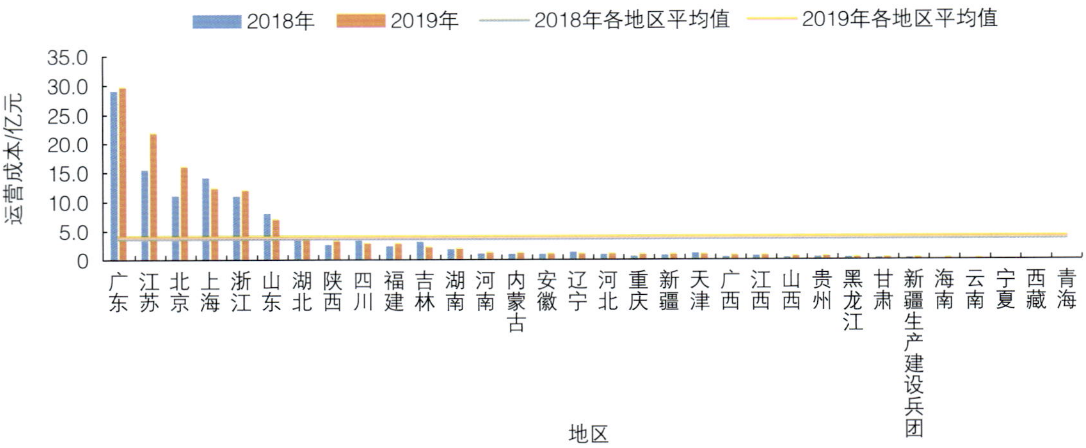

图 5-21 各地区专业孵化器运营成本情况

（四）孵化器管理人员情况

2019 年，全国专业孵化器内管理机构从业人员累计共 20 683 人，较 2018 年下降 1.2 个百分点。其中，大专以上人员 19 278 人，较 2018 年下降 0.4 个百分点；接受专业培训人数 10 395 人，较 2018 年增长 3 个百分点（图 5-22）。

2019 年，专业孵化器内管理机构从业人员数量较多的 5 个地区分别为广东、江苏、山东、上海和浙江。其中，广东、山东、上海和浙江的专业孵化器内管理机构从业人员数量较 2018 年均有不同程度的减少，仅有江苏专业孵化器内管理机构从业人员数量较 2018 年有所增加（图 5-23）。

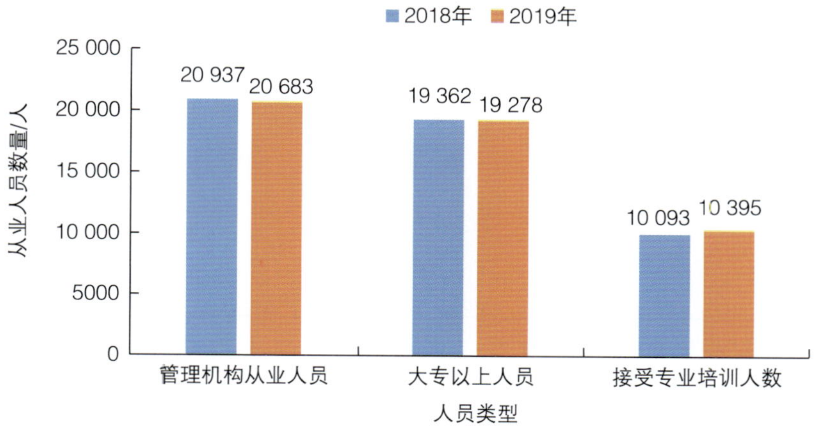

图 5－22　专业孵化器管理机构从业人员数量情况

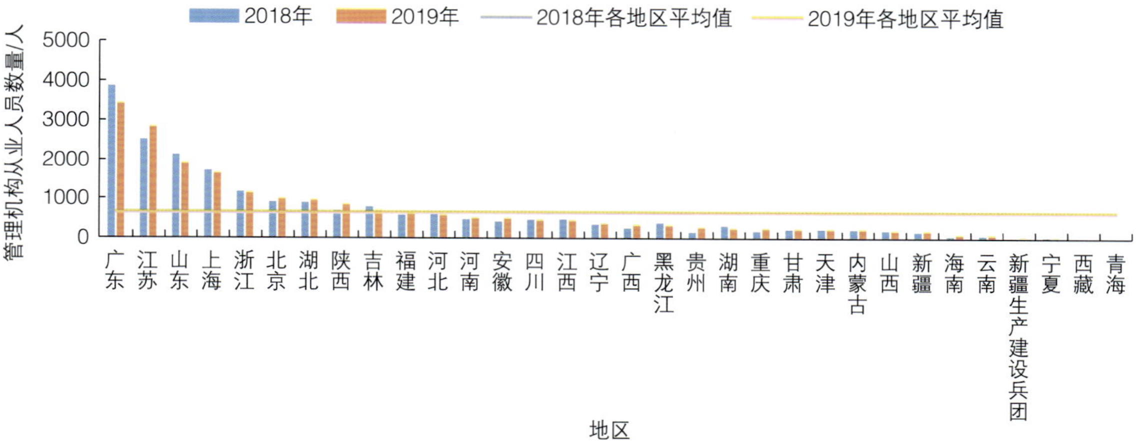

图 5－23　各地区专业孵化器管理机构从业人员数量情况

2019 年，全国专业孵化器为管理机构从业人员中大专以上人员占比平均为 93.0%，较 2018 年增长 0.7 个百分点。管理机构从业人员中大专以上人员占比较高的 5 个地区分别为海南、河南、湖南、重庆和新疆（图 5－24）。

2019 年，全国专业孵化器内管理机构从业人员中受过专业培训的人员平均占比为 49.0%，较 2018 年增长 1 个百分点（图 5－25）。

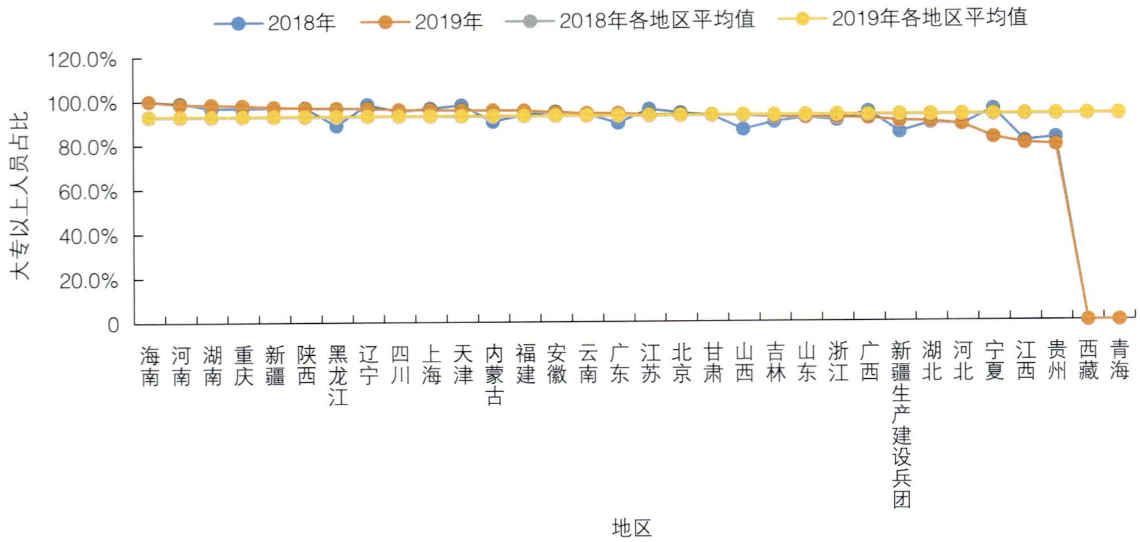

图 5－24　各地区专业孵化器管理机构从业人员中大专以上人员占比情况

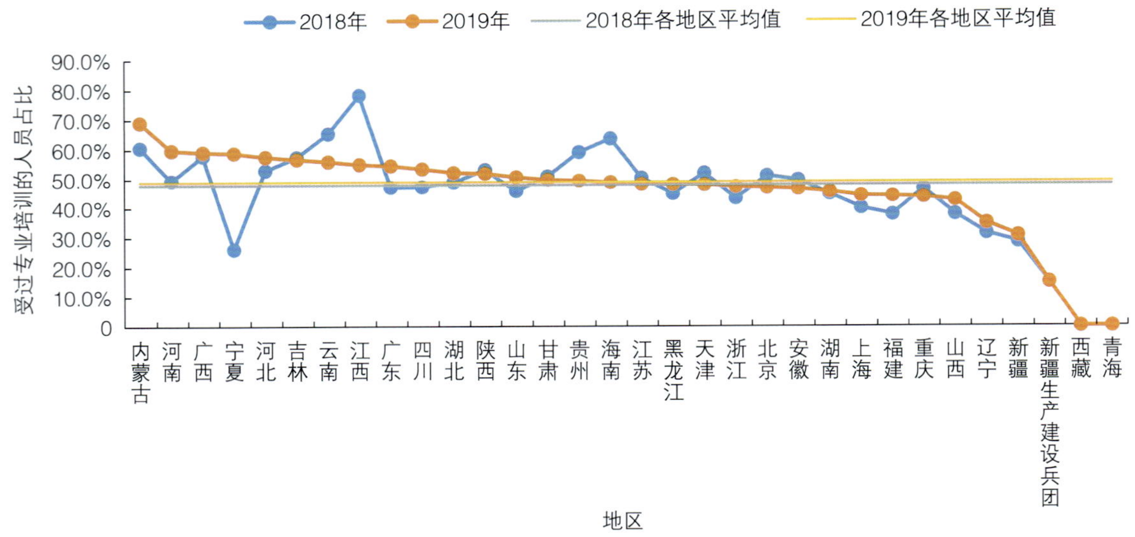

图 5－25　各地区专业孵化器管理机构从业人员中受过专业培训的人员占比情况

（五）专业孵化器开展孵化服务情况

2019 年，在孵企业培训人次较多的 5 个地区分别为广东、上海、山东、江苏和北京。其中，广东专业孵化器在孵企业培训人次达到 27.1 万人次，占全国的 21.1%，位列第一（图 5－26）。

2019 年，开展创业教育培训活动场次较多的 5 个地区分别为广东、上海、山东、江苏和北京（图 5－27）。

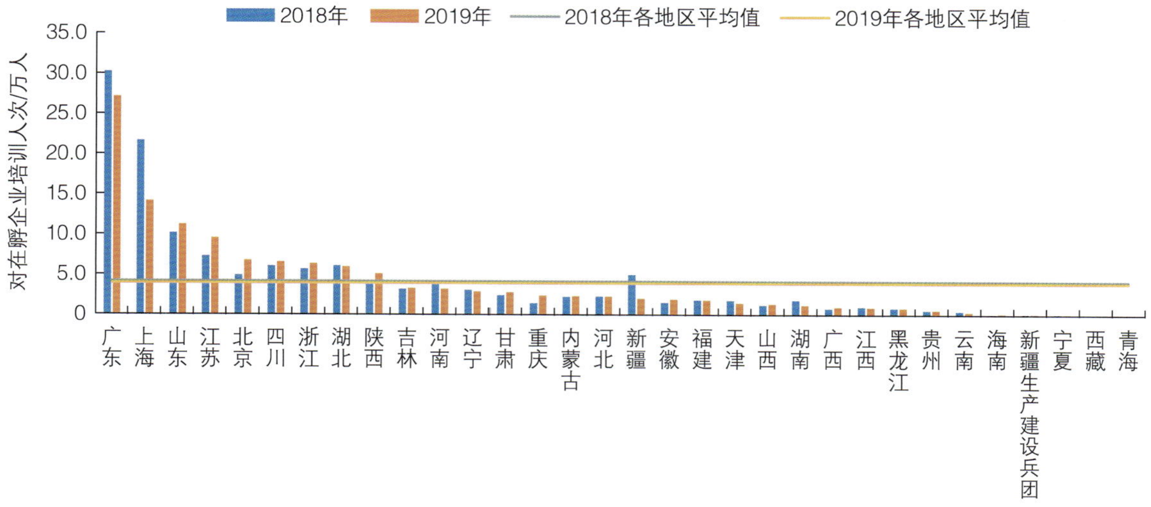

图 5－26　各地区在孵企业培训人次情况

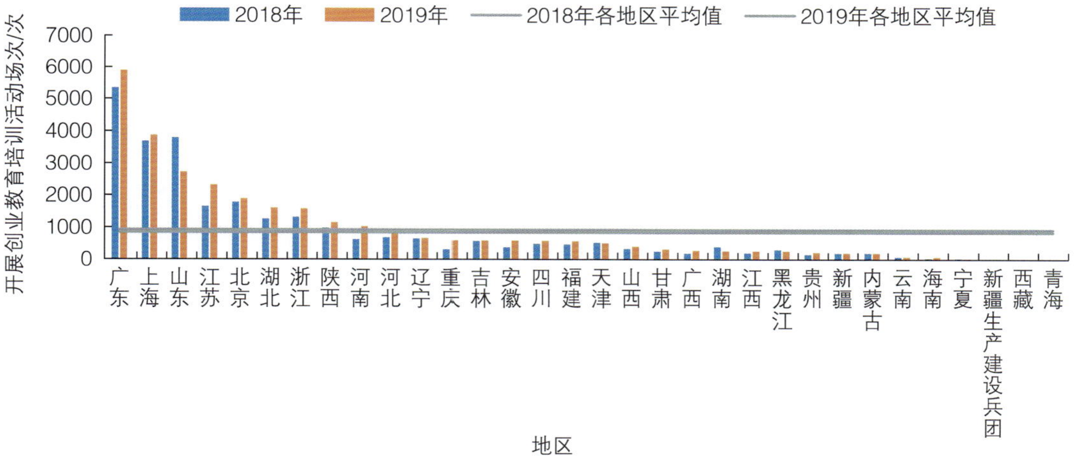

图 5－27　各地区开展创业教育培训活动场次情况

四、全国新材料产业孵化共同体

引导孵化器向不同专业领域深耕细作可以有效提升创业孵化绩效。截至 2019 年年底，全国孵化器的整体数量为 5206 家，其中专业孵化器 1477 家，占比 28. 4% 。以新材料专业领域为例，2019 年，新材料专业领域孵化器数量 85 家，孵化器总收入 4. 9 亿元，在孵企业数量 2965 家，在孵企业的总收入达到 118. 2 亿元，在孵企业累计获得风险投资总额高达 29. 7 亿元。

（一）共同体基本情况

2019 年 7 月，在科技部火炬中心指导和支持下，全国首个“新材料产业孵化共同体”（New Material Industry Incubation Community，以下简称共同体）正式成立。

共同体由 15 家机构共同发起，以创业孵化机构为核心，联合新材料产业领域的大企业、投资机构、专业服务机构、高成长在孵企业，为新材料产业的创新发展提供一个协同创新、合作共赢的新平台。共同体是相关机构自发形成的行业促进组织，不挂靠任何政府部门或社会组织，以产业创业需求、经济利益和契约关系连接共同体成员和其他机构。共同体接受国家相关政府部门的业务指导。

共同体的孵化机构成员，向其他成员开放资源、推介优秀在孵企业，实现资源共享、共同孵化。共同体的大公司、投资机构、专业服务机构等成员，向创业孵化机构和高成长科技企业开放需求与资源、提供支持与服务。韵网作为共同体的秘书处，利用线上平台和线下活动，为共同体高效运转提供保障。

（二）共同体主要职能

共同体的主要职能是着眼于新材料产业领域创业孵化机构之间的业务合作和项目投资，旨在组织细分行业领域内的各项资源要素和创新要素的交流融合，实现联合孵化、接力孵化，为创业企业和高成长企业提供更加高效、有力的服务与支撑。

组织开展行业内的信息交流与经验共享。既有共同体成员之间围绕创业孵化业务的内容，也有共同体成员与金融、市场、研发、专业服务等国内外相关机构和人员之间的交流交往和合作机会提供。

开放创业孵化资源。成员孵化器向共同体其他成员开放自己的各种与孵化服务相关的资源，包括研究开发平台、市场营销渠道、投资与融资能力、专家与导师资源、专业服务机构、国际合作伙伴、企业经营空间等。这种开放，将为孵化器及其在孵企业提供连接相关机构的机会及获取服务的便利与优惠。

共同孵化。每个共同体成员可推荐其重点在孵企业，形成重点企业池，共同体各成员可利用自身资源与企业结成利益关系、为企业提供相关服务和支持。

共同投资。设立新材料产业加速基金，专门投资于共同体成员的在孵企业。共同体成员负责推荐优质企业，承担投后管理责任，分享基金投资收益。

开展政策法规、实务研究及信息产业前沿发展趋势探讨。反映新材料产业创业孵化机构的诉求与呼声，为政府部门决策和创业孵化事业发展提供支撑。

（三）共同体 15 家发起成员情况

共同体由 15 家来自北京、辽宁、广东、安徽、吉林、江苏、浙江、四川、上海、湖北等地的机构成员发起，发起成员签署了《新材料产业孵化共同体倡议书》（以下简称《倡议书》）。《倡议书》中约定，共同体的成员孵化器，要向其他成员开放与孵化服务相关的资源，将为孵化器及其在孵企业提供连接相关机构的机会及获取服务的便利与优惠；成员孵化器还向其他成员推介优秀在孵企业，使这些企业得到其他成员的关注和支持，实现共同孵化；大公司、投资机构、专业服务机构等共同体成员，应向孵化器成员及其在孵企业开放资源、提供支持。

1. 埃米空间新材料孵化器

埃米空间（AMI）新材料孵化器聚焦于发挥产业基础支撑作用的新材料领域，采用“产业垂直＋深度孵化”模式，深入挖掘和培育新材料领域成熟科技成果，提供技术产品化和企业商业化运营管理全方位解决方案，帮助新材料早期项目突破从“0”到“1”的发展瓶颈，打造新材料领域科技成果专业化孵化加速平台。埃米空间新材料孵化器的核心模式有3项。细领域：聚焦于新材料领域的技术创新和产品应用领域聚焦使我们更加深入理解产业，建立产业生态，为科技创业者精准匹配资源和提供专业服务；硬科技：扎根于高校院所实验室研究成果，以产业需求带动技术成果产业化实现，建立面向市场应用的核心技术壁垒和知识产权商业化布局；重孵化：以“创新合伙人”的身份深度参与项目早期运营，通过资金投入、联合组建团队和专业服务匹配为早期项目“弥补缺位”，帮助早期项目跨越从“0”到“1”的发展瓶颈。

2. 国际第三代半导体众联空间

国际第三代半导体众联空间为北京国联万众半导体科技有限公司创新服务板块。北京国联万众半导体科技有限公司以中国电子科技集团、荷兰代尔夫特理工大学中国研究院为技术支撑，以第三代半导体产业技术创新战略联盟资源为产业支撑，将众联空间打造为专注于第三代半导体产业的专业化国家级众创空间，并获得中关村国家自主创新示范区“特色产业孵化平台”资质。国际第三代半导体众联空间的特色功能是总体围绕“支撑四大应用，开放两大平台，提升三个能力，开放两种资源，建成一个加速器”为主要任务，坚持创新的体制机制，为培养和吸引全球优秀人才提供创业环境，促进产学研用合作及跨界应用的开放协同创新，坚持企业化管理、市场化运作。

3. 大连市高新技术创业服务中心

大连市高新技术创业服务中心是科技部认定的“国家级科技企业孵化器”，2013年至今连续被评为科技部优秀（A类）国家级科技企业孵化器，在《互联网周刊》发布的“互联网＋科技孵化机构TOP100”排行中连续4年跻身前10位。服务特色是“海外学子＋国内资本＋双创平台”模式、“小产业集群抱团发展”模式，已取得了良好的经济效益和社会效益。

4. 金发科技创新社区

金发科技创新社区是新材料龙头企业金发科技股份有限公司依托自身产业资源牵头打造的新材料专业科技企业孵化器。金发科技创新社区着力营造龙头企业带动、中小微企业协同推进、行业资源要素聚合、精准服务机制健全、创业环境友好的新材料行业创新创业生态圈。服务特色是定制化建设了适合于新材料行业中小微企业创新发展的“众创空间—孵化器—加速器”的全孵化服务链条，打造“科技金融服务＋高新技术服务＋创业导师服务”三位一体的精准服务体系。

5. 安徽爱意果园投资管理有限公司

2014年3月，庐阳区政府引进安徽爱意果园投资管理有限公司，用政府购买服务的形式组建了

IE 果园双创孵化平台。该平台对于打造“双创”生态圈，探索“双创”升级版，引领区域创新发展，助推经济转型升级具有重要意义。IE 果园，中文为“双创果园”。I 代表创新，E 代表创业。IE 果园聚焦以创新技术驱动战新产业发展和传统产业升级，通过引进和孵化海内外高层次人才团队，以独有的“5 ×10 ×3 ×6 ×4”的果园创新孵化体系，创建了“招得来、留得住、能发展”的科技创新孵化转化平台。

6. 吉林省中科应化化工新材料孵化器

吉林省中科应化化工新材料孵化器落位于长春新区（国家级新区）。目前已建成为集化工材料通用技术、专用技术、科技服务、企业孵化等平台的专业孵化器，拥有院士专家工作站。服务特色是集创业孵化、中试试验、高技术产业孵化、加工测试、技术转移转化、知识产权运营与管理、投融资及法务咨询、信息检索、人才培养等功能为一体，为创业团队提供专业知识、专业技术、专业导师、专业资本和专业装备等“一站式”孵化服务。

7. 江苏博特新材科技有限公司

“材智汇”众创空间于 2015 年 2 月正式运营，运营主体为江苏博特新材科技有限公司，该公司成立于 2012 年 8 月 3 日，具有独立法人资格，独立核算，自负盈亏，配置和完善了各项先进的软硬件设施，制订了扶持入驻项目发展的相关优惠政策，建立健全内部管理制度，管理机构设置合理，分工明确，配有专职的项目管理人员及技术专家，在各方面为入驻项目给予全方位服务。服务特色是专注于新材料的行业门户 + 媒体 + 智库，打造“材智汇在线”（www. czhonline. com）技术交易平台，促进原创技术项目化，将高校院所雄厚的基础技术研究实力连接龙头企业丰富的产业承接能力，打通基础创新成果到企业能够承接的产业技术及从创新产品到目标市场这两个环节，逐步打造新材料创新资源汇聚的高地。

8. 宁波新材料联合研究院

宁波新材料联合研究院是由宁波国家高新区（新材料科技城）、中国兵器科学研究院宁波分院、中国科学院宁波材料技术与工程研究所、激智科技、美诺华等多方共同建设的新材料产学研协同创新平台。目前已建成一个材料公共实验检测平台和有机功能材料、增材制造、膜材料、功能防护材料、光电显示材料及生物医用材料等 6 个工程技术中心，同时涵盖了一个新材料众创空间和一个新材料产业加速器。

9. 攀枝花钒钛科技企业孵化器

攀枝花钒钛科技企业孵化器成立于 2010 年 12 月，是钒钛高新区管委会委托攀枝花钒钛高新国有资本投资运营有限公司建设运营，是目前国内唯一以钒钛为特色的专业型孵化器，也是攀西战略资源创新开发试验区唯一的国家级孵化器。其具有三大优势，包括资源保障优势：钛资源保有储量居世界第一，钒资源保有储量居世界第三，伴生有钴、镍、铬、镓、钪等多种稀有金属；产业基础优势：已形成钒钛、钒钛配套、机械制造三大支柱产业；科技创新优势：创新机制，建立专业孵化运营模式，转变思路，构建产业全链条孵化体系，集聚资源，助力钒钛产业孵化。

10. 上海莘泽投资管理有限公司

上海莘泽投资管理有限公司是一家国家级孵化器运营商。公司致力于帮助创业者跨过最艰难的起步时期，立志要变更、提升传统的孵化服务，把“保姆式”的成本节约型服务提升到“顾问型”的专业化服务。莘泽孵化器是科技部认定的41家科技创业孵化链条建设试点单位之一。上海莘泽投资管理有限公司开发了“全科医生成长诊断－专业机构精准医疗”服务和创业教练与“零壹创业学院”服务2类创新服务模式。

11. 深圳市中科孵化股权投资基金管理有限公司

深圳市中科孵化股权投资基金管理有限公司是中国科技开发院有限公司（以下简称中开院）旗下的全资子公司，依托中开院孵化载体和孵化服务体系，立足广东，面向全国，面向创新经济，以市场化原则运作的具有中开院特色、深圳特色的专业化创业投资基金管理人。其具有三大服务特色，包括“三”化使命：促进高新技术成果的商品化、产业化、国际化；“三”个环节：科技成果转化、科技企业孵化、科技产业培育；“三”大业务：孵化社区建设、科技企业孵化、早期创业投资。

12. 武汉三新材料科技企业孵化器

武汉三新材料科技企业孵化器是科技部认定的“国家级科技企业孵化器”“国家火炬计划新材料产业基地”“大学生科技创业见习基地”，是新材料专业领域孵化服务机构。武汉三新材料科技企业孵化器以构建健全、有效的支持服务体系，注重营造良好的生态创业氛围为重点，形成了“专业孵化＋创业导师＋科技金融＋全链条”的模式。

13. 中孵高科产业孵化（北京）有限公司

中孵高科产业孵化（北京）有限公司是汇龙森科技集团控股子公司，位于汇龙森科技园三园，运营了4个专业技术服务平台，通过整合高端人才、搭建共享设备平台、整合服务供应商等为园区企业提供科技成果转化、小试中试、产品小批量生产、持股孵化、专业投资等服务，是一家从事特色产业园区运营、产业资源整合、创业企业投资和服务的专业机构。汇龙森新材料平台定位于陶瓷产品小试中试阶段，为企业提供设备服务、技术对接服务、技术咨询服务、项目投资服务等，建设一个连接创新端和产业端资源的桥梁，解决创新成果产业化之前的小试中试验证问题。

14. 中科院宁波材料所新材料初创产业园

中科院宁波材料所新材料初创产业园是中科院宁波材料所“新材料＋制造业”国家双创示范基地打造的科技硅谷。致力于孵化精品优质的新材料初创科技企业，在新能源与节能技术、先进制造与装备、清洁与环保技术、互联网与信息嵌入技术和生物医用技术等领域重点布局招才引智方向。

15. 韵网（全球智能孵化网络）

韵网（全球智能孵化网络，WIIN，World Intelligent Incubation Network），由首都科技发展战略研究院联合100多家企业孵化器、创业孵化行业协会等相关机构和人士，于2018年1月发起成立。

韵网旨在以遍布世界主要城市的创业孵化机构为主要节点，借助大数据和人工智能等技术手段，实现大公司、投资机构、服务机构、创业企业、创业孵化机构、孵化者的广泛便捷交流和智能精准融合，完善全球化和智能化时代的创业生态系统，为创业加速，为孵化赋能，创建新时代“人类创新创业共同体”。

（四）共同体成员遴选

共同体内的孵化机构应是新材料产业领域的有独立法人地位的专业孵化机构，包括孵化器、众创空间、加速器、大学科技园等。同时应具备专业孵化与投资融资能力，有良好孵化服务绩效，有完善的区域和产业生态网络。

共同体内的大公司应是新材料产业领域的龙头企业，拥有良好的市场营销网络、技术研发平台和重点实验室，并且能提供功能全面的创业辅导和专业高效的投资、并购服务。

共同体的投资公司应是新材料产业领域的专业投资公司，应拥有专业的新材料产业投资团队、丰富的投资经验和成功案例。

所有共同体成员都应具备灵活高效的运营体制机制，市场化能力强，有开放共享的理念，能配合秘书处的相关组织工作。

第六章　中国在孵企业空间特征分析

本章围绕在孵企业，从在孵企业数量、经营情况、技术创新情况、就业情况、分行业情况5个方面来分析2019年我国在孵企业的发展情况，以及2016—2019年我国在孵企业的变化情况。首先，以省（区、市）为分析单元，利用空间分析工具来展示我国在孵企业数量、总收入、知识产权和就业人员及其变化率的空间分布情况；其次，以地级市为分析单元，利用统计表来展示我国在孵企业数量、总收入、知识产权和就业人员等方面排名居前20位的地级市的数据；最后，选择创新能力较为突出的两个行业，即计算机、通信和其他电子设备制造业及医药制造业，展示其省（区、市）和地级市的在孵企业情况。

一、在孵企业数量

图6－1展示了2019年全国分省（区、市）在孵企业数量分布情况。在孵企业数量超过32 000

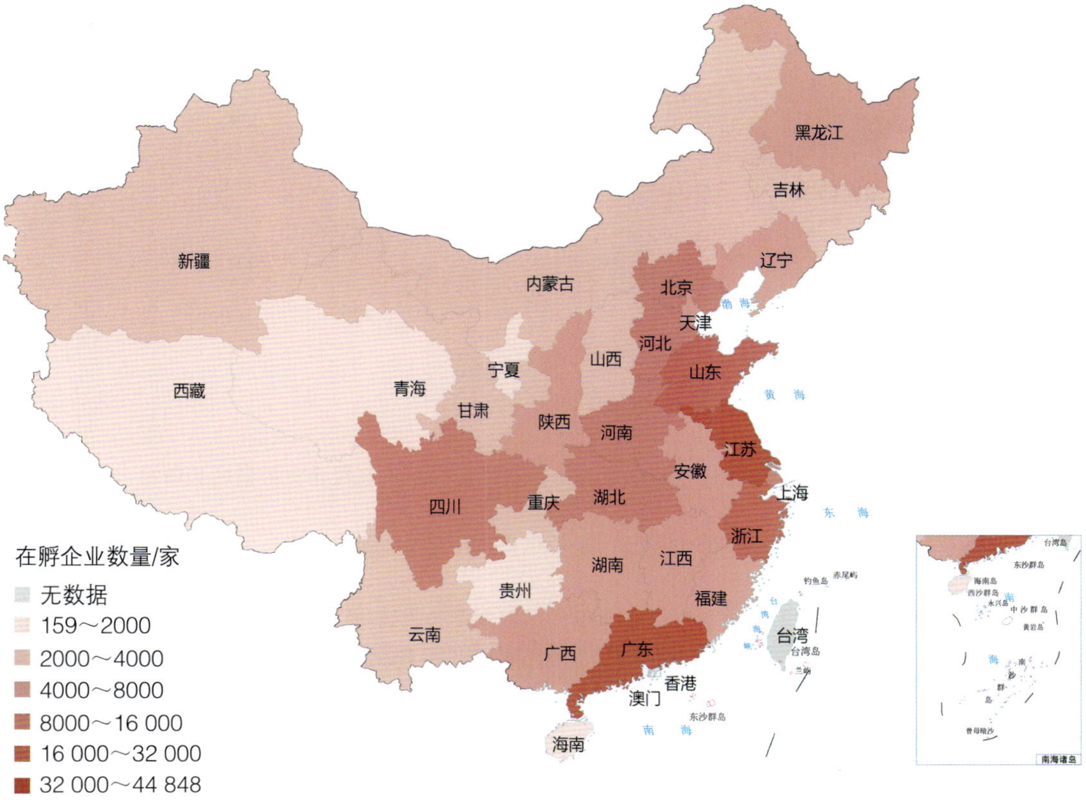

图6－1　2019年全国分省（区、市）在孵企业数量分布情况

家的省（区、市）仅有江苏和广东，其中江苏的在孵企业数量最多，为 44 848 家。在孵企业数量超过 8000 家的主要有京津冀地区、河南、湖北和四川。在孵企业数量较少的省（区、市）主要有宁夏、青海、西藏、贵州、海南和台湾，其中，在孵企业数量最少的省（区、市）是台湾，仅有 57 家。

图 6 - 2 展示了 2016—2019 年全国分省（区、市）在孵企业数量增长情况。从全国来看，2016 年全国共有在孵企业 159 362 家，2019 年达到了 268 462 家，较 2016 年增长了 68.5%。分地区来看，在孵企业数量增长较快的地区主要分布在中西部，如湖北、江西和新疆，而京津冀地区及其周边的山西也有较快的增加。另外，沿海地区的山东、江苏、浙江和广东等地，其在孵企业数量变化也都超过了 50.0%。

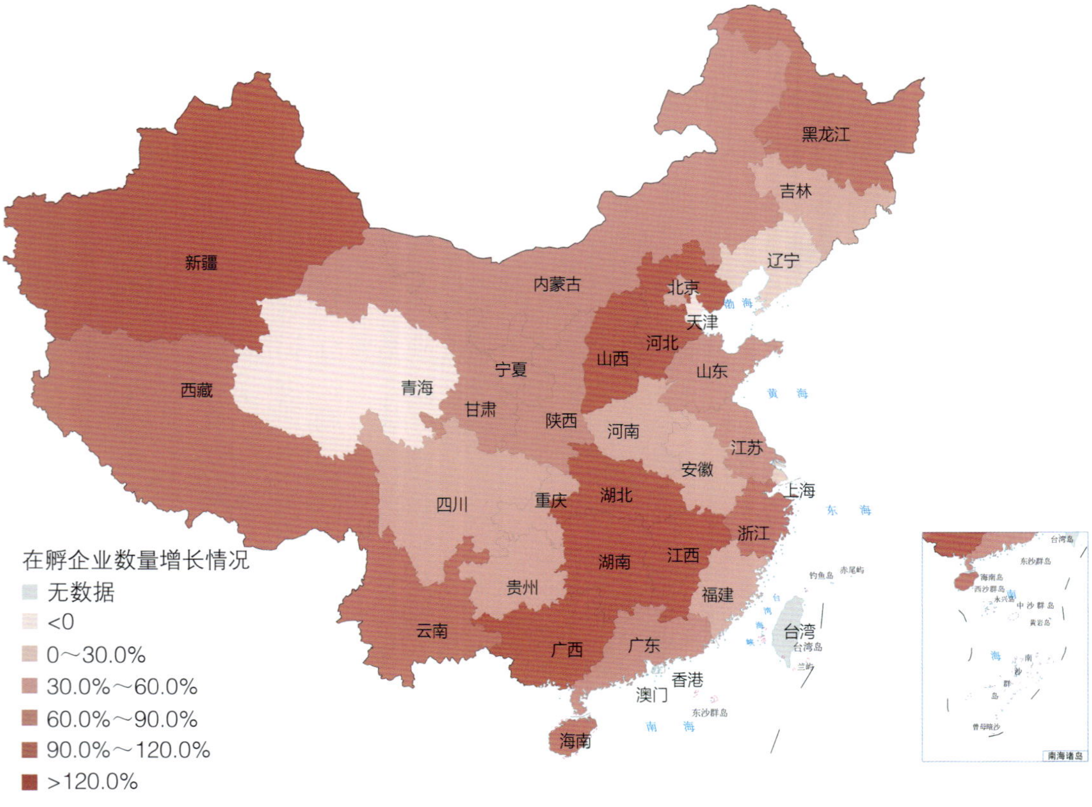

图 6 - 2　2016—2019 年全国分省（区、市）在孵企业数量增长情况

进一步地，我们还展示在孵企业数量排名居前 20 位的城市数据，如表 6 - 1 所示。

表 6 - 1　2019 年在孵企业数量排名居前 20 位的城市情况　单位：家

城市	在孵企业数量	较 2016 年增长情况
广州	12 612	119.6%
北京	11 962	51.4%
杭州	10 511	132.3%

续表

城市	在孵企业数量	较 2016 年增长情况
苏州	10 183	51.7%
上海	9943	23.4%
南京	9603	60.9%
深圳	8005	14.4%
武汉	6663	97.3%
天津	5510	-19.5%
成都	5250	26.5%
东莞	4775	182.9%
郑州	4494	99.8%
佛山	4053	145.5%
常州	4031	77.5%
无锡	3796	13.6%
徐州	3656	169.8%
哈尔滨	3604	84.1%
西安	3378	60.6%
重庆	3365	32.6%
长沙	3273	115.9%

2019 年，在孵企业数量排名居前 20 位的城市中，超过 3000 家的城市主要分布在珠三角地区的广州、佛山、东莞、深圳，京津冀地区的北京、天津，长三角地区的上海、苏州、常州、南京、杭州，以及中部地区的武汉、郑州和成都。其中，在孵企业数量最多的城市是广州（12 612 家）。2016—2019 年，在孵企业数量增长较快的城市有广州、杭州、东莞、佛山、徐州和长沙，这些城市的增长率均超过 100%；而这 20 个城市中，增长最慢的是天津，其增长率为 -19.5%，即企业数量表现为负增长。

二、在孵企业经营情况

图 6-3 展示了 2019 年全国分省（区、市）在孵企业总收入分布情况。在孵企业总收入较高的省（区、市）主要分布在北京、山东、江苏、上海和广东。另外，中西部的一些地区，如陕西、四川等的在孵企业总收入也较高，均在 2019 年超过了 8000 万元。其中，江苏的在孵企业总收入为 2.0 亿元，是我国 2019 年在孵企业总收入最高的省（区、市）。

图 6-4 展示了 2016—2019 年全国分省（区、市）在孵企业总收入增长情况。从全国来看，2016 年全国在孵企业总收入为 12.0 亿元，2019 年为 20.3 亿元，较 2016 年增长了 68.5%。分地区

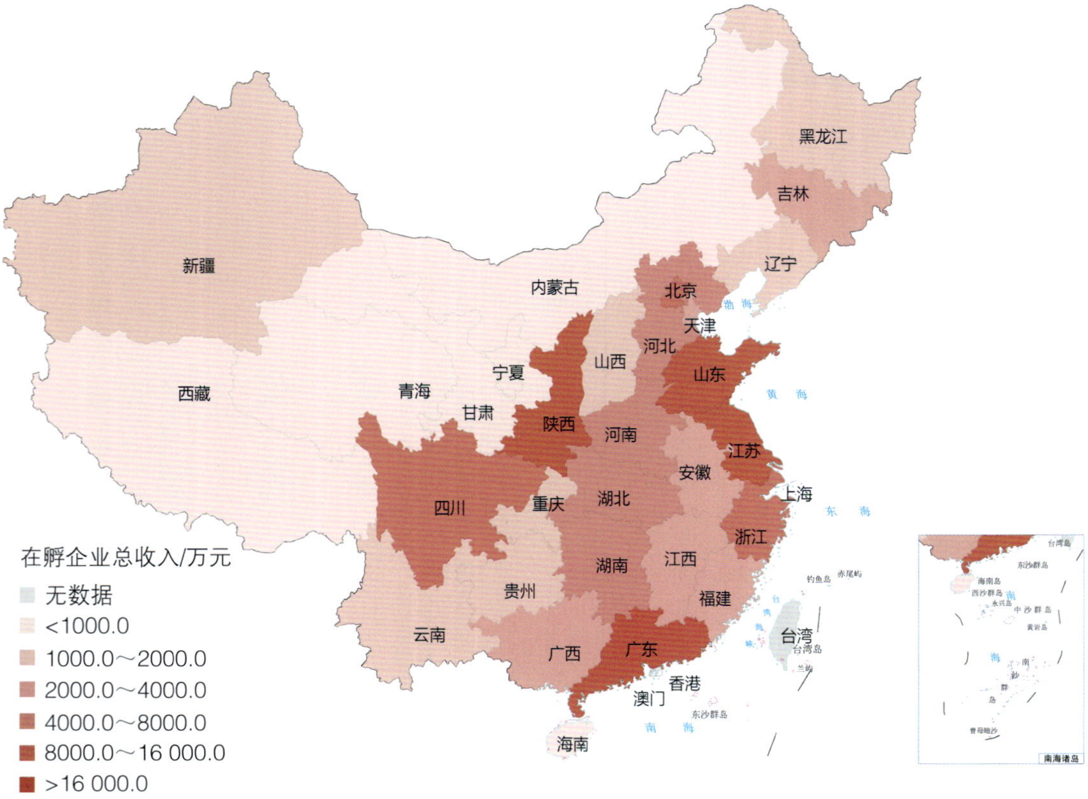

图 6－3　2019 年全国分省（区、市）在孵企业总收入分布情况

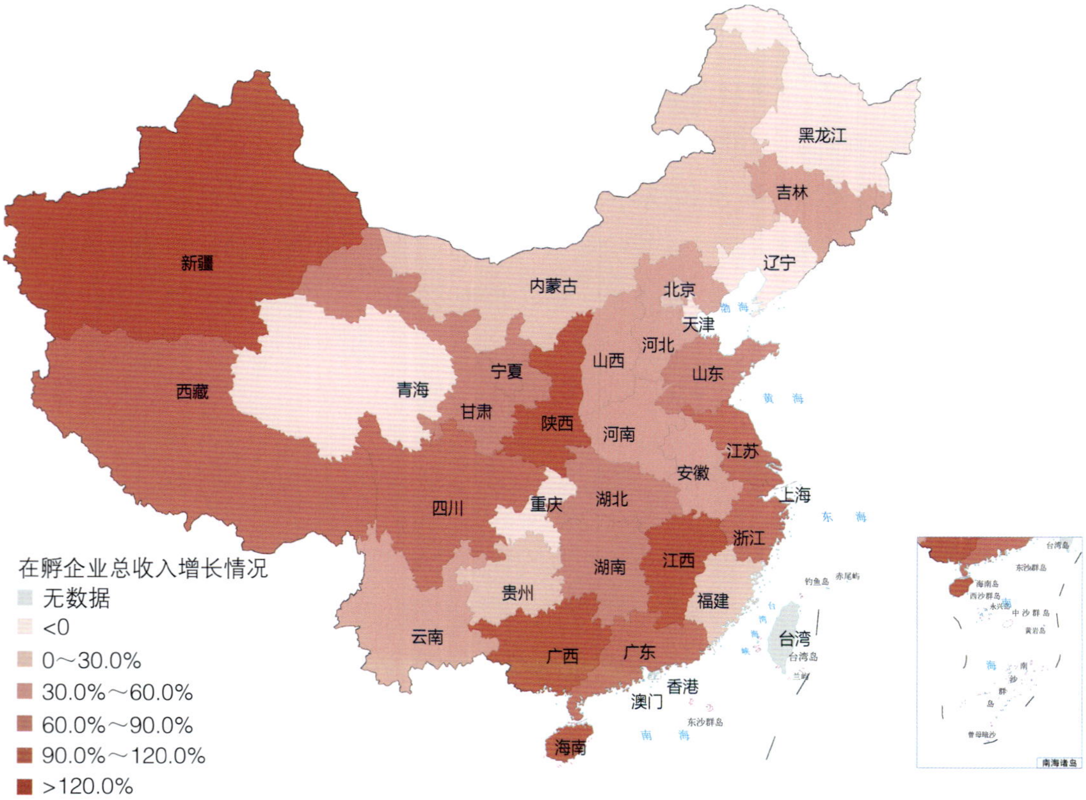

图 6－4　2016—2019 年全国分省（区、市）在孵企业总收入增长情况

来看，在孵企业收入增长较快的省（区、市）主要分布在新疆、陕西、江西、云南等地，其增速均超过了100%。另外，长三角和珠三角地区所在省（区、市）的在孵企业收入也有较快增长。

表6－2展示了按照在孵企业总收入排序，排名居前20位的城市数据。在孵企业总收入较高的城市主要分布在京津冀地区的北京，潍坊，长三角地区的上海、苏州、无锡、南京、杭州、嘉兴，以及珠三角地区的广州和深圳。另外，中西部的一些省会城市如西安、郑州、武汉、长沙等的在孵企业总收入也较高，均在2019年超过了2500万元。其中，西安的在孵企业总收入为1.7亿元，是我国2019年在孵企业总收入最高的城市。在孵企业总收入增长较快的城市主要分布在西安、宜宾和湖州，其增速均超过了500%。除此之外，增速超过100%的城市主要分布在南京、上海、广州、潍坊、东莞、嘉兴、常州、长沙和武汉。增速最慢的是北京，其增长率仅为2.2%。

表6－2　2019年在孵企业总收入排名居前20位的城市情况　　单位：万元

城市	在孵企业总收入	较2016年增长情况
西安	16 873.8	615.7%
北京	11 733.8	2.2%
南京	9545.4	103.1%
上海	9229.1	110.5%
广州	8699.4	125.9%
苏州	8298.2	71.0%
深圳	7698.7	53.5%
潍坊	7331.1	149.4%
无锡	6382.7	87.9%
杭州	4777.8	57.7%
东莞	4411.4	117.6%
嘉兴	4158.3	105.8%
常州	3619.3	181.7%
宜宾	3618.5	678.3%
郑州	3206.6	78.2%
长沙	2984.1	146.4%
武汉	2933.5	102.9%
厦门	2868.4	28.8%
湖州	2736.1	579.1%
成都	2514.6	23.1%

三、在孵企业技术创新情况

图 6－5 展示了 2019 年全国分省（区、市）在孵企业知识产权授权量分布情况。知识产权授权量较多的地区主要集中在中东部地区，如河南和湖北，以及沿海地区，如山东、江苏、浙江、上海和广东等。其中，江苏以 47 132 件知识产权授权量位居第一。相比之下，西部地区的企业创新能力较为薄弱。

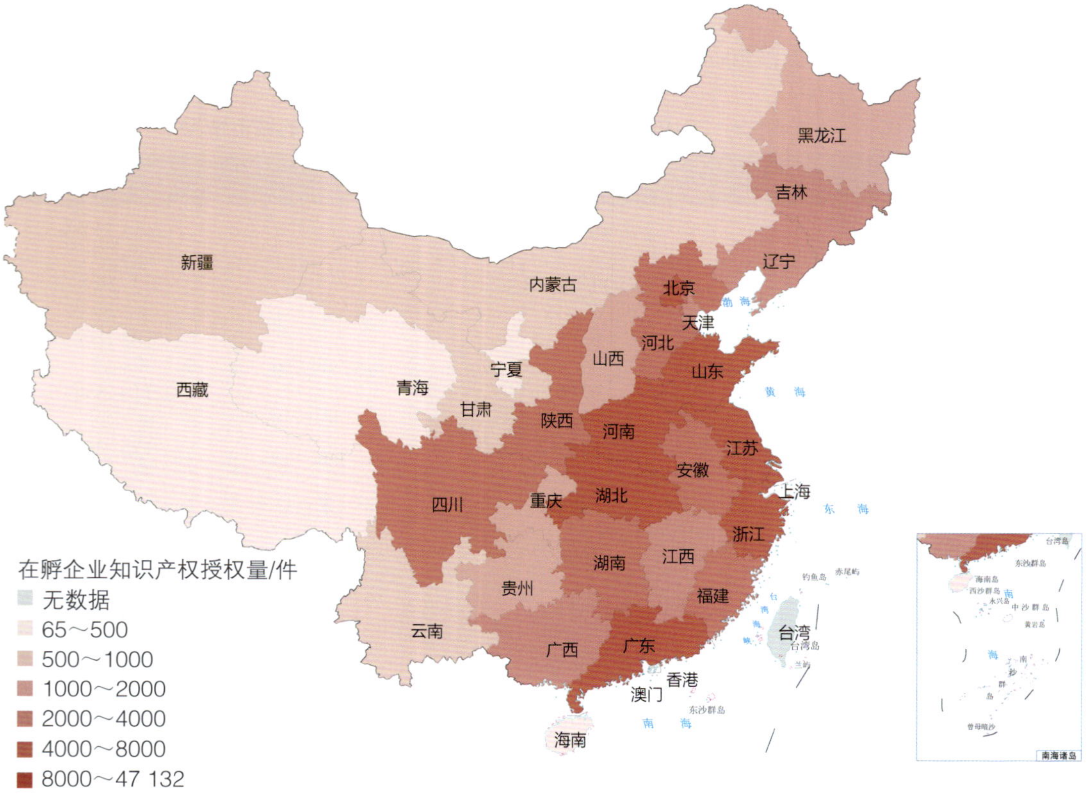

图 6－5　2019 年全国分省（区、市）在孵企业知识产权授权量分布情况

图 6－6 展示了 2016—2019 年全国分省（区、市）在孵企业知识产权授权量增长情况。从全国来看，2019 年全国在孵企业知识产权授权量为 224 979 件，较 2016 年增长了 2.2 倍。分地区看，大部分地区的知识产权授权量都翻了 1.0 倍，仅有川渝等地的企业创新增速较为缓慢，但也都超过了 30.0%。其中，增速最快的省（区、市）是湖南，其 2019 年的知识产权授权量增长超过了 4.0 倍。

表 6－3 展示了按照在孵企业知识产权授权量排序，排名居前 20 位的城市数据。在孵企业知识产权授权量较多的城市分别为广州、南京、苏州、北京、深圳、上海、杭州。其中，广州以 16 379 件知识产权授权量位居第一。另外，中西部的一些省会城市如西安、成都、郑州、长沙等的在孵企业知识产权授权量也较高，均超过了 4000 件。在这 20 个城市中，增速最快的是长沙和南京，其增

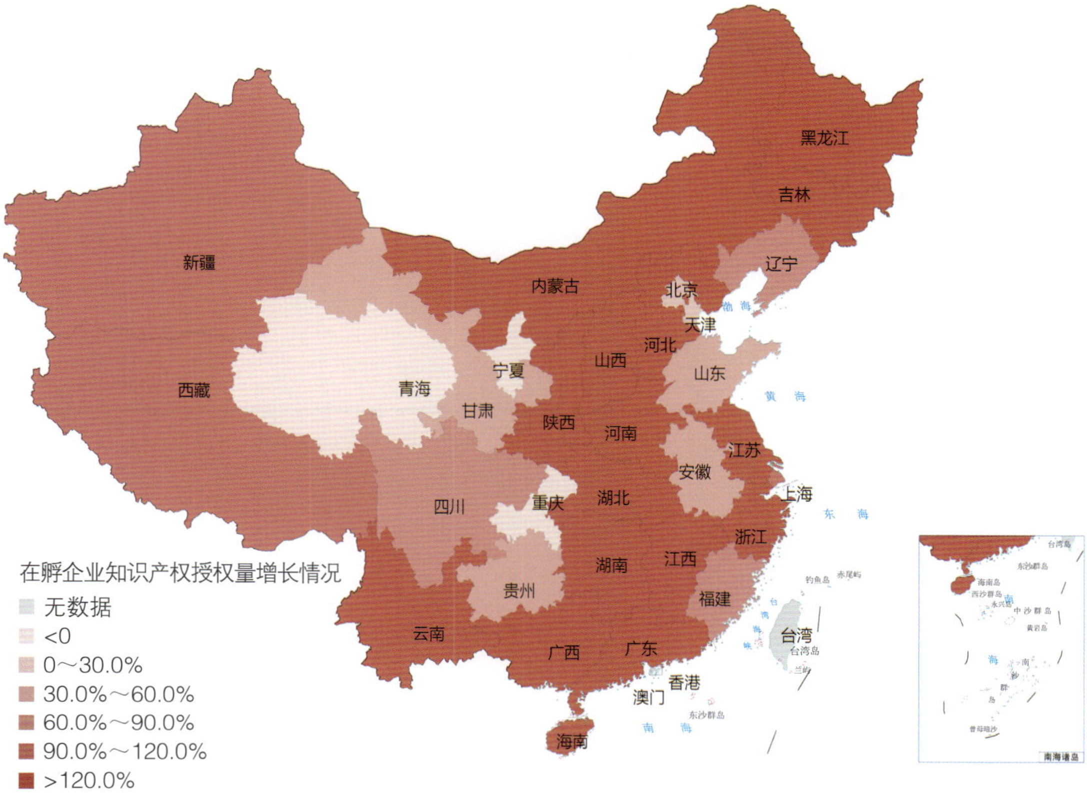

图 6－6　2016—2019 年全国分省（区、市）在孵企业知识产权授权量增长情况

速均超过了 500.0%，其次是广州。增速最慢的是北京，其增长率为 16.3%。

表 6－3　2019 年在孵企业知识产权授权量排名居前 20 位的城市情况　　单位：件

城市	在孵企业知识产权授权量	较 2016 年增长情况
广州	16 379	360.0%
南京	15 863	526.0%
苏州	13 481	81.7%
北京	12 126	16.3%
深圳	10 402	132.7%
上海	10 003	100.5%
杭州	9104	238.7%
武汉	8020	310.9%
郑州	6996	204.8%
成都	5234	107.5%
长沙	5030	548.2%
西安	4763	159.3%
东莞	4171	243.6%

续表

城市	在孵企业知识产权授权量/件	较 2016 年增长情况
无锡	4152	29.6%
合肥	3738	126.8%
天津	3348	26.2%
常州	3122	171.0%
佛山	2802	162.9%
洛阳	2779	107.7%
珠海	2564	105.0%

四、在孵企业就业情况

图 6-7 展示了 2019 年全国分省（区、市）在孵企业从业人员分布情况。在孵企业从业人员较多的地区主要集中在京津冀地区的北京，长三角地区的上海、江苏，以及珠三角地区的广东。其中江苏的在孵企业从业人员最多，达到了 84.7 万人。另外，山东、河南、湖北等的在孵企业从业人员也都达到了 10.0 万人以上。

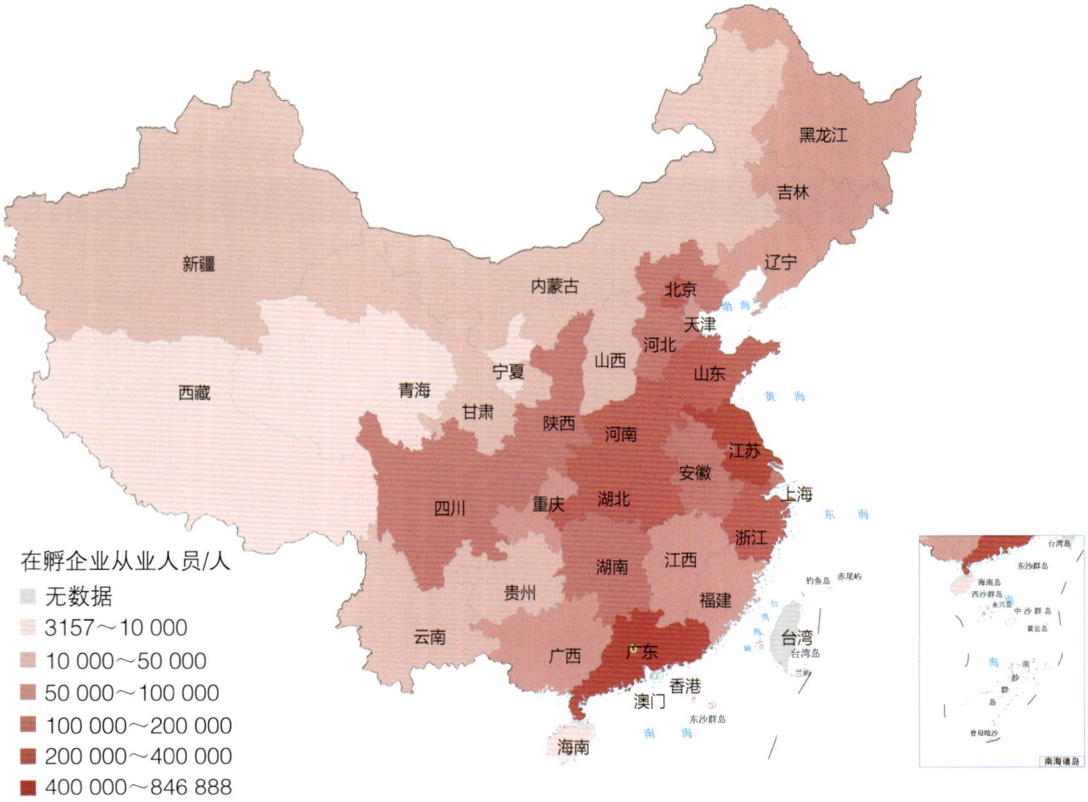

图 6-7　2019 年全国分省（区、市）在孵企业从业人员分布情况

图 6－8 展示了 2016—2019 年全国分省（区、市）在孵企业从业人员增长情况。从全国来看，在孵企业从业人员增长了 41.3%。从地区来看，增长较快的省（区、市）主要集中在新疆、陕西、江西等地，而在孵企业从业人员总量较多的沿海省（区、市）反而增速较低。

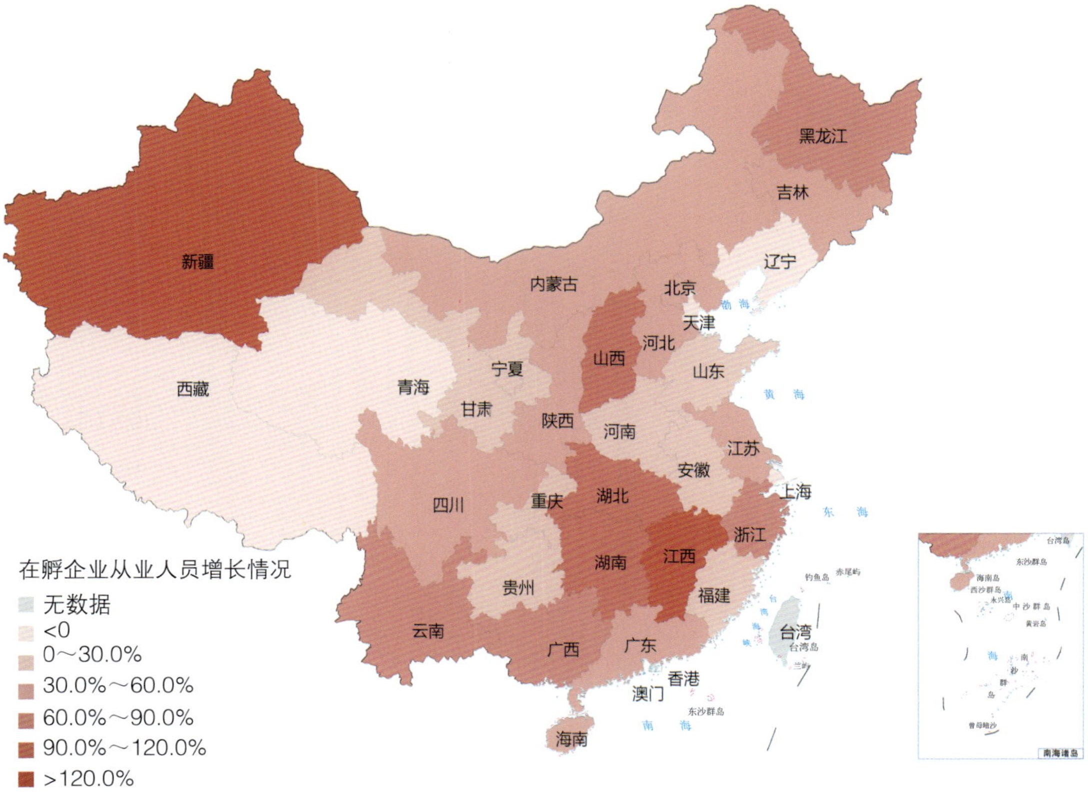

图 6－8　2016—2019 年全国分省（区、市）在孵企业从业人员增长情况

表 6－4 展示了按照在孵企业从业人员排序，排名居前 20 位的城市数据。在孵企业从业人员较多的地区主要集中在京津冀地区的北京、天津，长三角地区的上海、苏州、南京和杭州，珠三角地区的广州和深圳，以及中西部地区的省会城市，如河南的郑州、湖北的武汉、陕西的西安和四川的成都，这些城市的在孵企业从业人员均超过 8.0 万人。其中，在孵企业从业人员最多的城市是北京（233 462 人）。观察这 20 个城市的在孵企业从业人员增长情况，可以发现增速较快的城市有东莞、常州和徐州，其增速均超过了 100%。表现为负增长的城市仅有上海和天津。

表 6－4　2019 年在孵企业从业人员排名居前 20 位的城市情况　　单位：人

城市	在孵企业从业人员	较 2016 年增长情况
北京	233 462	40.8%
广州	189 189	77.2%
南京	177 896	86.6%
苏州	174 156	31.4%

续表

城市	在孵企业从业人员/人	较 2016 年增长情况
深圳	165 370	12.6%
杭州	152 229	81.3%
上海	131 952	-12.1%
武汉	114 651	80.1%
成都	94 802	15.7%
郑州	87 421	59.7%
无锡	85 479	35.9%
天津	85 298	-30.7%
西安	84 026	40.9%
东莞	83 641	215.4%
常州	81 088	100.1%
长沙	78 184	91.6%
潍坊	73 879	13.9%
徐州	65 408	145.6%
盐城	62 682	16.1%
佛山	55 157	82.9%

五、分行业情况

下面分析了计算机、通信和其他电子设备制造业和医药制造业两个行业的在孵企业数量、经营状况、技术创新及就业情况。

（一）计算机、通信和其他电子设备制造业

1. 在孵企业数量

图 6-9 展示了 2019 年各省（区、市）计算机、通信和其他电子设备制造业在孵企业数量分布情况。该行业在孵企业主要分布在发达的京津冀、长三角和珠三角地区，以及较为发达的中部和西部省（区、市），如川渝、陕西、湖北等。其中，该行业在孵企业数量最多的省（区、市）是江苏省，在 2019 年达到 2060 家。

图 6-10 展示了 2016—2019 年各省（区、市）计算机、通信和其他电子设备制造业在孵企业数量增长情况。整体来看，全国计算机、通信和其他电子设备制造业在孵企业数量从 2016 年的 7961 家增长到 2019 年的 17 835 家，增速为 124.0%。其中，在孵企业数量增速较快的省（区、市）主要在西部地区，包括云南、宁夏、甘肃等地，而发达的中东部地区的在孵企业数量增速反而较慢。

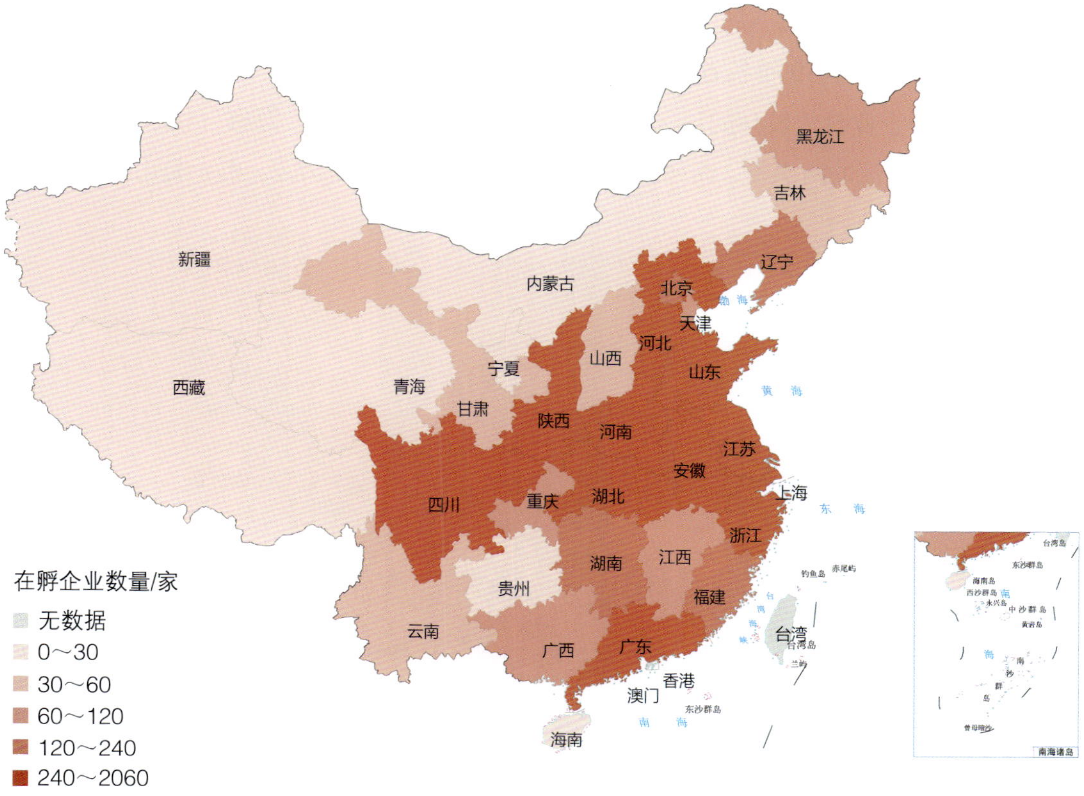

图 6－9　2019 年各省（区、市）计算机、通信和其他电子设备制造业在孵企业数量分布情况

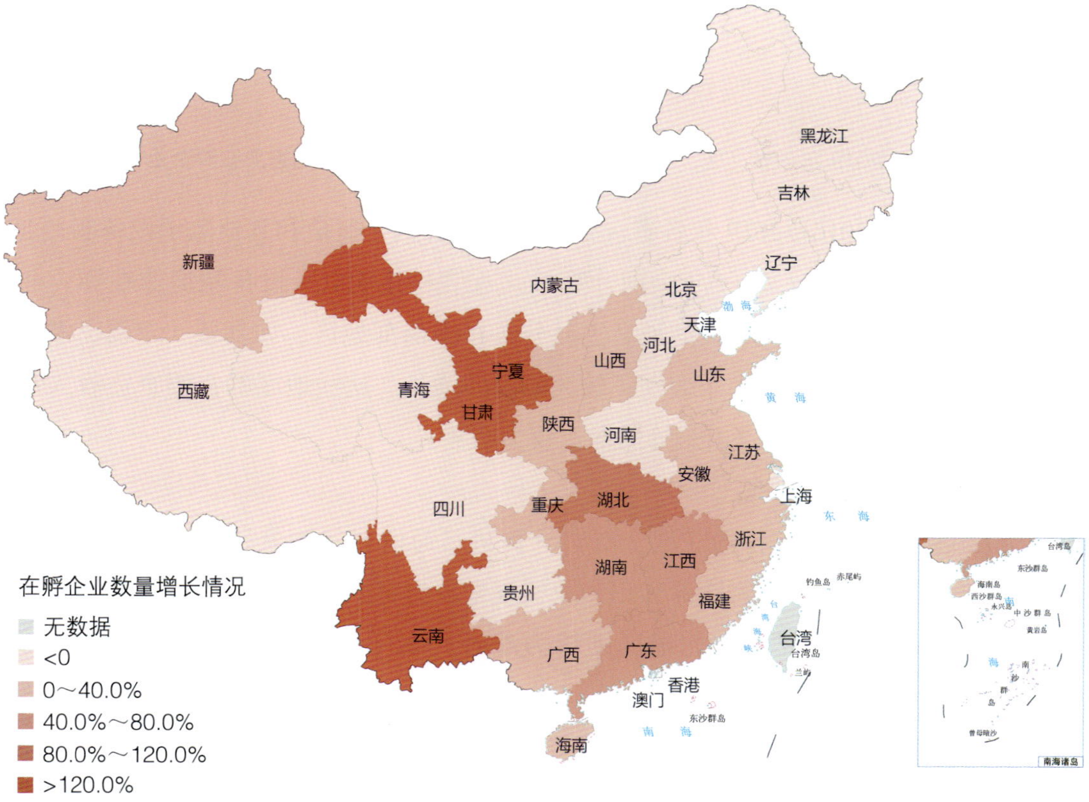

图 6－10　2016—2019 年各省（区、市）计算机、通信和其他电子设备制造业在孵企业数量增长情况

2. 在孵企业经营状况

图 6－11 展示了 2019 年各省（区、市）计算机、通信和其他电子设备制造业在孵企业收入分布情况。该行业在孵企业收入较高的地区主要分布在中东部地区，如沿海省（区、市），以及中部地区的陕西、湖北和西部地区的四川等。而该行业在孵企业收入最高的省（区、市）是山东，达到 3553 万元。

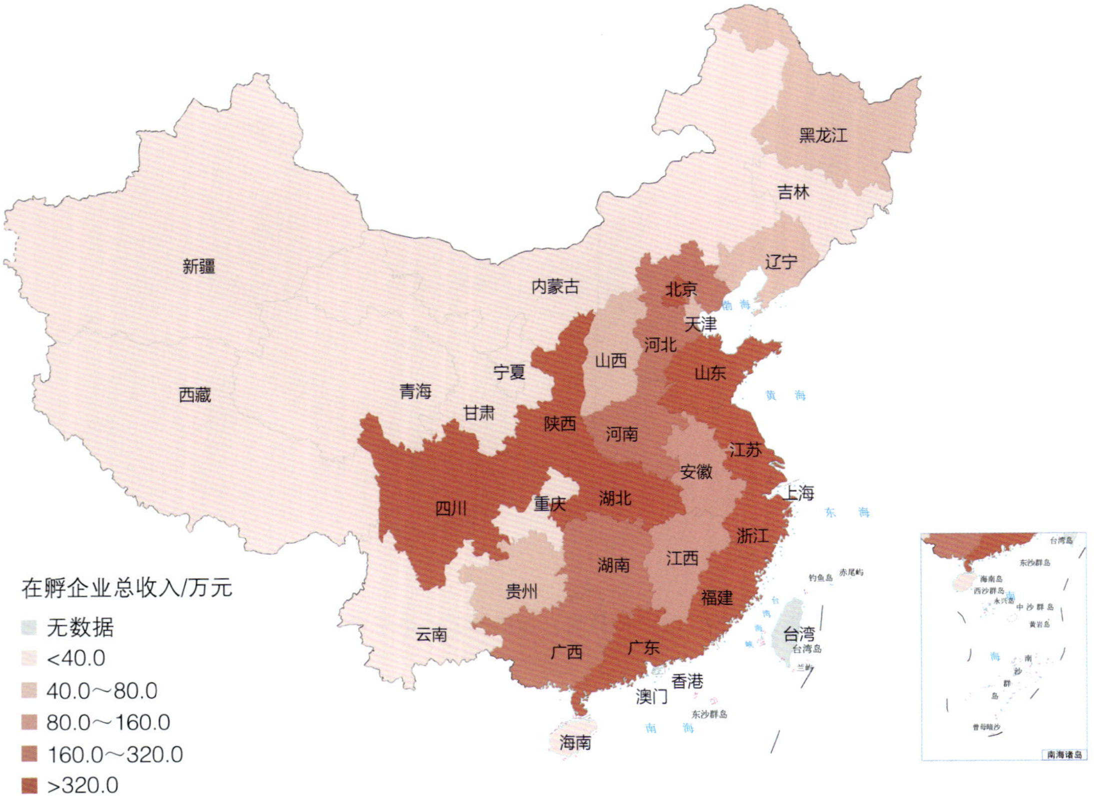

图 6－11　2019 年各省（区、市）计算机、通信和其他电子设备制造业在孵企业收入分布情况

图 6－12 展示了 2016—2019 年各省（区、市）计算机、通信和其他电子设备制造业在孵企业收入增长情况。相比 2016 年，2019 年全国计算机、通信和其他电子设备制造业在孵企业收入增长了超过 2 倍。分地区来看，变化较大的地区主要分布在中西部地区，如新疆、宁夏、湖北、贵州和云南等地，沿海地区仅有上海和山东表现了较大幅度的增长。这些地区的在孵企业收入都增长了超过 1 倍。而沿海地区，仅有上海、山东等的增速较为明显。

3. 在孵企业技术创新情况

图 6－13 展示了 2019 年各省（区、市）计算机、通信和其他电子设备制造业在孵企业知识产权授权量分布情况。该行业在孵企业知识产权授权量较为突出的省（区、市）主要集中在沿海的山东、沪苏浙和广东，而西北和东北地区则较为落后。该行业在孵企业知识产权授权量最高的省（区、市）是广东，为 3189 件。

图 6－14 展示了 2016—2019 年各省（区、市）计算机、通信和其他电子设备制造业在孵企业知识产权授权量增长情况。增长较大的省（区、市）主要分布在河北、吉林、湖北、湖南、广东和上

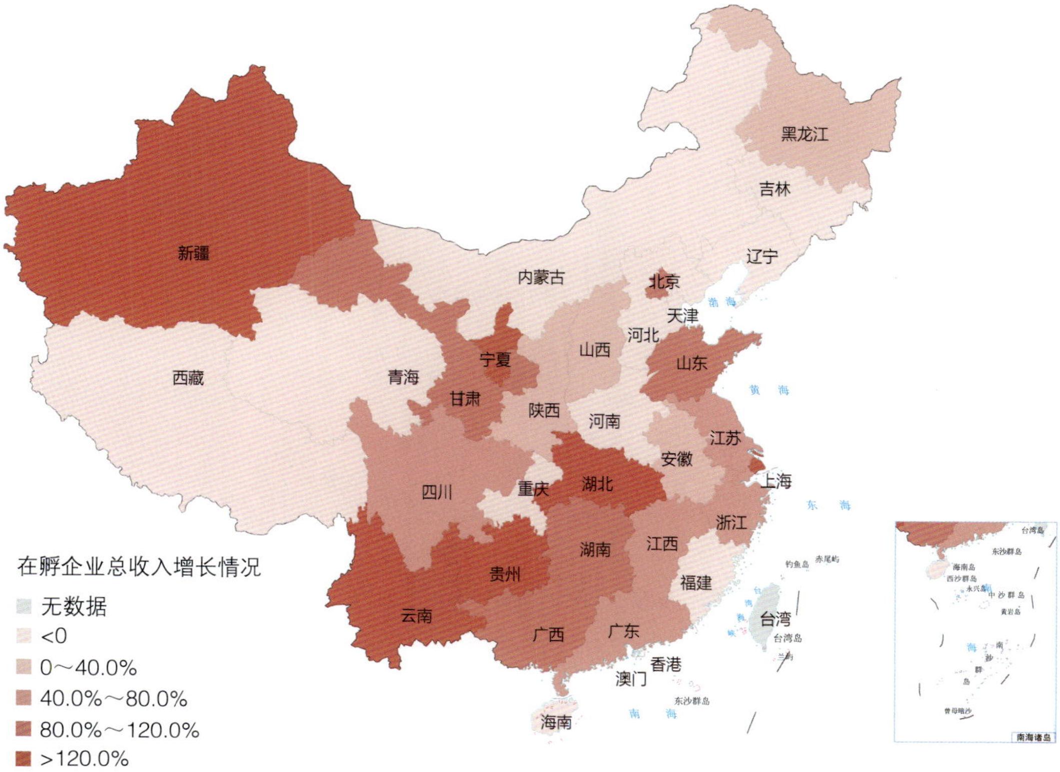

图 6 – 12　2016—2019 年各省（区、市）计算机、通信和其他电子设备制造业在孵企业收入增长情况

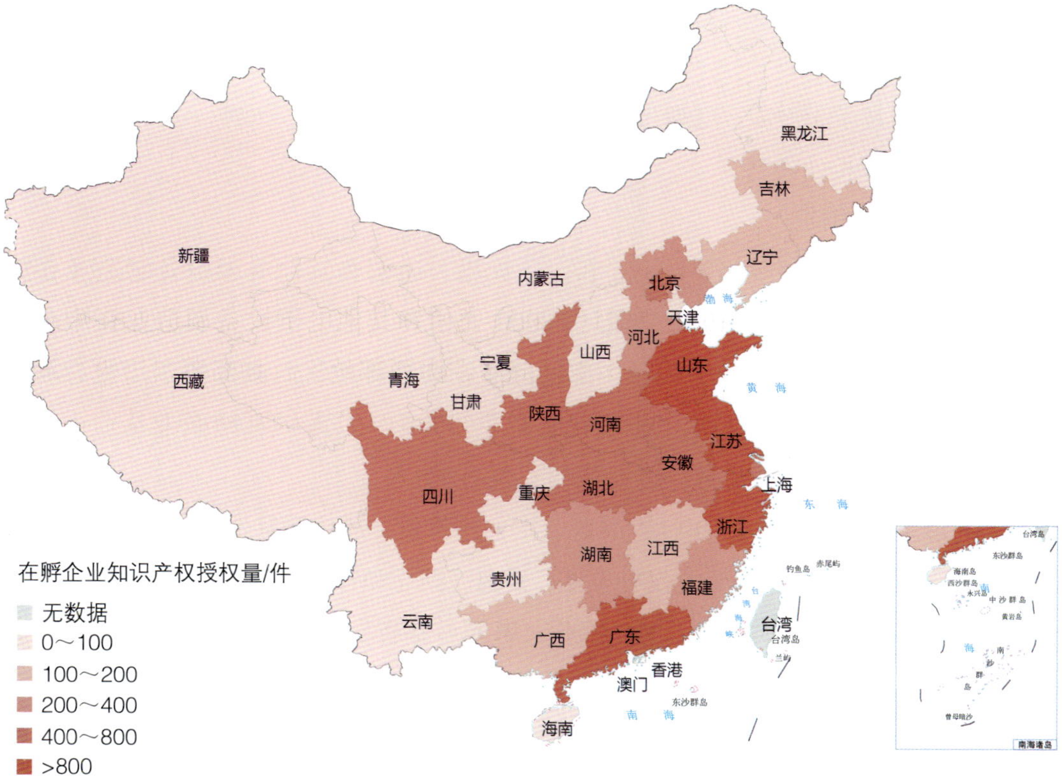

图 6 – 13　2019 年各省（区、市）计算机、通信和其他电子设备制造业在孵企业知识产权授权量分布情况

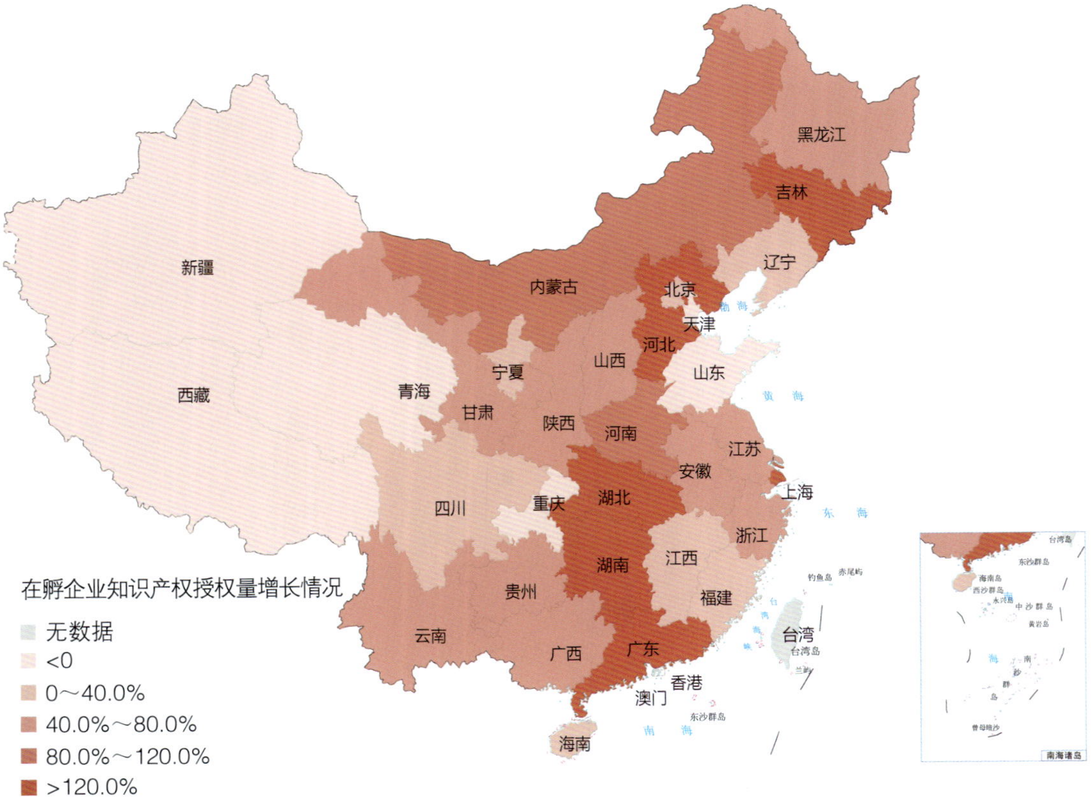

图 6－14　2016—2019 年各省（区、市）计算机、通信和其他电子设备制造业在孵企业知识产权授权量增长情况

海等地，增速均超过了 100%，也超过了全国平均增速。而山东、天津、重庆和青海等地的增速较低，均表现出了负增长的态势。

4. 在孵企业就业情况

图 6－15 展示了 2019 年各省（区、市）计算机、通信和其他电子设备制造业在孵企业从业人员分布情况。该行业在孵企业从业人员超过 8000 人的省（区、市）主要分布在中东部地区，如沿海的山东半岛、长三角和珠三角，以及中部的河南、湖北等地，而西部的四川也有较多的在孵企业从业人员从事计算机、通信和其他电子设备制造业。其中，广东的在孵企业从业人员最多，达到了 5.2 万人。而在孵企业从业人员最少的是海南，仅有 19 人。

图 6－16 展示了 2016—2019 年各省（区、市）计算机、通信和其他电子设备制造业在孵企业从业人员增长情况。增长率超过 100% 的仅有宁夏、云南、湖北和甘肃。广西、江西、浙江和山西的增长率也都超过了 50%。而沿海地区的增长较为缓慢，甚至一些省（区、市）表现为负增长，如浙江。

表 6－5 展示了 2019 年计算机、通信和其他电子设备制造业中在孵企业各指标排名居前 20 位的城市数据。第一，该行业在孵企业主要分布在深圳、北京、上海、苏州、无锡、南京、杭州、广州、武汉、成都和西安。其中，在孵企业数量最多的城市是深圳，2019 年达到 699 家。在孵企业数量增长较快的城市主要有江苏的徐州和盐城，以及武汉，其增速均超过了 100.0%。表现为负增长的城

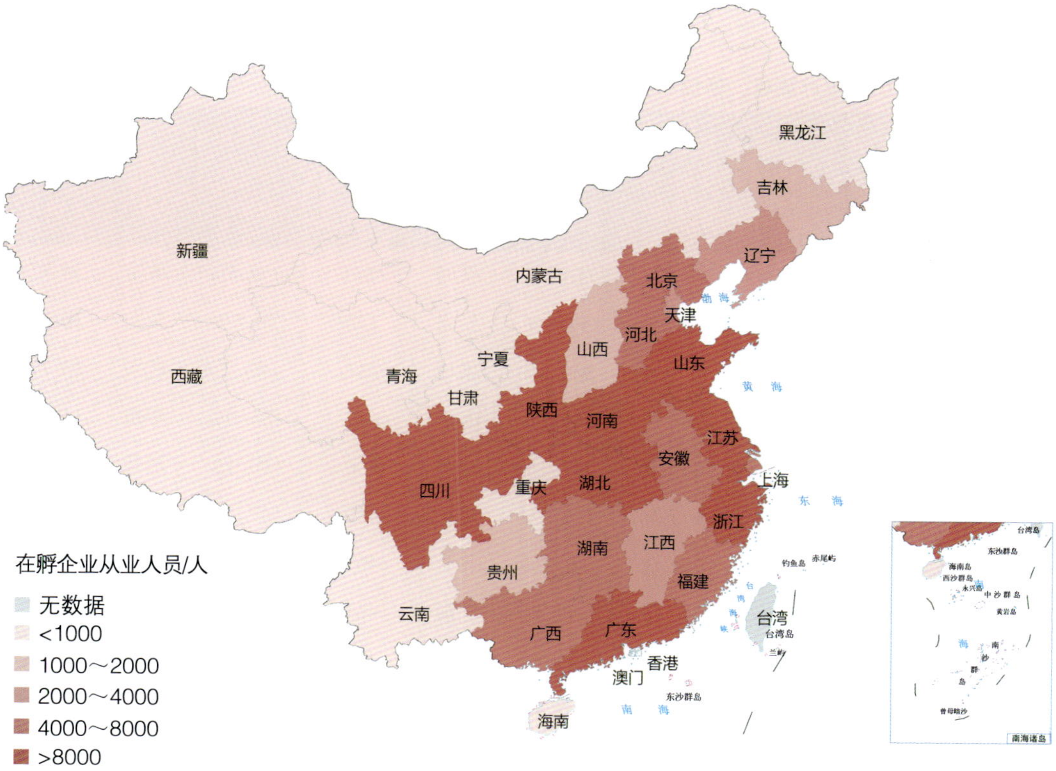

图 6－15 2019 年各省（区、市）计算机、通信和其他电子设备制造业在孵企业从业人员分布情况

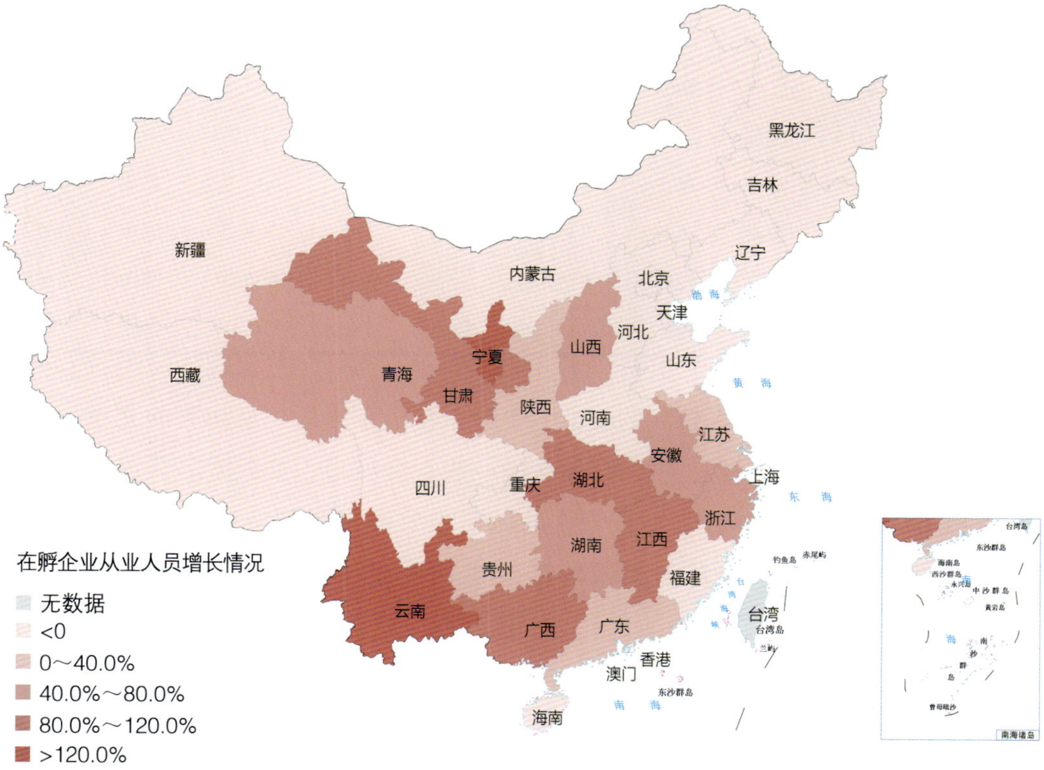

图 6－16 2016—2019 年各省（区、市）计算机、通信和其他电子设备制造业在孵企业从业人员增长情况

市主要有南京、上海、成都、广州、北京、无锡和郑州。

表 6－5　2019 年计算机、通信和其他电子设备制造业中在孵企业各指标排名居前 20 位的城市情况

城市	在孵企业数量/家	较 2016 年增长情况	城市	在孵企业收入/万元	较 2016 年增长情况	城市	在孵企业知识产权授权量/件	较 2016 年增长情况	城市	在孵企业从业人员/人	较 2016 年增长情况
深圳	699	38.4%	潍坊	3112.4	113.6%	深圳	1531	239.5%	潍坊	34 323	－22.6%
苏州	654	45.3%	嘉兴	2352.0	54.8%	苏州	742	20.5%	深圳	20 304	44.0%
东莞	493	82.6%	深圳	1118.2	208.8%	潍坊	737	－43.1%	嘉兴	13 770	157.3%
武汉	307	103.3%	东莞	766.7	149.2%	南京	647	185.0%	苏州	11 720	19.6%
南京	293	－30.9%	上海	735.5	257.1%	杭州	500	110.1%	东莞	10 734	104.9%
上海	264	－2.6%	苏州	677.1	123.9%	武汉	480	147.4%	南京	9669	45.4%
成都	260	－11.6%	北京	551.3	86.2%	北京	465	13.4%	西安	7683	－4.3%
西安	237	21.5%	厦门	547.7	－11.0%	上海	461	177.7%	惠州	7217	19.2%
常州	210	59.1%	惠州	518.9	698.6%	广州	434	108.7%	武汉	6599	110.8%
广州	205	－8.5%	无锡	373.6	－6.4%	西安	431	61.4%	厦门	5843	28.4%
惠州	204	38.8%	南京	299.4	27.0%	东莞	408	98.1%	成都	5562	－5.0%
北京	172	－42.1%	西安	274.9	－6.2%	成都	335	34.5%	北京	4763	－32.5%
杭州	168	61.5%	成都	274.2	118.4%	郑州	280	72.8%	上海	4421	5.9%
南通	165	42.2%	武汉	268.9	206.5%	厦门	273	18.7%	广州	4282	－46.8%
徐州	148	184.6%	广州	266.3	15.9%	佛山	232	427.3%	常州	4143	81.3%
厦门	141	72.0%	杭州	169.0	54.5%	惠州	213	27.5%	郑州	3755	－14.0%
盐城	138	187.5%	常州	167.4	223.6%	合肥	211	145.4%	无锡	3538	－39.1%
嘉兴	127	9.5%	桂林	164.2	336.5%	无锡	195	－8.5%	杭州	3452	28.5%
无锡	124	－57.1%	济南	128.8	615.7%	长沙	194	506.3%	佛山	3138	133.3%
郑州	120	－14.3%	绵阳	125.7	313.7%	常州	186	50.0%	合肥	2917	163.0%

第二，该行业在孵企业收入较高的城市主要分布在山东半岛、京津冀的北京、长三角的大部分城市，以及珠三角城市群。另外，中西部地区的一些省会城市，如西安、武汉、成都等地的收入也均超过了 120.0 万。在孵企业收入增长较快的城市主要有惠州和济南，其增长均超过了 600.0%。深圳、上海、武汉、常州、桂林和绵阳的增速也均超过了 200.0%，而增速最低的是厦门，为－11.0%。

第三，该行业在孵企业知识产权授权量较为突出的城市主要集中在京津冀地区的北京和长三角和珠三角地区的大部分城市。另外，武汉、郑州、西安、成都等的在孵企业知识产权授权量也超过了 180 件。在孵企业知识产权授权量增长较快的地区主要分布在长沙、佛山和深圳，其增速超过了 200.0%。增速表现为负增长的城市仅有潍坊和无锡。

第四，该行业在孵企业从业人员较多的城市主要分布在北京、上海，山东半岛、江苏南部和浙江北部城市，以及广东的珠三角城市群。另外，郑州、西安、成都、武汉、合肥等城市的在孵企业从业人员也较高。在孵企业从业人员增长较快的城市主要有嘉兴、东莞、武汉、佛山和合肥，其他城市增速均在100.0%以下。

（二）医药制造业

1. 在孵企业数量

图6-17展示了2019年各省（区、市）医药制造业在孵企业数量分布情况。该行业在孵企业数量超过240家的省（区、市）分布在山东、江苏、浙江和广东，尤其是江苏的在孵企业数量最多，为679家。中部的河南、湖北、江西等的在孵企业数量也较多。而新疆、内蒙古、云南等地的在孵企业数量较少，其中海南省最少，仅有4家。

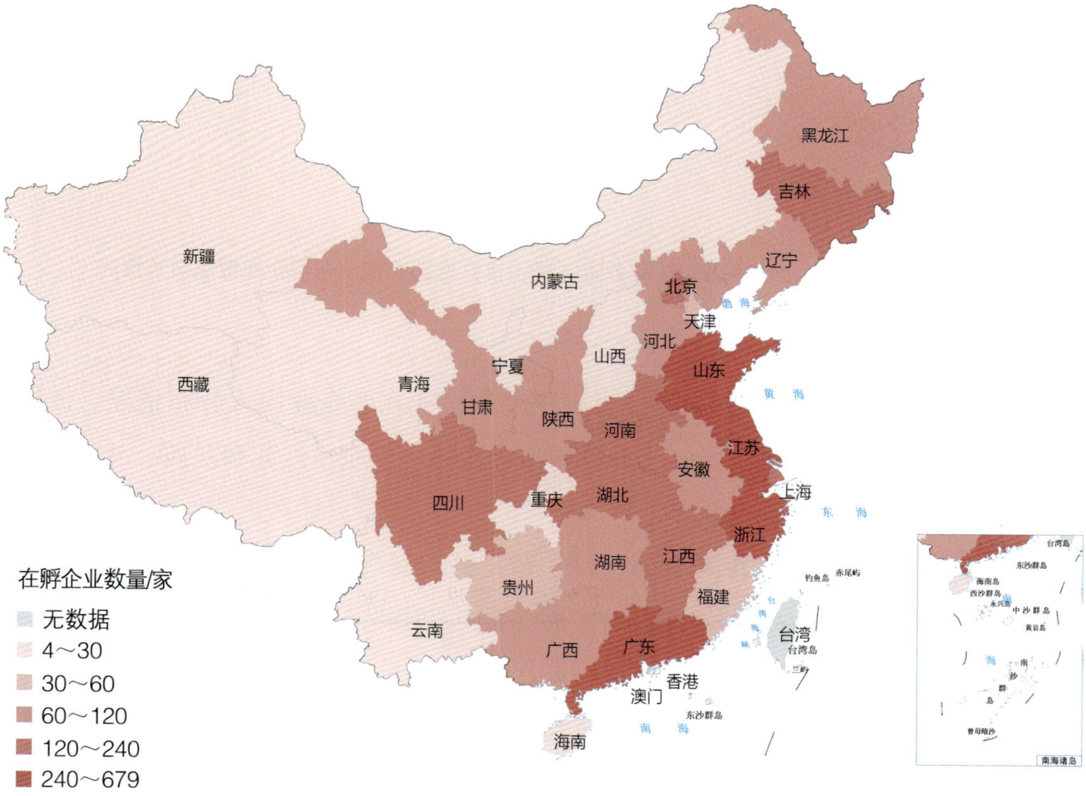

图6-17 2019年各省（区、市）医药制造业在孵企业数量分布情况

图6-18展示了2016—2019年各省（区、市）医药制造业在孵企业数量增长情况。增长最快的省（区、市）是江西，超过了100%。吉林、青海和广西的增速也都超过了50%。相对而言，沿海发达省（区、市）的增速较慢。

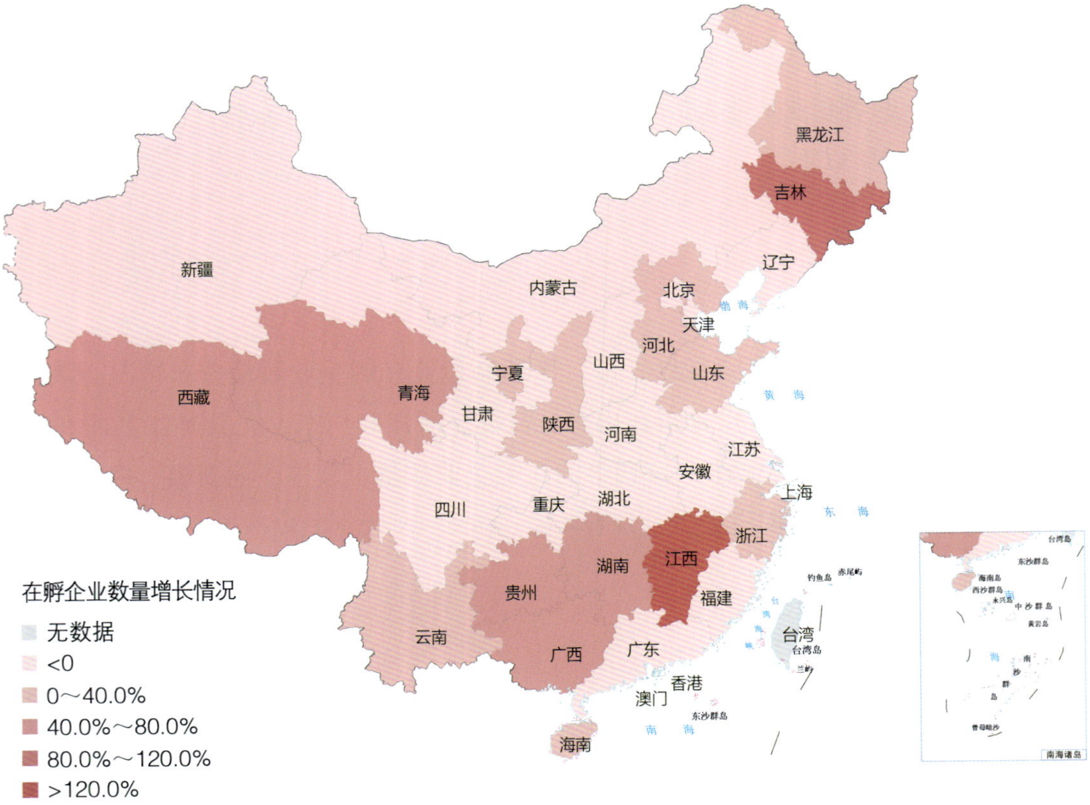

图 6-18　2016—2019 年各省（区、市）医药制造业在孵企业数量增长情况

2. 在孵企业经营状况

图 6-19 展示了 2019 年各省（区、市）医药制造业在孵企业收入分布情况。该行业在孵企业收入超过 320.0 万元的省（区、市）分布在沿海的山东、广东、江苏和陕西。其中，在孵企业收入最高的是山东，达到了 736.0 万元。

图 6-20 展示了 2016—2019 年各省（区、市）医药制造业在孵企业收入增长情况。增长较快的省（区、市）主要集中在中西部地区，如江西、重庆、甘肃等。沿海地区的增速较慢。

3. 在孵企业技术创新情况

图 6-21 展示了 2019 年各省（区、市）医药制造业在孵企业知识产权授权量分布情况。该行业在孵企业知识产权授权量较高的省（区、市）主要在沿海地区，如山东、江苏、浙江和广东。江苏在 2019 年的知识产权授权量是 699 件，位居第一。

图 6-22 展示了 2016—2019 年各省（区、市）医药制造业在孵企业知识产权授权量增长情况。该行业全国在孵企业知识产权授权量增长较为分散，主要在黑龙江、山东、福建、江西、青海等省（区、市）。而长三角等的在孵企业知识产权授权量增长较慢。

4. 在孵企业就业情况

图 6-23 展示了 2019 年各省（区、市）医药制造业在孵企业从业人员分布情况。从事医药制

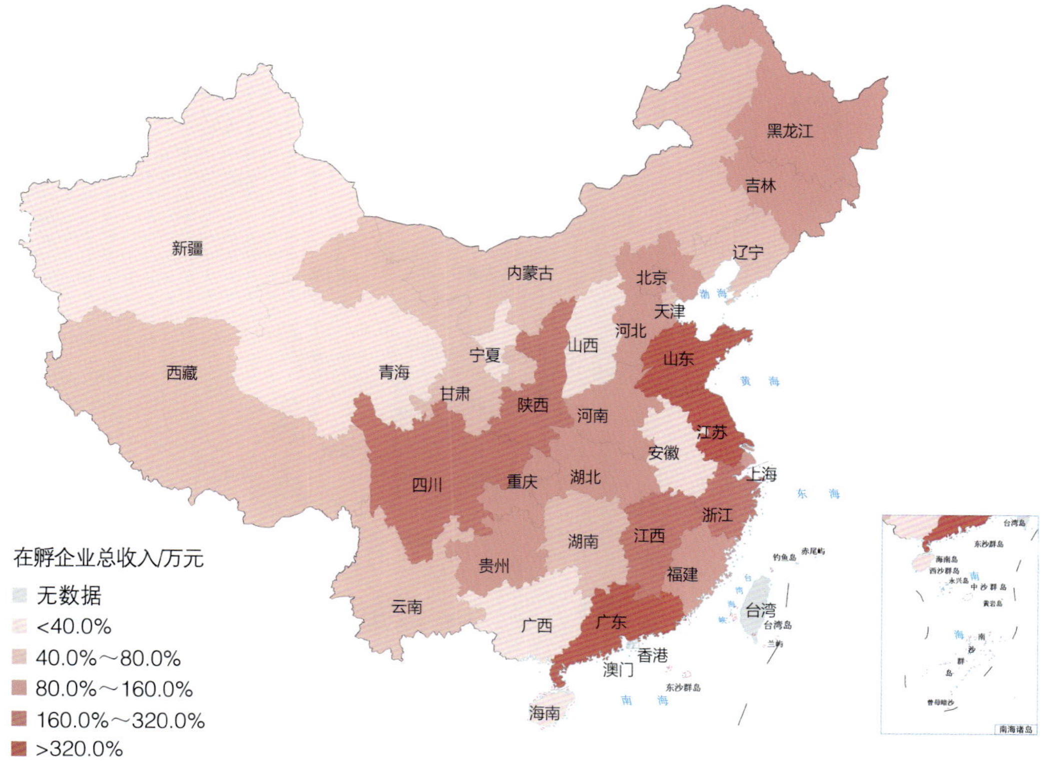

图 6－19　2019 年各省（区、市）医药制造业在孵企业收入分布情况

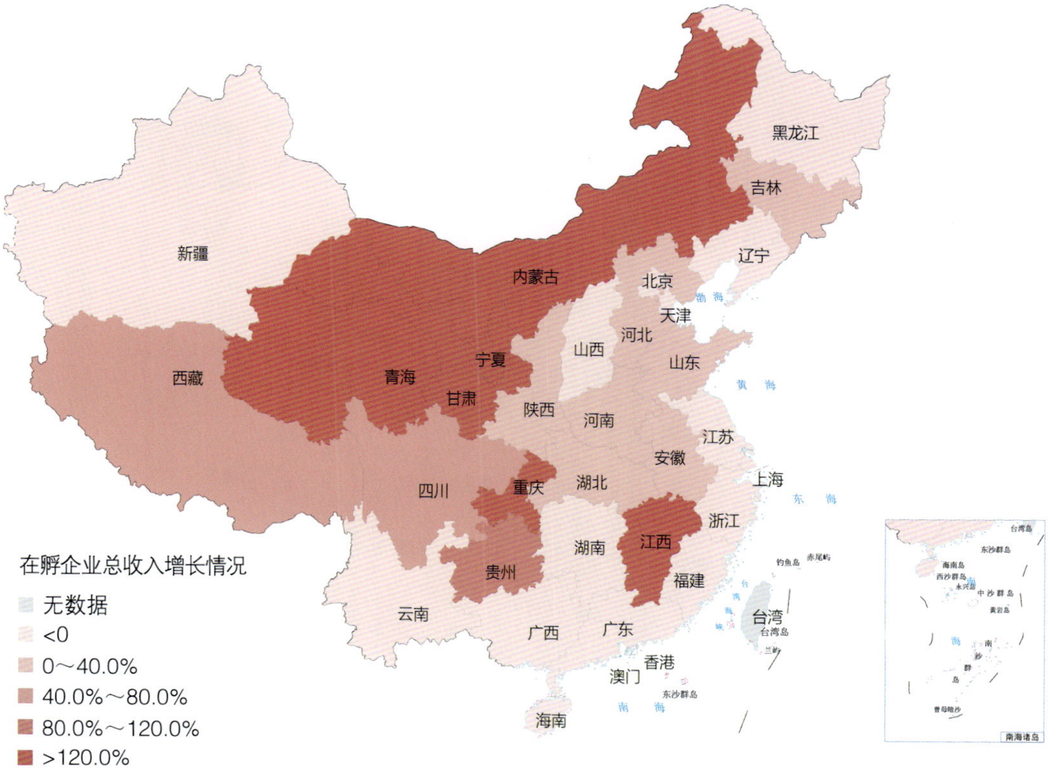

图 6－20　2016—2019 年各省（区、市）医药制造业在孵企业收入增长情况

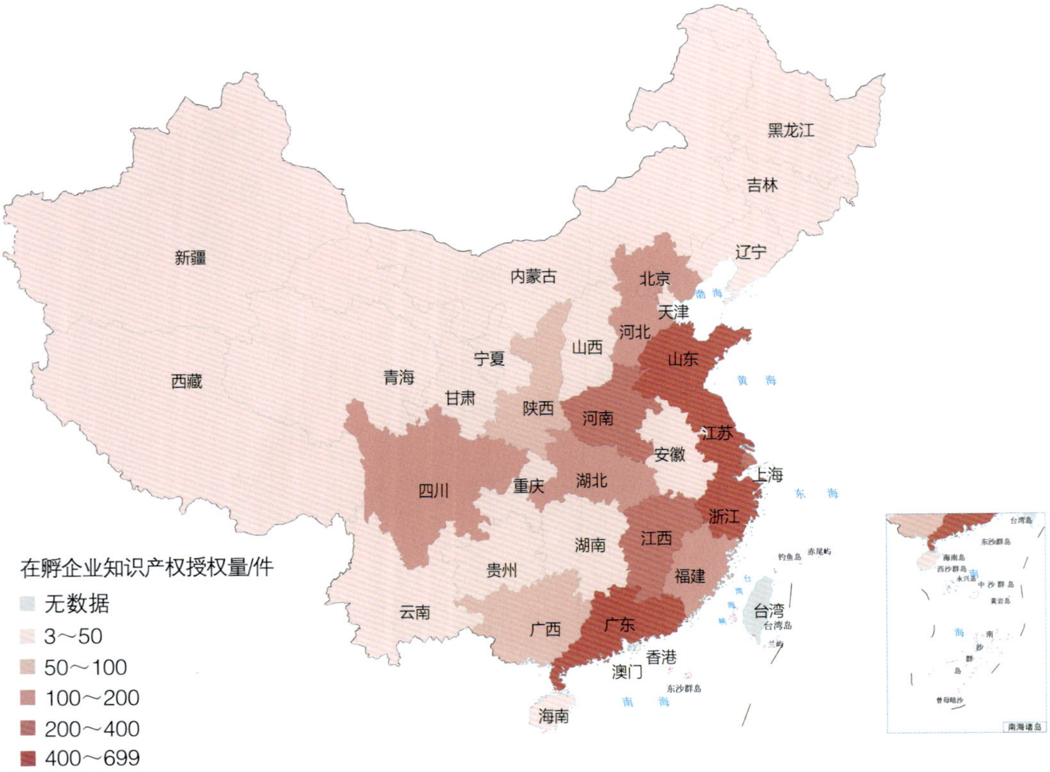

图 6－21　2019 年各省（区、市）医药制造业在孵企业知识产权授权量分布情况

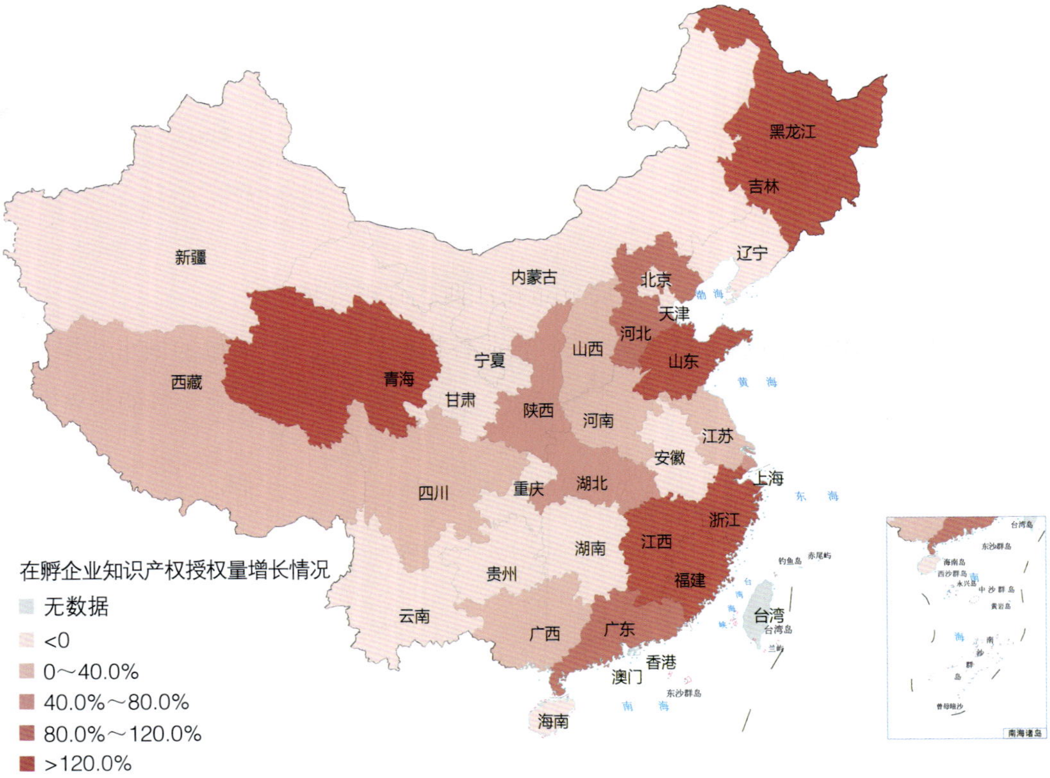

图 6－22　2016—2019 年各省（区、市）医药制造业在孵企业知识产权授权量增长情况

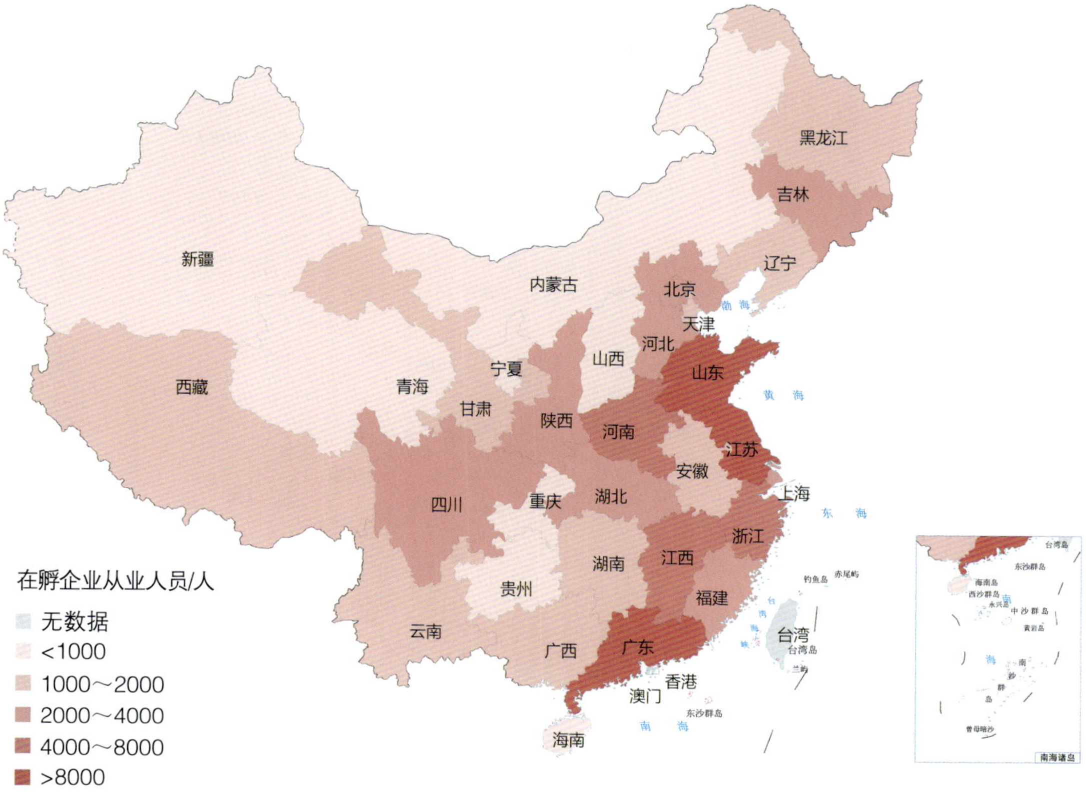

图 6－23　2019 年各省（区、市）医药制造业在孵企业从业人员分布情况

造业的在孵企业从业人员主要分布在沿海的山东、江苏、广东等省（区、市）。京津冀、河南、江西等的在孵企业从业人员也较多。在孵企业从业人员最多的省（区、市）是江苏，达到15 365 人。

图 6－24 展示了 2016—2019 年各省（区、市）医药制造业在孵企业从业人员增长情况。全国大部分省（区、市）的在孵企业从业人员呈下降趋势，仅有少数省（区、市）的在孵企业从业人员表现出较快的增长，这些省（区、市）主要分布在江西、甘肃等地。

表 6－6 展示了 2019 年医药制造业中在孵企业各指标排名居前 20 位的城市数据。第一，该行业在孵企业数量超过 160 家的城市仅有济南和苏州。其中，在孵企业数量最多的是济南。在孵企业数量增长较快的城市主要分布在山东的济宁和泰州，以及吉林省的通化，其余较多城市表现为在孵企业数量的下降。

第二，该行业在孵企业收入超过 60 万元的城市主要分布在京津冀、长三角和珠三角城市，以及中西部的重庆、西安。其中，该行业在孵企业总收入最高的城市是山东的济宁（377.2 万元）。在孵企业收入增长较快的城市主要集中在济宁、中山和重庆等。在孵企业收入下降的城市主要有广州、北京、南通、潍坊、济南等，其中增速最慢的是苏州。

第三，该行业在孵企业知识产权授权量较高的城市主要有苏州、杭州、济南、上海、北京、深圳等。苏州在 2019 年的在孵企业知识产权授权量是 288 件，位居第一。在孵企业知识产权授权量增

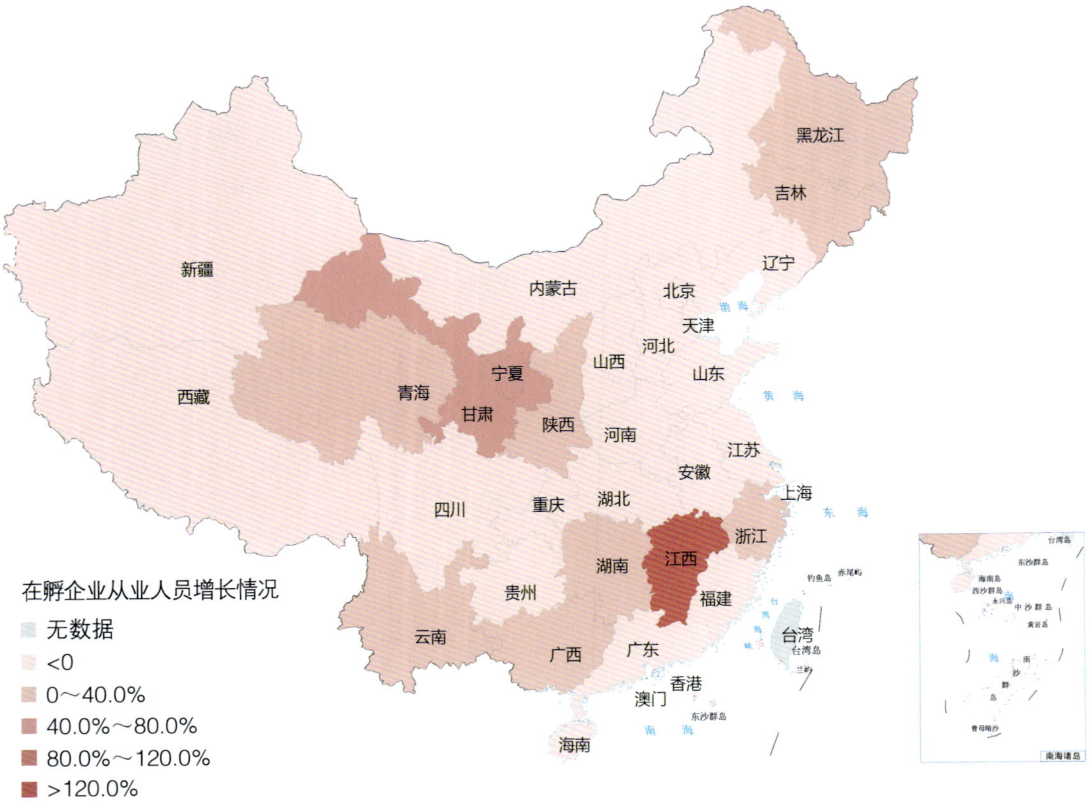

图 6－24　2016—2019 年各省（区、市）医药制造业在孵企业从业人员增长情况

长较快的城市主要有石家庄、嘉兴、杭州等，而增速最低的是成都。

第四，从事医药制造业的在孵企业从业人员主要分布在济南、广州、苏州、深圳等。在孵企业从业人员最多的城市是济南（3670 人）。该行业在孵企业从业人员增速最快的是泰州，最慢的是深圳，近一半城市表现为负增长。

表 6－6　2019 年医药制造业中在孵企业各指标排名居前 20 位的城市情况

城市	在孵企业数量/家	较 2016 年增长情况	城市	在孵企业收入/万元	较 2016 年增长情况	城市	在孵企业知识产权授权量/件	较 2016 年增长情况	城市	在孵企业从业人员/人	较 2016 年增长情况
济南	185	42.3%	济宁	377.17		苏州	288	－10.3%	济南	3670	3.7%
苏州	181	－40.9%	西安	303.18	27.6%	杭州	265	516.3%	广州	3305	30.7%
上海	157	－38.9%	深圳	276.73	54.7%	济南	260	237.7%	苏州	3277	－53.0%
北京	134	－49.4%	南京	167.86	87.6%	上海	260	57.6%	深圳	3171	－60.6%
广州	121	0	广州	155.99	－58.5%	广州	237	216.0%	北京	3068	－54.8%
杭州	120	9.1%	贵阳	147.20	107.4%	郑州	202	72.7%	南京	3048	－15.7%
南京	112	－59.6%	北京	135.89	－32.5%	深圳	139	7.8%	厦门	2760	29.2%

续表

城市	在孵企业数量/家	较2016年增长情况	城市	在孵企业收入/万元	较2016年增长情况	城市	在孵企业知识产权授权量/件	较2016年增长情况	城市	在孵企业从业人员/人	较2016年增长情况
深圳	107	-61.2%	重庆	131.69	334.6%	北京	136	-18.1%	上海	2532	-42.8%
成都	74	-60.2%	南通	114.50	-48.4%	南京	129	72.0%	杭州	2525	59.4%
通化	73	160.7%	厦门	99.87	40.9%	洛阳	115	238.2%	西安	2301	52.9%
盐城	65	-35.6%	中山	97.06	376.1%	西安	79	426.7%	南通	1869	-24.6%
中山	63	50.0%	潍坊	95.99	-26.3%	宜昌	79	276.2%	洛阳	1864	28.8%
泰州	61	369.2%	济南	85.67	-53.1%	济宁	78		天津	1693	-49.3%
武汉	58	-59.2%	绥化	84.70	-8.7%	成都	73	-22.3%	郑州	1582	7.2%
天津	57	-70.6%	苏州	82.01	-66.8%	福州	70	438.5%	中山	1569	111.5%
济宁	53	1666.7%	上海	81.88	-48.5%	无锡	68	94.3%	长春	1473	186.0%
郑州	51	-12.1%	吉林	80.08	28.2%	嘉兴	68	871.4%	盐城	1438	-44.0%
南通	50	-30.6%	内江	72.81	292.3%	石家庄	59	883.3%	泰州	1385	553.3%
常州	49	-51.0%	杭州	70.74	174.0%	厦门	53	65.6%	石家庄	1344	-3.4%
青岛	49	-57.0%	拉萨	69.98	55.2%	中山	48	128.6%	潍坊	1342	36.7%

中国创业孵化发展报告2020

附录

附录 A　港澳地区部分创业孵化机构发展情况

一、香港科技园

香港科技园是香港特别行政区政府设立的法定机构，于 2001 年 5 月 7 日正式开始运作，其主要工作是为科技公司提供创业孵化和一站式综合配套服务，在推动香港的科技企业发展方面发挥了重要作用。作为香港最大的创业培育基地，2017 年，香港科技园被科技部评定为“国家级科技企业孵化器”，成为香港首家被授予此称号的机构。

香港科技园园区面积达 40 万多平方米，管理人员为 53 人，全部具有大专及以上学历。2020 年，香港科技园园区内在孵企业数为 473 家，当年获得知识产权数为 59 件，在孵企业中大专以上学历人数占企业总人数的比例超过 75%，累计毕业企业达 737 家，园区自有种子资金或孵化资金额达 14 亿港币。

香港科技园通过一系列战略举措，不断完善香港的创新和科技生态系统，作为香港最大的科研基地，积极推动研发成果商业化。香港科技园与各类专业机构、公益组织、同行业者紧密合作，针对本地和海外市场进行转化研究、产品开发和市场推进的工作，为企业成长各环节提供全面支援。例如，与香港四大国际会计事务所、英特尔投资、奥睿律师事务所等建立伙伴关系，为在孵企业提供财税、投融资、法律等方面的专业支持。与北京、上海、深圳等地的众创空间开展合作，搭建两地青年创业交流合作平台，拓宽与内地创业者、投资者的合作渠道。

香港科技园为全球创业者和创业企业提供全面的培育计划，帮助企业各阶段的发展。例如，“前期培训计划”主要透过分析市场现状、讲解香港的创业环境，帮助创业家提升专业技能，发掘商业契机；“创业培育计划”为涉及科技应用、深科技及生物医学科技领域的企业量身订造，提供技术和管理支援、发展支援、商务辅助及资金资助；“企业飞跃计划”为潜力不凡的创业公司提供企业管理、战略咨询、营销咨询、投融资等服务；“电子开发加速计划”提供可制造性设计培训、批量生产答疑和由生产商参与的供应链工作坊，助力企业设计产品，化创新为现实；成立环球创业飞跃学院，在全球范围筛选创业企业，与不同领域的龙头企业对接，帮助企业在亚洲市场大展拳脚。

二、澳门青年创业孵化中心

澳门青年创业孵化中心（以下简称创孵中心）成立于 2015 年，是澳门特别行政区政府经济局下设机构，2017 年正式委托澳中致远投资发展有限公司（以下简称澳中致远）营运，其主要工作是为澳门创新创业者提供一站式、多元化的创业支持服务。2018 年，孵化中心纳入国家备案众创空间管理服务体系，有效地促进了澳门与内地创新创业资源的进一步接轨，加速澳门融入国家“大众创业、万众创新”的发展大局中。

创孵中心的场地总面积为 2800 平方米，服务场地面积为 1300 平方米，占比为 46.4%，提供创业共享工位 60 个。自 2017 年营运以来，合计入驻申请 280 份，已审批申请 212 份，已办理入驻手续 178 份，目前在孵项目共 92 个，举办路演及商务对接 42 场次。2019 年，创孵中心共有 36 名专职管理人员，60 名来自政府机构、银行及金融投资机构、企业、学校及社团的专家导师，为入驻的团队和企业提供全面的创业支持及商业服务，包括创业培训及讲座、咨询服务、专家顾问支持服务、项目推介、投融资对接、中葡交流合作等一站式服务。

2018 年 5 月，创孵中心与阿里云签署合作备忘录，双方同意在孵化中心建立“阿里云青创培训学院”；2019 年 6 月，创孵中心与内地知名财经传媒品牌“新财富”签约筹建“新财富学院澳门分院”，为澳门有志青年提供更多创业相关的前沿培训。同时，创孵中心与复星集团、国际大学创新联盟、启迪国际、澳门大学多间国内外机构合作，引进优质资源支持澳门创新创业发展。

为助力创业青年掌握各类型的创业信息和脉搏趋势，创孵中心出版月刊——《创孵世代》，内容包括创业市场最新焦点、大环境发展分析、市场大数据分析、政策建议分享、青创项目介绍及展示等，至今共出版 14 期。

创孵中心为青创开拓澳门及海内外市场，于 2019 年举办 4 期“创孵 ProQ 盟”系列活动，以路演 + 商业配对的形式，为青创企业搭建对接澳门知名大企业及集团的采购平台，开拓商机。创孵中心积极推动澳门初创融入内地双创发展。目前，创孵中心已与大湾区九市共 19 个孵化基地签署合作协议，为澳门青年进驻内地孵化、善用内地优质创业资源打通渠道，奠定成功创业的基础。另外，创孵中心配合澳门特别行政区政府经济局，推出面向大湾区的专业顾问服务互换计划，向进驻参与计划机构的初创企业提供免费的专业顾问服务。2018 年 12 月，创孵中心成为泛珠三角区域创孵联盟的发起成员，并于 2019 年 10 月在澳门举行“中国火炬创业导师澳门行”暨第二届泛珠三角区域孵化联盟年会。

创孵中心助力青创项目迈向国际。2018 年及 2019 年，澳中致远分别与葡萄牙著名孵化器 Beta-i 及巴西著名孵化器 Fabrica de Startups 签署合作协议，发挥创孵中心作为“中葡青年创新创业交流中心”优势，促进中葡青创互动合作交流。2019 年，创孵中心携 11 个会员项目，于里斯本举行的欧洲最盛大的科创峰会 Web Summit 上设置展位，宣传澳门的初创发展及推介大湾区政策，是澳门首次于该峰会上设展。

通过创业大赛，创孵中心为创业者打通连接海内外的黄金赛道。2018 年及 2019 年澳中致远、创孵中心与澳门科学技术协进会合办第一、第二届“‘澳中致远’创新创业大赛”。优胜队伍会推送至阿里巴巴诸神之战全球创客大赛、京津冀—粤港澳（国际）青年创新创业大赛、复星 Protechting 全球创新创业大赛、中国“互联网 +”大学生创新创业大赛及中国创新创业大赛，借此选拔创业精英，拓展发展机遇，起航迈向更宽广的舞台。

附录 B　2019 年创业孵化大事记

1 月 8 日，中国技术创业协会换届大会暨第三届第一次委员代表大会在北京召开。

3 月 12—13 日，科技部火炬中心调研中山火炬高新区粤澳青年创新创业基地（中山）建设情况并出席专题座谈会，积极推动澳门与大湾区国家高新区开展创新创业等领域的合作，探索国家高新区高质量发展路径。

6 月 13 日，全国大众创业万众创新活动周期间，科技部火炬中心主办以“科技引领、双创升级”为主题的科技创新创业高峰论坛。科技部副部长、党组成员徐南平出席论坛并致辞。期间还举行了“人工智能与创新创业”“高质量创新创业服务”两场圆桌论坛活动。

6 月 14 日，科技部火炬中心在浙江省湖州市举办 2019 年度国家级科技企业孵化器认定工作部署会，贯彻落实党的十九大关于高质量发展的要求，打造“双创”升级版，推动 2019 年度国家级孵化器认定的顺利开展。

7 月 5 日，中国海外学子创业周期间，科技部火炬中心举办了以“高成长企业的孕育发展”为主题的中国孵化器创新发展峰会和座谈会。由 15 家新材料领域孵化机构发起的全国“新材料产业孵化共同体”启动成立，并发布《全国新材料产业孵化共同体倡议书》。

7 月 12 日，为贯彻落实党中央“不忘初心、牢记使命”主题教育活动精神，科技部火炬中心在延安组织开展了“红色筑梦中国火炬创业导师延安行”活动。

9 月 4 日，科技部火炬中心组织召开《科技企业孵化器服务规范》国家标准研讨会，通过标准的编制和实施规范科技企业孵化器的服务与管理，提高科技企业孵化器的服务质量。

10 月 18 日，“中国火炬创业导师澳门行”暨第二届泛珠三角区域孵化联盟年会在澳门举行。邀请国内 10 位知名创业投资人、知名孵化机构负责人、相关研究学者等作为创业导师首次走进澳门，举办中国火炬创业导师圆桌论坛。

10 月 28 日至 11 月 1 日，科技部火炬中心在厦门举办“2019 年度科技企业孵化器主任培训班”，来自全国各地科技主管部门和科技企业孵化器的负责人共计 220 余人参加了培训。

11 月 15 日，科技部火炬中心在江苏常熟举办中国留学人员创业园建设 25 周年座谈会暨第二十届全国留学人员创业园网络年会。全国政协常委、港澳台侨委员会副主任、致公党中央副主席闫小培出席会议。

11 月 19—20 日，科技部火炬中心在湖南长沙召开 2019 年度国家众创空间备案工作部署会，

“放管服”结合，推进国家众创空间高质量发展。

11 月 21 日，科技部火炬中心牵头编制的《科技企业孵化器服务规范》通过全国服务标准化技术委员会举办的国家标准专家审查会。

12 月 5 日，科技部火炬中心在广西南宁举办 2019 年度科技企业孵化器和众创空间统计及税收工作培训班，推动 2019 年度科技企业孵化器和众创空间统计工作的顺利实施，全面了解各地区孵化器、大学科技园及众创空间税收政策落实情况。

12 月 20 日，科技部火炬中心修订的《科技企业孵化器评价指标体系》印发，通过科学评价我国科技企业孵化器发展现状，引导科技企业孵化器高质量发展。

12 月 23 日，科技部印发《科技部关于公布 2019 年度国家级科技企业孵化器的通知》，确定 197 家单位为 2019 年度国家级科技企业孵化器。